AI 시대에 꼭 필요한

뉴 NEW 로봇 원칙

NEW LAWS OF ROBOTICS

NEW LAWS OF ROBOTICS: Defending Human Expertise in the Age of AI
by Frank Pasquale
Copyright © 2020 by the President and Fellows of Harvard College
Korean translation copyright © 2023 DONGA M&B CO., LTD.
This Korean translation edition published by arrangement with Harvard University Press
through LENA Agency, Seoul.
All rights reserved.

AI 시대에 꼭 필요한
뉴롤 로봇 원칙

초판 1쇄 발행 2023년 10월 30일

글쓴이   프랭크 파스콸레
옮긴이   조상규

편집   양승순
디자인   이승용

펴낸곳   (주)동아엠앤비
출판등록 2014년 3월 28일(제25100-2014-000025호)
주소   (03972) 서울특별시 마포구 월드컵북로 22길 21, 2층
홈페이지 www.dongamnb.com
전화   (편집) 02-392-6901 (마케팅) 02-392-6900
팩스   02-392-6902
이메일   damnb0401@naver.com
SNS   🅵 🅸 blog

ISBN 979-11-6363-730-1 (03320)

※ 책 가격은 뒤표지에 있습니다.
※ 잘못된 책은 구입한 곳에서 바꿔 드립니다.
※ 본문에서 책 제목은 『 』, 논문, 보고서는 「 」, 잡지나 일간지 등은 《 》로 구분하였습니다.

AI 시대에 꼭 필요한

뉴 NEW 로봇 원칙

NEW LAWS OF ROBOTICS

프랭크 파스콸레 지음 | 조상규 옮김

미래 사회,
AI 로봇과
공존하는 법

동아엠앤비

차례

추천사

우리는 인간이 소외되고 기계가 지배하는 미래를 향해 달려가고 있다. 프랭크 파스콸레는 보석 같은 이 책을 통해 기계의 미래가 바람직한 것도 불가피한 것도 아니라는 것을 명백하게 보여준다.

그는 여기서 멈추지 않고 시급히 필요한 대안을 만들어 인도주의적 디지털 미래로 향하는 새로운 궤도를 위한 기술과 공공 정책 및 법률에 대한 원칙과 사례에 대해 설명한다. 시민과 입법자들은 우리의 미래를 생각하며 이 책을 읽어야 한다. 실제로 발생할 수 있는 매우 특별한 사례들이다.

쇼사나 주보프, 『감시 자본주의 시대』 저자

프랭크 파스콸레는 우리 사회에서 AI가 공정하지 않거나 때로 부당한 결과를 보이는 것에 대해 선도적으로 목소리를 내는 사람 중 한 명이다. 깊은 통찰력이 보이는 이 책을 통해 그는 어떻게 하면 근로자들을 보호하고, 차별적이며 유해한 기술이 없는 세상을 만들 수 있는지 설명한다. 모든 정책 입안자들은 이 책을 읽고 그의 조언을 구해야 한다.

사피야 우모자 노블, 『구글은 어떻게 여성을 차별하는가』 저자

로봇과 인공지능에 대한 프랭크 파스콸레의 대담하고 인도주의적인 비전에서 기술은 우리의 삶을 더 나은 방향으로 변화시킨다. 로봇은 사람을 모방하거나 대체하는 대신 사람과 함께, 사람을 위해 일한다. 무자비한 경쟁이 아닌 사회적 협력을 촉진한다. 직업을 없애는 것이 아니라 더 나은 방향으로 개선한다. 파스콸레는 건강, 금융, 교육, 치안, 소셜 미디어에서의 사례들을 바탕으로 새로운 로봇의 원칙 실현을 위해 경제와 지식의 사용, 삶의 방식에 대해 어떻게 생각해야 하는지 보여준다.

잭 볼킨, 예일대학교 로스쿨 정보 사회 프로젝트 디렉터

프랭크 파스콸레는 오늘날 세계에서 가장 선견지명이 있고 인도주의적인 법학자 중 한 사람이다. 이 책을 통해 그는 기술이 인류를 지배하는 것이 아니라 인류를 위해 서비스를 제공하는, 즉 다가오는 AI와 로봇의 세계를 지배하기 위한 단순하고 현명한 프레임워크를 제시한다.

라나 포루하, 『돈 비 이블, 사악해진 빅테크 그 이후』 저자

설득력 있고 통찰력과 균형 있는 새로운 로봇의 원칙은 AI의 발전으로 인한 자동화 기술이 증가하고 있는 이 시대에 우리가 직면하고 있는 어려운 선택의 문제를 드러낸다. 파스콸레는 로봇과 AI 분야의 복잡한 장려책과 힘의 불균형을 강조하면서 규제보다는 민주적이고 공정한 접근 방식이 절실하게 필요하다고 주장한다.

케이트 크로포드, 뉴욕대학교 AI 나우 연구소 공동 설립자

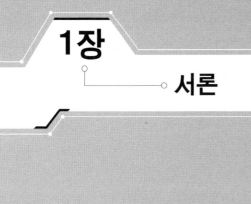

1장

서론

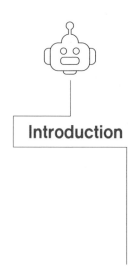

Introduction

기술 발전에 따른 위기가 날로 증가하고 있다. 초소형 드론과 안면 인식 데이터베이스가 결합해 매우 정확하고 치사율 높은 국제 암살 세력이 등장했다. 반면 사람을 치료하는 로봇도 있다. 로봇의 연구개발에 더 많이 투자해 의료에 대한 접근성을 훨씬 더 좋게 할 수도 있다.

뿐만 아니라 기업은 고객서비스와 채용, 직원 관리를 자동화하기 위해 여러 단계를 밟고 있다. 이 모든 발전은 우리의 일상에서 기계와 인간 사이의 균형을 변화시키고 있다.

인공지능 혁명의 최악의 결과를 피하며 그 잠재력을 활용하는 것은 이런 균형을 다루는 능력에 달려 있으며, 이를 위해 다음의 세 가지를 제안한다. 첫째는 경험적 근거이다. 현재 인공지능과 로봇은 인간의 노동을 대체하기보다 보완하는 경우가 훨씬 많다. 둘째는 가치 제안이다. 여러 분야에서 우리는 현재 상태를 유지해야 한다. 마지막은 정치적 판단이다. 우리의 거버넌스 제도는 원하는 바를 정확히 달성할 수 있다. 지금 우리는 자동화 기술에 끌려 다니는 것이 아니라, 자동화를 주도하는 수단을 갖게 된 것이다. 이 책의 가장 기본적인 전제라고도 할 수 있다.

상식적으로 들릴지 모르지만 이 책을 쓰는 이유는 다음과 같다. 우리가 사회적으로 협력하고 갈등에 대처하는 방식을 바꿔야 하는 몇 가지 중요한 의미가 있기 때문이다.

예를 들어, 현재 너무나 많은 경제 부문에서 노동보다 자본을 선호하고 생산자보다 소비자를 선호한다. 정의롭고 지속 가능한 사회를 원한다면 이런 편향을 바로잡아야 한다.

그러나 이를 바로잡기란 쉽지 않다. 유비쿼터스 경영 컨설턴트들은 직업의 미래에 대해 "당신이 하는 일을 기계가 기록하고 모방할 수 있다면 당신은 기계로 대체될 것이다"라고 말한다. 대량 실업에 대한 이야기가 정책 입안자들의 주목을 받고 있다. 더욱 강력해진 소프트웨어와 로봇, 예측 능력이 뛰어난 분석 기법의 발전으로 인간 노동자가 불필요한 세상이 올 수도 있다. 여러 개의 카메라와 센서를 연결해 데이터 더블을 만들 수 있다. '데이터 더블'이란 우리의 모든 일을 대신할 수 있는 홀로그램이나 로봇을 말한다. 이런 상상은 곧 냉혹한 현실이 될 것이다.

로봇을 만들라. 그렇지 않으면 당신은 로봇으로 대체된다.

이런 우려의 목소리는 많지만, 사실 로봇은 인간의 노동력을 필요 없게 만드는 게 아니라 더욱 가치 있게 만들 수 있다. 이 책은 로봇으로 직업을 대체하기 위해 로봇 기술자와 컴퓨터공학자들에 대한 정보만 전달하기보다 그들과 함께 일하는 의사, 간호사, 교사, 사회복지사, 언론인 등 여러 사람에 대해 이야기한다.

그들의 협력 관계는 일의 의미를 지님과 동시에 모두에게 더 나은 의료 서비스와 교육의 발전 방향을 제시한다. 법과 공공 정책이 기계와의 경쟁이 아닌 포괄적 번영과 평화를 달성하는 데 어떻게 도움이 되는지를 알려준다. 그러나 그보다 먼저 기술 발전에 대한 비전을 제시하는 로봇의 원칙을 개정하는 것이 우선이다.

아시모프의 로봇 원칙

공상과학소설 작가 아이작 아시모프(Isaac Asimov)는 1942년 단편소설 『런어라운드』에서 주변 환경을 인식해 정보를 처리하고 행동하는 기계에 대한 세 가지 원칙을 설명했다. 이 이야기는 '서기 2058년의 『로봇 공학 안내서』 제56판 소개'와 함께 다음의 세 가지 원칙을 제시한다.

1. 로봇은 인간을 다치게 해서는 안 되며, 인간이 해를 입도록 방치해서도 안 된다.
2. 로봇은 인간의 명령이 제1원칙과 상충되는 경우를 제외하고는 모든 명령에 복종해야 한다.
3. 로봇은 제1원칙과 상충되지 않는 한 자신의 존재를 보호해야 한다.

아시모프의 로봇 원칙은 엄청난 영향을 끼쳤다. 하지만 이를 현실에 적용하기는 쉽지 않다. 무인기로 테러 조직을 제거하는 상황을 생각해보자. 첫 번째 원칙 '로봇은 인간을 다치게 해서는 안 되며'에서는 이런 행위를 금지하고 있다. 상대가 테러 조직이라 해도 인간을 공격하면 안 된다. 그러나 무인기를 조종하는 군인은 제1원칙의 뒷부분 '인간이 해를 입도록 방치해서도 안 된다'는 조항을 발동해 아군을 공격하는 테러 조직을 공격하라고 명령할 수도 있다. 원칙의 어느 항목을 적용할지 결정하기 위해서는 여러 가치를 고려해야 한다.

이런 모호함은 전쟁에 국한된 것이 아니다. 예를 들어, 자율주행차에 아시모프의 원칙을 적용해보자. 자율주행차는 매년 수천 명의 교통사고 사망자를 없앨 수 있다고 약속한다. 언뜻 보기에는 간단한 문제로 보인다. 그러나 한편 수십만 명의 직업 운전사들이 직장에서 해고되는 경우를 생각해야 한다.

이런 문제로 정부가 자율주행차의 채택을 금지하거나 연기할 수 있을까? 아시모프의 원칙은 이런 문제에 대해 명확하게 말하지 않는다. 보행자들을 자율주행차의 운행에 맞춰 행동하도록 훈련시키거나, 이를 지키지 않을 경우 불이익을 받는다는 등 자율주행차 전도사들의 요구에 반박할 만한 조항이 없다.

이런 모호성으로 인해 로봇과 AI에 영향을 미치는 법령이나 규정은 아시모프의 원칙보다 더욱 세분화되어 있다. 이 책에서는 법적인 여러 측면에 대해 살펴볼 것이다. 먼저, 새롭게 정의한 로봇의 제4원칙을 소개한다. 이 원칙은 로봇이 아닌 로봇을 만드는 사람에 대한 것이다. 그리고 아시모프의 원칙보다 다소 모호하긴 하지만 우리의 입법 현실을 좀 더 살펴보았다. 입법자들은 관계자들이 처한 상황을 모두 다 알 수는 없기에 대개 법령 제정의 권한을 관련 기관에 부여한다. 새로운 로봇 원칙은 오랜 기술 경험을 지닌 전담 규제기관에 특정 권한을 위임하며 광범위한 원칙을 명확하게 표현하고자 한다.

새로운 로봇의 원칙

이 책에서는 이런 목표를 염두에 두고 네 가지 새로운 로봇의 원칙을 발전시킬 것이다.

1. 로봇과 AI는 전문가를 대체하는 것이 아니라 보완하는 역할을 해야 한다.

기술혁신이 가져올 직업의 미래에 대한 상반된 논의가 뜨겁다. 어떤 전문가들은 기술 발전으로 대부분의 직업이 사라질 거라고 예측한다. 다른 전문가들은 자동화의 앞날에 놓인 장애물에 대해 지적한다. 정책 입안자들의 질문은 로봇화에 대한 이런 장벽 중 어떤 것이 타당하고, 어떤 것을 철저하게 검토하며, 어떤 것을 폐기할 것인가 하는 문제이다.

만약 로봇이 운영하는 어린이 집이 있다면 인간은 여가를 누릴 수 있지 않을까? 로봇화에 대한 걱정은 단지 신기술에 반대하는 러다이트(기계 파괴 운동)의 반응에 불과한가, 아니면 기술에 대한 우려와 숙고의 결과인가? 환자의 증상을 분석하는 앱은 면허 규정에 따라 의사가 진료하는 것처럼 마케팅할 수 없다. 이것은 좋은 정책일까?

이 책은 이런 사례를 분석하고, 분야에 따라 AI의 채택 속도를 조절해야 한다는 경험적, 규범적 주장을 전개하고자 한다. 특히 직업과 법령에 대한 수많은 고려 사항이 있다. 그러나 가장 중요한 원칙은 사람의 자존감과 공동체에 의미가 있어야 한다는 점이다. 인도적인 측면에서 자동화라는 주제는 근로자를 보완하는 혁신에 우선순위를 두어야 한다. 위험하고 열악한 작업은 기계로 대체하는 한편, 현재 이런 작업을 수행하는 사람에게는 보상을 하고, 다른 직업으로 전환하기 위한 기회를 주어야 한다.

이 같은 균형적 입장은 신기술에 열광하는 사람과 신기술을 두려워하는 사람 모두를 실망시킬 것이다. 따라서 여러 가지 요인을 고려해 자동화를 추진해야 한다고 강조하는 것은, 노동시장에 간섭하는 것을 반대하는 사람, 전문가와 관리자 계급을 혐오하는 사람을 모두 소외시킬 것이다. 마치 직업이 경제적 계급 체계인 것처럼 특정 근로자에게만 불공정한 특권을 준다면, 그들의 의심은 타당할 것이다. 하지만 직업의 더 높은 이상을 장려하며 계층화를 완화하는 방법이 있다.

전문성의 핵심에 대한 합의는 근로자들이 생산 조직에서 발언권을 행사하도록 하는 한편, 그들에게 공익을 증진시키기 위한 의무를 부여하는 것이다. 전문가들은 대학에서든 사무실에서든 연구를 발전시켜 폭넓은 전문지식을 배양하고, 기술 정치와 대중 정치 사이의 전형적인 긴장을 완화한다. 우리는 파괴적인 혁신 지지자들이 원하는 것처럼 직업을 해체하거나 불능화시켜서는 안 된다. 오히려 자동화를 위해서는 기존 전문 커뮤니티를 강화하고 새로운 커뮤니티를 창출해야 한다.

직업에 대한 적절한 정의는 포용력이 있어야 하고, 특히 잘못된 기술로부터 인간을 보호하기 위한 보호 단체가 있어야 한다. 예를 들어, 교원 노조는 자동화 시스템을 통한 과도한 훈련과 시험에 항의했고, 다양한 방법으로 학생을 위해 교육 환경을 개선했다. 전문 서비스 분야에 집중하는 조합은 AI 혁명의 진행에서 중요한 역할을 할 것이다. 때로는 인간 중심의 프로세스가 자동화된 프로세스보다 낫다는 것을 입증하는 게 어려울 수 있다.

예를 들어, 컴퓨터가 원하는 답을 스스로 학습해 얻을 수 있도록 설계된 기계학습 프로그램은 일반 문장을 인식하고 이해하는 소프트웨어 프로그래밍 기법을 기반으로 어떤 책이 베스트셀러가 될 가능성이 더 높은지 즉시 예측할 수 있다. 경제적인 관점으로만 보면 이런 프로그램이 원고나 영화 대본을 고르는 데 있어 편집자나 감독보다 훨씬 나을 수 있다. 그럼에도 창조적인 산업에 종사하는 전문가들의 감식안을 지지해야 한다. 그들은 지금은 원하지 않지만 대중이 원하는 작품을 찾아내 출판하고 홍보하며 판단하는 데 중요한 역할을 한다. 언론인도 마찬가지다. 비록 자동화된 텍스트 생성으로 광고를 극대화하는 카피를 만드는 기술이 있다 해도 그런 공허한 기술이 힘들게 얻은 인간 중심의 진정성 있는 보도를 대체할 수는 없다. 대학에서는 미디어, 법률, 의학 및 기타 여러 분야의 표준을 확인하며 이들이 자동화를 위해 단순하게 지표화되지 않도록 노력해야 한다.

심지어 물류나 청소, 농업, 광업과 같이 자동화가 매우 중요해 보이는 분야에서도 근로자들은 AI와 로봇으로의 장기적 전환에 중요한 역할을 할 것이다. 인공지능에 필요한 데이터를 수집하거나 생성하는 것은 많은 사람에게 힘든 일이 될 것이다. 그러나 규제를 통해 그들의 직업을 더 보람 있고 자기주도적으로 만들 수 있다. 유럽의 개인정보 보호법은 트럭 운전자들을 억압하는 360도 감시 카메라와 통제에 저항할 권한을 부여한다. 그렇다고 위험한 직업이 아무런 보호 장치가 없는 환경에 노출되어야 한다는 말은 아니다. 센서를 이용해 운전자의 주의에 문제가 없는지 확인할 수 있다. 그러나 특별한 안전상의 위험을 관찰하는 것과 운전자의 모든 동작을 일일이 기록하는 것 사이에는 엄청난 차이가 있다. 불쾌감을 주는 과도한 감시와 합리적 수준의 모니터링 사이에서 균형을 잡는 것은 여러 분야에서 매우 중요하다.

우리는 주변 상황을 인식하는 데 도움을 주는 장치를 만들 수도, 자신의 의지나 필요에 따라 사람들이 그런 장치를 선택하게 할 수도 있다. 예를 들어, 도요타는 운전자가 최소한의 모니터링만 하면 되는 자율주행 모드에서부터 사람이 운전하는 동안 자동차의 컴퓨팅 시스템은 사고를 피하는 것에 집중하는 보호 모드까지 다양한 기능을 갖춘 자동차를 홍보했다. 항공기는 이미 지난 수십 년 동안 자동 조종 기능을 사용해왔지만, 여전히 두 명 이상의 조종사를 태우곤 한다. 직업의 자동화를 추구하는 에반젤리스트들이 비행기 조종사의 감축을 서두르지 않는 것에 대해서는 비행기를 자주 타지 않는 사람마저 감사하게 생각할지 모른다.

운송업은 AI를 적용하기에 가장 쉬운 분야라는 점에 유의해야 한다. 일단 목적지를 설정하고 나면 경로대로 따라가기만 하면 된다. 그러나 그렇지 않은 분야도 있다. 고객이나 의뢰인의 마음이 바뀔 수도 있다. 학생들은 날씨가 좋은 봄날에 구구단만 반복시키는 수업 시간을 원망스러워 할 수 있고, 어느 사교계 유명 인사는 거실에 걸린 사진이 너무 요란스러운 것을 걱정하며 인테리어 디자이너에게 전화할 수 있다. 트레이너는 고객이 너무 힘들어 할까 봐 걱정하며 마음이 흔들릴 수 있다. 가장 중요한 핵심은 인내와 신중함, 분별력 같은 대인관계 기술이다.

그렇다. 만약 수천 명의 트레이너들이 구글 글래스를 쓰고 눈앞에 보이는 모든 상황을 기록한다면, 찡그리는 얼굴과 눈동자뿐만 아니라 부상 여부와 성취 기록까지 저장하는 데이터베이스가 불만 가득한 헬스장 이용객에게 최적의 대응을 지시할 수도 있다. 그러나 이런 데이터베이스를 상상하기에 앞서 AI와 로봇의 미래를 구축하고 유지하는 데 있어 중요한 역할을 이해해야 한다. 인공지능은 결국 인간이 만드는 것이기 때문에 언제나 인공적인 것으로 남을 것이다. 게다가 최근 AI의 발전은 모든 직업과 사회적 역할을 대신하기보다 특정 업무를 수행하도록 설계되었다.

직업을 더 생산적이거나 보람 있게 만드는 기술 사례는 많다. 디지털 이탈리아 에이전시는 "첨단기술은 전문가를 완전히 대체하기보다는 일부 특정 활동만을 대체해야 한다"고 말한다. 요즘 법학 전공 학생들은 예전에 변호 사건의 타당성을 평가하기 위해 먼지투성이 책을 샅샅이 뒤져야 했다는 사실에 크게 놀란다. 연구용 소프트웨어는 이 과정을 손쉽게 하고 변론에 활용하는 자료의 범위를 넓혀준다. 책을 찾는 시간을 줄이고 사건을 종합하는 지적 업무에 더 많은 시간을 할애하는 것은 변호사들에게 큰 장점이다. 자동화는 노동을 대체하지 않고도 다른 작업을 가진 사람들에게 유사한 효율성을 제공할 수 있다. 이는 단순히 관찰한 것을 나열하려는 것이 아니다. 이것이 바로 올바른 정책의 목표이다.

2. 로봇과 인공지능은 인류를 위조해서는 안 된다.

아시모프 시대부터 미국 HBO사의 드라마 '웨스트월드'에 이르기까지 휴머노이드 로봇의 전망은 매혹적이면서도 무섭고, 자극적이었다. 어떤 로봇 기술자들은 '불쾌한 골짜기(휴머노이드 로봇이 인간의 모습과 행동, 존재 방식과 매우 비슷하게 재현될 때 불러일으키는 불편함)'를 벗어나게 하는 금속 뼈와 플라스틱 피부의 적절한 조합을 찾고 싶어 한다. 기계학습 프로그램으로 이미 가짜 사람의 모습을 만들 수 있고, 사람과 구별하기 힘든 음성 합성이 곧 일반화될지 모른다. 기술자들이 힘들게 알고리즘을 미세 조정한 덕분에 큰 문제는 나타나지 않았다. 과연 우리는 상대방이 인간인지, 기계인지 구분할 수 없는 세상을 원하는 것일까?

인간화 기술과 독특한 인간의 특성을 모방하는 것에는 매우 중요한 차이가 있다. 유럽의 대표적인 윤리학자들은 인공지능과 대화하면서 인간을 상대하고 있다고 믿게 만드는 일을 제한해야 한다고 주장해왔다. 의원들은 이미 온라인상에서의 봇 공개법을 통과시켰다.

이와 같은 윤리적 합의가 증가하고 있음에도 인간의 감정을 분석하고 시뮬레이션하는 감성 컴퓨팅 같은 AI 분야는 인간과 기계를 점점 더 구별하기 어렵게 하고 있다. 이런 연구로 스티븐 스필버그의 영화 'A. I.'에 나오는, 인간과 구별하기 힘든 고도의 안드로이드 같은 창조물이 탄생할지도 모른다. 윤리학자들은 휴머노이드 로봇이 어떻게 디자인되어야 하는지에 대해 토론한다. 그러나 로봇을 절대 만들면 안 된다고 한다면 어떻게 될까?

병원과 학교, 경찰서, 심지어 제조 시설에서 인체 모방형 로봇에 소프트웨어를 구현해 얻는 것보다는 잃는 것이 많다. 인류 모방을 위한 경쟁은 결국 인류를 대체하는 로봇의 시작이 될 것이다. 어떤 사람들은 사생활에서 이런 대체물을 선호할 수도 있고, 법은 이에 대한 자율성을 존중해야 한다. 그러나 직장이나 공공영역에까지 인류 모방 기술을 적용하겠다는 생각은 지나친 것이다. 이는 인간성의 폐기와 발전을 혼동하는 것이다.

이런 주장은 신기술에 열광하는 사람을 불쾌하게 하거나 당혹스럽게 해 본질뿐만 아니라 전제도 거부하고, 아시모프의 법칙뿐만 아니라 기술의 미래에 대한 방대한 문헌조차 거부하게 한다. 나는 인간과 구별하기 힘든 로봇의 공상과학 세계에 도달하기 위해 우리가 취해야 할 구체적인 단계를 매 장마다 충분히 생각해보며, 로봇 발전에 대한 보수주의적 태도를 정당화하기를 바란다. AI와 로봇으로의 기술 전환은 인간을 대대적으로 감시하게 하는데, 모든 것이 인간을 속여 기계를 동등하게 대하도록 설계된 로봇을 만들기 위함이다. 두 가지 전망 모두 매력적이지는 않다.

사람의 목소리나 얼굴에 대해서는 존중과 배려를 원하지만, 기계는 그런 것을 원하지 않는다. 챗봇으로 사람을 속여 인간과 상호작용하고 있다고 믿게 하고 싶을 때, 프로그래머는 챗봇을 인간의 모습과 더욱 가깝게 하기 위해 실제 인간의 특징을 모방한다. 화폐 위조가 임계치에 이르면 진짜 화폐는 가치를 잃는다. 기계가 인간의 감정과 말, 외모를 자유롭게 모방하는 사회에서는 인간관계에 대해서도 같은 운명이 기다리고 있을 것이다.

　기업과 정부가 하는 서비스를 우호적으로 보이게 하려고 인간의 모습을 모방하는 것은 위험한 일이다. 구글은 매장에 전화를 걸어 인공지능 음성으로 사람 대신 예약을 해주는 비서 서비스를 시연하며 업계와 언론을 충격에 빠트렸다. 구글 같은 막강한 기업의 모습을 숨기고 대화 도중 사람이 망설이는 듯한 모습을 흉내 내며, 상대방에게 질문하고 마치 사전에 녹음된 음성이 아닌 것처럼 위장한다. 전화를 받는 입장에서는 자동화된 콜센터에서 걸려오는 전화가 넘쳐나는 등 좋지 않은 방향으로 악용될 수 있다.

　인간의 모습을 위조하는 것은 단지 기만적인 행위일 뿐만 아니라, 인간의 모습을 위조하는 이들에게 지지와 관심이라는 혜택까지 주는, 진실하지 못하고 부당한 일이다. 로봇 교사와 군인, 고객서비스 담당자 등 여러 사례에서 보겠지만, 인간 모방이 실패했을 때 생기는 불편함은 단순히 기술이 불완전했기 때문만은 아니다. 오히려 기술이 나아갈 방향에 대해 현명한 주의가 필요하다는 생각을 하게 한다.

3. 로봇과 AI는 제로섬 무기 경쟁을 강화해서는 안 된다.

　국제법 윤리학에서는 살인 로봇에 대한 논쟁이 뜨겁다. 시민사회단체의 글로벌 연합은 국가들에 치명적인 자율무기 시스템(LAWS)을 개발하지 않겠다고 약속하도록 압력을 넣고 있다. 그러나 이를 방해하는 몇 가지 문제점이 있다. 군부 지도자들은 경쟁 국가를 믿지 않기 때문에 공개적으로 부인하고도 실제로는 군사용 AI와 로봇 연구를 강력하게 추진하고 있다. 신흥 강대국은 경제적 지위가 발전하는 만큼 군비 증강에도 투자할 것이고, 기존 강대국 또한 상대적인 우위를 유지하기 위해 더 많은 자원을 필요로 한다. 이는 군비 경쟁의 여러 이유 중 하나에 불과하다. AI와 로봇이 등장함에 따라 새로운 기술로 무장된 무기의 확산이 빨라지고 있기 때문에 이로 인한 경쟁에서 뒤처질 위험이 더욱 커지고 있다.

1949년 미국의 전쟁부가 국방부로 바뀐 것을 생각해보면 온건주의 정치인들은 매우 방어적인 자세를 취할 수 있다. 그러나 방어 준비는 대개 공격 태세로 바꿀 수 있다. 예를 들어, 미사일 파괴를 목적으로 만들었지만 적군 장교를 암살하기 위해 재프로그램된 무인 드론을 생각해보라. 따라서 로널드 레이건의 전략방위구상(SDI, 우주에서 적의 핵미사일을 격파하는 방어 계획)과 같은 보호 계획도 공격적인 것으로 생각할 수 있다. '스타워즈' 계획으로 널리 알려진 전략방위구상은 소련 미사일을 격추하기 위해 우주에서 발사하는 레이저를 만들었을 것이다. 만약 성공했다면 깨지기 쉬운 억지력의 균형을 뒤엎었을 것이다. 이제 자율무기 시스템이나 자동화된 사이버 공격 및 허위 정보 캠페인은 오래도록 유지해온 군사적 목적에 대한 기대와 국제 분쟁에서의 한계를 넘어설 수 있다. 우리는 이들의 발전과 영향력을 제한하는 새로운 방법을 찾아야 한다.

전쟁은 처음에는 평범한 윤리적 추론이 작동하지 않거나, 적어도 근본적으로 제한된 예외 상태로 나타날 수 있다. 로봇의 제3원칙은 전쟁뿐만 아니라 다양한 곳에 적용할 수 있다. 군사용 기술은 경찰에게도 매력적이다. 사법 집행관들은 안면 인식 기술을 사용해 사람들 속에 숨어 있는 범죄자를 찾길 바란다. 세무국은 기계학습을 통해 모든 사람들의 이메일과 은행계좌를 분석하고 신고하지 않은 소득을 찾아낼 수 있다. 이런 완벽한 감시의 가능성만으로도 보안에 대한 위협을 자극해 암호화 기술에 많은 투자를 하게 할 것이다. 이는 또 다시 암호를 해독하는 기술에 더 많은 자원을 투입하게 할 것이다.

우리는 이런 확대를 제한하는 방법을 찾아야 한다. 단지 군사나 치안상의 문제가 아니다. AI와 로봇에 대한 투자는, 소송이나 금융 같이 상대적 우위를 위해 경쟁하는 분야와 마찬가지로, 한정된 자원을 놓고 경쟁하는 것이다. 정부와 기업은 자원을 배분하기 위해 시민과 소비자들을 신용점수와 같은 평가점수를 놓고 경쟁하게 하는데, 신용점수등급은 일부 점수가 낮은 사람에게는 낙인을 찍고 점수가 높은 사람의 지위를 승격시킬 정도로 의미가 있다. 신용점수는 처음에는 대출 적격 여부를 결정하는 분야로 제한되었고 상환 이력 같은 한정된 데이터를 기반으로 했다. 수십 년 동안의 신용점수 및 이와 유사한 데이터는 보험료와 고용의 기회를 포함한 다른 여러 결정에도 정보를 제공했다. 최근 데이터 과학자들은 사람들이 시스템에 정보를 입력하는 방식, 정치적 성향, 온라인 방문 기록에 이르기까지 신용점수를 만들기 위해 더욱 다양한 데이터 소스를 제안하고 있다. 중국 정부는 시민들이 탑승하는 기차나 비행기, 숙박 가능 호텔, 자녀가 다닐 학교를 결정하는 데 사회신용점수를 사용하게 해 감시 대상을 확대했다. 그리고 사람들이 길을 건너는 방법, 부모에 대한 공손함, 공산당에 대한 충성도에 이르기까지 잠재적 데이터 영역을 넓혔다.

사회신용점수와 자본주의 국가 체계의 유사점은 엄청난 논란을 불러일으켰지만 이들이 얼마나 발전할지는 분명치 않다. 그러나 이런 시스템을 부분적으로 적용하는 것은 분명 가치가 있을 것이다. 팬데믹을 막기 위해 접촉 이력을 관리하는 공중보건에 대해서는 불만을 품기 어렵다. 하지만 이렇게 강력한 방법으로 사람들을 하루 종일 평가하고 순위를 매긴다면 매우 억압적이라고 느낄 것이다.

인공지능을 통한 사회 통제가 위험한 가장 중요한 요인은 규격화된 세상이다. 갈등과 경쟁은 삶의 일부분이고, 기술 발전이 이에 영향을 미칠 것이다. 그러나 AI와 로봇은 매우 완벽하게 사회를 통제하고 그 통제를 실시하거나 회피할 수 있는 주체가 되기 위해 매우 치열하게 경쟁하게 만들겠다고 위협한다. 인간의 창의성은 예측 가능성과 개방성, 질서와 변화가 균형을 이루는 환경에서 발전한다. 만약 우리가 사회 통제 시스템을 움직이는 로봇을 제한할 수 없게 되면 균형이 사라질 것이다.

4. 로봇과 AI는 제작자, 관리자, 소유자의 신원을 표시해야 한다.

로봇과 알고리즘 시스템의 책임은 사람에게 있다. 사실 어떤 프로그램은 새로운 프로그램을 생성할 수 있고, 그 프로그램은 다시 다른 프로그램을 만들 수 있다. 하지만 우리는 여전히 '마음의 아이들(한스 모라벡이 쓴 『마음의 아이들』에 나오는 말. 지구의 주인이 인류에서 로봇으로 바뀌는 미래에 소프트웨어로 만든 인류의 정신 자산을 다음 세대로 넘겨주는 로봇)'과 자손을 그 근원으로 거슬러 올라갈 수 있다. 일부 완전 자율형 AI 찬성론자들은 물론 저항하겠지만 예측 가능한 가까운 미래를 위해 자율형 AI가 지배하지 않는 현재 상태를 유지해야 한다.

인공지능, 머신러닝, 로봇과 같은 최첨단 분야는 최소한 사람이 감지할 수 없는 시간으로 동작하는 초단타매매 알고리즘이든 미래 로봇이든 모두 자율성을 강조한다. 그러나 창작자의 의도와 달리 제멋대로 움직이는 통제 불능 로봇도 생겨날 수 있다. 그런 사고는 필연적일 수밖에 없다. 그럼에도 사람이나 단체가 분명 이에 대한 책임을 져야 한다. 모든 AI나 로봇 시스템에는 행동과 결과에 대한 책임을 지는 조직이 있어야 한다는 의무를 만들면, 완전 자율형 AI 또는 로봇 프로젝트를 제한하는 데 도움이 될 것이다. 책임 소지가 없는 프로젝트는 규제가 없는 바이러스 연구만큼 위험할 수 있다.

물론 로봇과 알고리즘이 사람이나 기계와 상호작용하며 처음에 만든 것과 다르게 진화할 수도 있다. 예를 들어, 다양한 영향의 결과로 진화하는 첨단 자율주행차를 생각해보라. 이 경우 장치 개발과 조치에 대해 잠재적으로 여러 사람이 관련될 수 있다. 어떤 것이 기계의 진화에 영향을 미치든 원작자는 과정을 기록하고 좋지 않은 결과를 막기 위해 진화에 대한 제약 조건을 달아야 한다. 작성자가 만든 제약 조건을 다른 누군가가 해킹하거나 비활성화한다면 책임은 그들에게 돌아가야 한다.

트위터에서 대화 패턴을 학습하는 챗봇의 경우를 생각해보자. 뉴스 보도에 따르면 마이크로소프트의 인공지능 챗봇인 테이는 트위터에서 불과 몇 시간 만에 심리적으로 불안정한 나치 동조자의 언어 패턴을 빠르게 습득했다고 한다. 마이크로소프트가 그런 결과가 나오도록 프로그래밍한 건 아니지만 유해한 사이트에 로봇을 노출시키는 것이 위험한 일이라는 점은 알아야 한다. 게다가 나쁜 영향을 주는 정보의 출처를 트위터에 알리거나, 특정 계정의 정보를 제한하는 등 조치를 취할 수도 있다.

당국은 설계상의 보안과 개인정보 보호에 따른 기존 모델을 보완하기 위해 설계에 따른 책임을 요구해야 한다. 여기에는 하드 코딩된 특정 기록이나 문제가 되는 결과를 명시적으로 고려한다는 라이센싱 관행이 포함될 수 있다. 이런 법안을 발의하는 것은 단순히 로봇과 AI를 사후에 규제하는 것이 아니라, 특정 설계 옵션을 사전에 없애고 적절한 대안을 장려해 시스템 개발에 영향을 미칠 것이다.

· · ·

상호보완성, 진정성, 협력성 및 귀속성을 장려하는 새로운 로봇의 원칙은 이 책의 여정에 활기를 불어넣을 주제, 즉 사람을 대체하는 기술과 업무에 도움이 되는 기술 사이의 중요한 구분에 기반을 두고 있다. 새로운 원칙의 핵심은 건강과 교육 같은 분야에서 인간의 강점을 활용한 정책을 개발하고, 사회생활에서의 갈등과 연대 범위, 그 강도를 제한하기 위해 인간의 한계를 활용하는 것이다.

인공지능 연구원은 오랫동안 사람처럼 감지하고, 생각하며, 행동하는 컴퓨터를 만드는 것을 목표로 삼아왔다. 1960년대에 MIT 로봇 기술자들은 병사들이 취약한 장소에서 보초를 서는 지루하고 위험한 임무를 대신하기 위해 보초 로봇을 개발했었다. 보초 로봇에 대해, AI는 군대를 대체하는 게 아니라 방어

자로서 군인의 효율성을 높이기 위한 또 다른 도구라는 생각도 있었다. 새로운 위협을 감시하기 위해 군대에서 수많은 병사를 징집할 필요가 없다. 대신 눈과 귀 역할을 하는 센서와 컴퓨터로 위협적인 상황에 대한 데이터를 신속하게 처리해 필요한 정보를 알아낼 수 있다. AI(Intelligence Augmentation, 지능 증강)로 알려진 이것은 인터넷 개발자들의 프로젝트에 영향을 미쳤다. 드론 조종사들은 공중 폭격을 위해 다양한 센서 데이터를 다루고 있기 때문에 이와 같은 처리능력 또한 현대 전쟁의 중심이기도 하다.

때로 모호하긴 하지만 AI와 IA의 구별은 혁신 정책에 있어 매우 중요하다. 대부분의 부모들은 아직 아이를 로봇 교사에게 보낼 준비가 되어 있지 않다. 결국 교사가 개인의 학습 스타일에 맞춤화된 기계로 대체될 거라고 가르쳐서도 안 된다. 교육에는 인간적인 로봇 개발에 대한 전망이 훨씬 많다. 예를 들어, 학교에서는 어린 학생에게 단어를 훈련시키거나 배운 내용에 대한 질문을 하며 도움을 주는 동반 로봇 실험을 이미 성공적으로 마쳤다. 인간이 아닌 동물이나 기발한 생명체처럼 보이는 이 로봇은 인간의 고유성에 도전하지도 않는다.

연구원들은 많은 상황에서 IA가 인공지능이나 인간 지능이 단독 작업하는 것보다 더 나은 서비스와 결과를 이끈다는 것을 알아냈다. 보조 AI와 로봇은 우리에게 더 많은 여가 시간을 누리도록 함으로써 근로자에게 신의 선물이 될 수 있다. 그러나 시장 경제에서는 IA보다 AI에 더 관심이 많다. 로봇은 휴가나 공정한 임금, 건강보험을 요구하지 않는다. 노동을 비용으로 보는 경우에는 공정한 보수가 문제인데, 이는 기계가 해결해야 할 문제이다. 로봇은 조립 라인 작업자를 대체해 제조업에 혁신을 일으켰다. 비즈니스 전문가들은 의료에서 군대에 이르기까지 더욱 복잡한 작업도 장악하기 위해 지속적인 기술 발전을 원한다.

이런 경영주의적 열정에 사로잡혀 너무 많은 언론이 본격적인 AI 시대가 이미 온 것처럼 로봇 변호사나 로봇 의사에 대해 논의하고 있다. 이 책은 언론인들의 설명이 과장되었음을 보여줄 것이다. 기술에 의한 직업의 변화는 AI가 아닌 IA의 영향을 받곤 한다. 인공지능으로 세상이 멸망이라도 할 것 같은 숨막히는 기사의 헤드라인 밑에는 변호사나 의사, 교육자가 일을 더 빠르게 잘 처리하도록 컴퓨터의 도움을 받는 사례도 있다. 이제 혁신정책의 문제는 어디서 IA의 우위를 유지하고, 어디서 AI를 촉진할 것인가 하는 것이다. 어느 분야에 IA가 적당하고 AI 모델이 더 좋을지는 각 분야별로 생각해야 할 문제이다.

로봇에 대한 담론에는, 일반적으로 기계가 더럽고 위험하며, 어려운 일을 모두 처리하는 유토피아적 경향과, 대량 실업을 유발하는 등 디스토피아적 경향이 있다. 그러나 자동화의 미래는 AI를 개발하는 과정에서의 수많은 작은 결정에 의해 달라질 것이다. 인간의 일을 기계가 대신한다면 어디까지 맡겨야 할까? 그럼으로써 얻는 것과 잃는 것은 무엇일까? 로봇과 인간 상호작용의 최적의 조합은 무엇일까? 직업윤리에서부터 보험 정책, 법률에 이르는 이 모든 규칙은 일상생활에서의 로봇화 범위와 속도에 어떤 영향을 미칠까? 이 질문에 대한 대답은 자동화가 로봇 혁명을 약속할 것인지, 느리지만 신중하게 작업을 개선하는 방식을 약속할 것인지에 따라 결정할 수 있다.

· · ·

우리는 왜 로봇과 AI에 관심을 가져야 하는가? 여기엔 두 가지 실용적인 이유가 있다. 첫째, 로봇의 물리적 존재는 태블릿, 스마트폰 또는 센서보다 훨씬 더 강력한 장애물이 될 수 있다. 태블릿이나 스마트폰에 적용한 기술은 로봇에 쉽게 내장시킬 수 있다. 태블릿이나 스마트폰은 잘못을 저지르는 어린이나 범죄자를 직접 제지하는 것이 불가능하지만 로봇은 할 수 있다.

로봇의 활용을 미루거나 제한한다 해도, AI는 모바일 앱이나 비디오 포커 게임 같은 수많은 분야에서 사람들을 유혹하는 기술을 계속 강화하며 인간을 위협할 것이다. 인간과 컴퓨터의 상호작용을 연구하는 줄리 카펜터(Julie

Carpenter)는 다음과 같이 말한다.

"로봇이 매우 한정된 자율성을 갖고 있다는 것을 알면서도 무언가 당신의 공간에서 움직이며 목적의식이 있는 것처럼 보일 때, 우리는 그것을 내면의 인식이나 목표와 연관시킨다."

로봇 청소기의 작은 움직임에도 인간은 감정적으로 반응할 수 있다. 더 많은 센서에 우리의 반응을 기록할수록 정교한 컴퓨터가 채굴하는 감정 데이터의 광맥은 더욱 풍부해진다. '좋아요' 같은 단순한 반응도 우리의 관심을 사로잡는 단서가 된다. 인터넷 화면을 보는 모든 순간은 데이터베이스에 저장되어 이런 상황을 자주 발생시킬 수 있도록 메커니즘을 계속 강화시킨다. 센서가 소형화되면서 누구나 쉽게 감시 장치를 사용할 수 있게 되었다. 이런 센서의 감시에서 벗어나도록 하는 결정은 우리가 참여하는 활동 중에서도 매우 의미 있는 일일 것이다. 게다가 컴퓨터의 처리능력 향상과 데이터의 저장 용량 증가로 우리의 모든 행동을 기록할 수 있게 되었고, 이 기록에 따라 평가받게 되는 디스토피아에 이를 수도 있다. 새 학년이 시작되면 새로운 선생님과 새롭게 한 학기를 시작하는 현재의 학교 상황과는 매우 대조적이다.

위와 같은 가능성은 아직 아무 일도 일어나지 않았기 때문에 현재의 로봇 정책에 집중해야 하는 두 번째 이유를 제시한다. 로봇이 규제가 심한 에너지나 금융 분야에 진입함에 따라 개인정보나 소비자 보호에 대한 법적 표준으로 로봇 개발을 구체화할 수 있는 절호의 기회를 갖게 되었다. 감시 대상의 모든 순간을 반드시 기록하도록 로봇을 설계할 필요가 없다. 로봇 감시 자체는 매우 억압적일 수 있으므로 이 시스템에 대한 사람의 관찰이 필요하다. 한국의 로봇 교도소에는 기계 담당자가 필수라고 한다. 형벌과 관련된 시스템에 로봇을 투입할 경우, 교도소의 정책과 수감자들의 재활에 대한 장점을 충분히 검토한 후에 결정을 내려야 한다. 로봇에 대한 새로운 주요 원칙 중 하나는 AI와 로봇에 대한 논쟁을 단순히 기술 정책의 일부가 아니라 해당 분야에서 중요한 가치를 지키는 책임을 지닌 도메인 전문가와 함께 논의해야 한다고 정책 입안자에게 경고하는 것이다.

냉소주의자는 이런 가치가 주관적인 것일 뿐 기술 발전 사회에서는 진부한 것이라고 비웃을지 모른다. 그러나 과학과 기술, 인간의 가치를 중요하게 생각하는 학자나 컨설턴트들은 우리가 기대하는 윤리의식이 기술 발전에 영향을 미칠 수 있음을 보여주었다. 캐나다, 유럽 및 미국의 규제기관은 이미 개인정보 보호 설계에 대한 기본 원칙을 승인했다. 이 원칙에는 영상과 소리를 기록하는 것 같은 센서 장착 기술에 포티오리(Fortiori, 악조건에서의 테스트)를 적용해야 한다는 점 등을 포함한다. 예를 들어, 비디오카메라에 녹화 중임을 나타내는 빨간색 표시등이 있는 것처럼 로봇은 녹화할 때 표시기를 제공해야 하고, AI 기반 데이터는 수집과 분석, 사용에 있어 엄격한 제한을 받아야 한다.

기술자들은 로봇 규제가 시기상조라고 반박할 수 있다. 자유방임주의자들은 상황을 지켜보며 대응하자고 한다. 그러나 아무것도 하지 않고 있으면 시기를 놓치고 만다. 첨단기술 업계에서는 늘 아직 규제가 필요할 때가 아니라고 말한다. 새로운 사례가 나타나 문제가 되기 시작하면, 당국은 유치산업의 목을 조른다는 비난을 받는다. 이런 사례가 한 번 허용되고 관행이 되어 널리 퍼지기 시작하면, 이후에는 그것이 널리 퍼졌다는 것은 소비자가 이를 수용하는 것이라는 구실이 된다. 법적 개입을 위해 제시하는 모든 주장에는 진부하고 상투적인 표현에 기반한 편향적인 전략이 있다. "정말 문제가 있는 건가?", "지켜보자", "소비자가 원한다"와 같은 의견이 만병통치약처럼 모든 것을 덮어버린다.

기술은 우리의 가치와 무관하지 않다. 관망하는 태도는 오히려 가치관 형성을 무시하는 것이다. 온라인 차터 스쿨(대안학교 성격을 지닌 미국의 공립학교)의 AI 학습 도우미는 어린이들에게 사회화 의무를 가르칠 때 현재의 가치관을 즉시 반영하지 않을 것이다. 어느 것을 영구적으로 기록해야 하는지 인식을 심어줌으로써 세대의 가치관을 형성할 수 있다. 이런 것은 단순히 에듀테크 제공자의 이익을 중심으로 결정해서는 안 된다. 민주적인 거버넌스와 기술 분야 전문가들의 의견이 필요하다.

· · ·

이런 가치를 형성하는 기술의 역할은, 로봇이 우리의 선택을 분쟁의 요인이 되도록 근본적으로 바꾸어 실제로 매우 위험하기도 하다. 일부 미래학자들의 생각에는 제조 혁명에서의 자동화와 같이 갈등도 자동화될 것이라는 시나리오가 발생할 수밖에 없는 결과이다. 어떤 군대도 살인 로봇을 개발하는 적군에게 뒤처지려 하지 않을 것이다. 전쟁 발발의 긴장이 조성되면 치명적인 로봇 군대의 개발을 확대하기 쉬워진다. 이런 이유로 인간의 본성은 초인적인 로봇 시스템과 같은 기술 개발을 바란다.

신중하게 판단해 현실적인 선택을 하겠지만, 이것은 위험한 자기실현적 예언(누군가 어떤 일이 발생한다고 예측하거나 기대하는 사회심리적 현상)이 될 위험도 있다. 따라서 무기 경쟁에 대한 생각만이 아니라 직접적인 가속화가 이루어지게 된다. 군사 개입 비용이 적을수록 정치권과 국가는 더욱 많이 개입하게 될 것이다. 게다가 정교하게 무력을 배치할 수 있게 되면 집행 과정에서 윤리적으로 판단하기 애매한 부분이 생기게 된다. 현실적인 가능성에 대해 생각해보자. 미국은 지상 로봇과 소형 실내용 드론으로 전투 지역의 무인 항공기 전력을 보완한다. 로봇이 추적하는 대상은 전투원인가, 용의자인가? 국제법과 국내법 판례에서는 각각 다른 대우를 규정한다. 이런 처리는 쉽게 자동화할 수 있는 부분이 아니다. 따라서 전쟁법(또는 단순한 형사 절차)으로 로봇에 대한 극복할 수 없는 장벽을 깨닫게 될 것이다.

학계와 정부 관계자들은 이미 로봇화된 전쟁과 법 집행 시나리오를 분석하기 시작했다. 두 분야가 국가적 보안이라는 전유물 아래 지속적으로 합병될 것이며, 사회 질서라는 이름으로 로봇 공학 분야에 더욱 많이 적용될 것이다.

여기서 약속하는 것은 궁극적으로 위협을 탐지하는 초인적 인공지능이다. AI는 신속하게 범죄를 감지하고 해결하기 위해 수백만 개의 데이터 스트림을 분석할 수 있다.

그러나 이런 기술에 너무 열광하기에 앞서 인공지능이 얼마나 비인간적일 수 있는지 보여주는 몇몇 사례를 기억하자. 연구원은 사람의 얼굴을 보고 범죄를 예측하기 위해 스스로 학습하는 인공지능 알고리즘을 연구해왔다. 미래의 로봇 경찰은 밀접 추적 대상을 선별하기 위해 이 안면 데이터를 사용할까? 미래의 사법 시스템에서 점점 큰 부분을 차지하게 될지 모르는 기계가, 접근이 제한된 예측 분석이나 추론 같은 데이터가 경찰서에 현재 있을까? 우리는 그런 데이터를 검사하거나 이의를 제기할 권리가 있는가? 그런 연구는 꼭 해야 하는가?

얼굴의 특징을 범죄와 연관 짓는 것은 인공지능의 특별한 응용이라고 생각할 수 있다. 그러나 고차원적인 계산 뒤에 숨은 논리는 일반적인 설명으로는 알 수 없다. 어떤 로봇 공학자들은 인공지능의 원리를 설명할 수 없다는 것 자체가 인간의 지능을 넘어서는 일이라며 자축하기도 한다. 컬럼비아대학의 호드 립슨은 기술적으로 투명한 인공지능에 대한 수요를 평가해 달라는 요청을 받은 후 "어느 순간 개에게 셰익스피어를 설명하는 것과 같다"고 말했다. 암세포를 죽이거나 날씨를 예측하는 일에 관해서는 립슨의 말이 일리가 있을 수 있다. 문제를 해결하기 위해 인공지능의 정확한 메커니즘까지 이해할 필요는 없다. 그러나 사람과 관련된 중요한 결정에 대해 설명할 수 없다는 것은 적절치 않다. 유럽연합(EU)에서 새롭게 부상하고 있는 설명할 권리에 따라 이 분야에 대한 인공지능의 사용은 제한되거나 보다 인간 중심으로 대체되어야 한다.

로봇과 인공지능을 둘러싼 싸움은 기계의 분석 능력에 초점을 맞출 것이다. 어떤 데이터를 수집하고 사용할 수 있는가? 데이터는 어떻게 처리되는가? 이런 질문은 민주주의와 커뮤니케이션의 미래에 매우 중요한 문제이다. 잘못된 정보가 어떻게 퍼지는지 생각해보자. 편향된 광고는 오랫동안 대중매체를 괴롭혀왔는데, 대규모로 자동화된 공론장은 이를 확대해 노골적인 허위와 조작이 바이러스처럼 퍼지게 했다. 일부 정부 관계자들은 혐오 발언과 가짜 뉴스의 확산을 막기 위해 개입을 시작했다. 정부의 개입은 온라인 공론장을 회복하기 위한 첫 단계지만, 전통적인 규범을 준수하는 언론인에게 주어졌던 중요한 역할과 함께 훨씬 더 많은 것이 요구될 것이다.

사이버 자유주의자들은 AI도 모든 데이터를 처리할 수 있는 생각의 자유를 누려야 한다고 주장할 것이다. 사회적 결과와 연결되지 않은 순수 컴퓨팅 영역에서라면 그런 권리가 존중될 수 있다. 표현의 자유라는 명목으로 무책임한 많은 발언이 허용된다. 소프트웨어 프로그래머는 사회적 결과와 상관없이 프로그램에 데이터를 입력하는 일에 비슷한 권리를 주장할 수 있다. 그러나 특히 로봇이 세상에 영향을 미치는 즉시 알고리즘은 규제되어야 하며 프로그래머는 그로 인한 피해에 대해 윤리적, 법적 책임을 져야 한다.

전문성과 전문지식

세상에 영향을 미치는 알고리즘의 책임은 누가 결정할 수 있을까? 원활하고 공정한 전환을 위해서는 기존의 전문성과 새로운 형태의 전문성이 모두 필요하다. 전문지식은 보통 정보에 대한 깊이를 의미하지만 실제로는 훨씬 더 많은 것을 내포하고 있다. 직업적 업무와 단순한 지식을 융합하려는 이들이 생각하는 고용의 미래는 밝지 않다. 컴퓨터의 처리능력은 기하급수적으로 증가했고, 업무 활동에 대한 데이터가 끊임없이 쌓이고 있다. 그러나 전문성은 훨씬 더 복잡한 많은 것을 포함한다. 가치와 의무의 충돌, 사실과는 다른 여러 상황을 끊임없이 다뤄야 한다. 이것이 직업의 미래를 다르게 만든다.

시속 70킬로미터로 2차선 도로를 달린다고 상상해보자. 100미터 앞에는 학교를 마치고 집으로 가는 아이들이 보인다. 아이들 앞을 지나치려 할 때, 마주오는 대형 트럭이 차선에서 벗어나 당신을 향해 정면으로 달려오고 있다. 당신은 결정해야 한다. 자신을 희생하고 아이들을 구하거나, 트럭을 피하기 위해 아이들 쪽으로 차를 돌려야 한다.

많은 사람들은 고귀한 선택을 할 거라고 생각한다. 자율주행 기술이 발전함에 따라 이런 자기희생적 가치를 차량에 프로그램화하여 내장시킬 수 있다. 많은 자동차에 이미 운전자가 볼 수 없는 사각지대의 아이들을 감지하는 장치가 장착되어 있다. 다른 차량과 충돌할 위험이 생기면 경고를 하기도 한다. 기술적으로는 경고 신호를 차량의 제동 장치로 연결하는 것도 가능하다. 그러면 운전자가 방향을 틀어 아이들을 치지 않게 할 수 있다.

그러나 프로그램을 다르게 할 수도 있다. 운전자의 이익을 최우선으로 하는 것이다. 이것이 옳은 일이라고 생각하지는 않지만, 여기서 접근법의 정확성을 말하고자 하는 것은 아니다. 노동 문제는 기술자 규제 기관, 마케터, 정부 관계, 영업 전문가들이 협력해 자동화의 영향을 받는 모든 사람의 이익을 존중하는 동시에 상업적 요구 사항도 존중하는 인간과 컴퓨터의 상호작용을 다룬다. 디자인과 마케팅, 안전에 있어 한 번에 해결할 수 있는 문제는 거의 없다. 사용자가 기술 발전에 적응하고 시장이 변화하면서 새로운 요구가 끊임없이 생겨난다.

의료계는 오랫동안 이런 딜레마에 직면해왔다. 의사는 단순히 환자를 돌보는 일만 하는 것이 아니다. 끊임없이 변화하는 위험과 기회를 이해하고 모니터링해야 하는 의사는 의학이 어떻게 발전할지 계속 파악하고, 의학 지식을 확인하거나 의문을 제기하는 최신 연구 동향을 파악해야 한다. 심지어 부비동염 환자에게 항생제를 투여할지와 같은 사소한 결정도 내려야 한다. 훌륭한 주치의라면 먼저 해당 약물이 임상적으로 적합한지 여부를 결정해야 한다. 의사들은 항생제에 내성이 있는 미생물의 진화를 늦추기 위해 처방을 제한하는 의무를 얼마나 철저하게 지킬 것인가에 대해 미묘하게 입장이 다르다. 또한 장염을 일으키는 클로스트리움 디피실 박테리아에 의한 치명적인 감염 등 항생제의 잠재적 부작용이 환자 유형에 따라 다르게 나타날 가능성도 파악해야 한다. 환자들은 병원을 방문할 때 이런 것을 어느 정도는 알고 있겠지만 결정이나 판단에 대한 책임은 질 수 없다. 그것이 바로 전문가의 역할이다.

빅데이터와 예측 분석, 알고리즘, AI, 이 모든 것을 아우르는 힘을 믿는 사람들은 로봇의 두뇌가 이런 문제를 모두 해결할 수 있다고 생각한다. 이는 급격한 기술 발전으로 생활수준을 향상시킬 수 있다는 매력적인 전망이다. 하지만 이것이 현실적인 것일까? 검색 엔진 알고리즘, 초단타 매매 및 타깃 광고와 같이 순전히 디지털에 기반을 둔 시스템도 대개의 경우 편파적이고 불공정하며, 부정확하거나 비효율적이라고 밝혀졌다. 정보를 정확하게 포착한다는 것은 훨씬 어려운 일이고, 애초에 무엇을 측정해야 하는지에 대한 논쟁도 있다. 알고리즘 시스템이 환경을 감지하고 그에 따라 반응할 수 있는 로봇의 두뇌로 강화된다면 그 위험성은 매우 높아진다. 의미 있는 인간의 통제가 필수적이다.

의학과 같이 전문적인 역사가 오래된 분야에서만 인간을 통제해야 하는 것은 아니다. 심지어 운송 분야에서도 앞으로 수십 년 동안 전문가들이 중요한 역할을 하게 될 것이다. 이동 로봇 기술이 아무리 빠르게 발전한다 해도, 그것을 개발하는 회사가 배달용 드론, 인도로 다니는 운송 로봇, 자동차 등의 사회적 수용까지 자동화할 수는 없다. 법률 전문가 브라이언트 스미스가 지적했듯 변호사나 마케터, 토목 기술자 모두가 이런 기술이 널리 보급되도록 사회 전반적으로 도와야 한다. 정부는 차량과 인프라 모두에 대한 조달 정책을 바꿔야 한다. 인간 운전자에 최적화된 신호등이나 기타 도로의 기능이 자율주행차량에는 적합하지 않을 수 있으며, 그 반대의 경우도 마찬가지이기 때문에 지역 사회에서는 어떻게 전환하고 관리할 것인지 어려운 결정을 내려야 한다. 스미스는 "토지 이용 계획, 기반 시설 프로젝트, 건축 법규, 채권, 예산에 대한 장기적인 가정을 재검토해야 한다"고 지적했다.

이런 전환에 필요한 노동력은 매우 폭넓고 다양하다. 보안 전문가들은 무인 차량이 중요한 시설이나 군중에게 어떤 위험을 초래하는지 그 모형을 만들 것이다. 자율주행차에 폭발물을 실을 수 있다면 테러범들은 자살폭탄범을 모집할 필요가 없다. 공중보건 전문가들은 무인 차량에 낯선 사람들이 포함되는 경우를 고려한 전염병의 확산을 모델링할 것이다. 입법자들은 이미 무인 차량의 통제권을 다른 사람이나 경찰에게 넘겨주도록 할 것인지 고심하고 있다. 아직 반자율주행차 탑승자에 대한 적절한 용어가 없기 때문에 '사람'이라는 애매한 용어를 사용했다. 법과 규범 모두 시간이 지남에 따라 새로운 모습으로 변할 것이다.

이들 중 그 어느 것도 자율주행 알고리즘을 개발하는 프로그래머나 기업이 단독으로 결정해서는 안 된다. 여기에는 도시 연구가부터 규제 기관, 경찰, 변호사 등 훨씬 더 광범위한 전문가들이 관여하고 있다. 이해당사자 간의 협상은 오래 걸리겠지만, 이는 새롭고 더 나은 기술로 나아가기 위한 포괄적인 전환을 위한 대가이다. 그리고 자율주행차의 광범위한 전환에 대한 윤리적, 법적, 사회적 의미 중 일부에 불과하다.

그럼에도 AI로 인해 직업이 사라질 것이라고 주장하는 미래학자들이 있다. 그들은 충분한 데이터만 있으면 사실상 인간의 모든 기능을 로봇으로 대체할 수 있다고 주장한다. 이 책의 관점은 정반대이다. 우리의 일상생활이 대기업이 운영하는 AI와 머신러닝의 영향을 받는 한 우리는 더 많은, 더 나은 전문가를 필요로 할 것이다. 그것은 의학이나 법률 분야의 교육이나 면허 같은 형태를 확장시킬 것이다. 그리고 광범위한 대중의 참여와 전문지식이 필요한 주요 분야에서 완전히 새로운 전문적인 정체성을 구축해야 한다.

전문성의 두 가지 위기

전문지식으로 인간의 가치를 주장하면 거부감을 느끼는 사람도 있다. 현재 AI가 직장과 도시의 거버넌스를 잠식하는 것에 반대하는 가장 유력한 주장은 민주주의에 대한 호소이다. AI 비판론자들은 아직 기계학습이나 신경망 분야의 전문가들이 기술의 영향을 받게 되는 사람을 대표할 만큼 다양하지 않다고 주장한다. 그들은 지역 사회와 너무 동떨어져 있고 다른 전문가들 또한 마찬가지다. 활동가들은 예전부터 냉담했던 의사와 교수들, 이해할 수 없는 변호사들, 현실과 동떨어져 있는 과학자들에 대해 불평해왔다.

영국 정치인 마이클 고브(Michael Gove)는 브렉시트의 비참한 결과에 대한 경제학자들의 예측에 대해 "이 나라 국민은 전문가들을 너무 많이 만났다"고 주장했다. 이런 정서가 전 세계 포퓰리즘 캠페인을 부채질함에 따라 정치와 전문성, 대중운동과 관료주의적 통찰력의 차이가 점점 커지게 된다.

사회학자 질 에얄(Gil Eyal)은 이런 흐름에 대해 말하면서 전문성이란 과학과 기술, 다른 한편으로는 법과 민주정치 사이의 교차점과 조율, 마찰에 대해 이야기하는 방법이라고 주장한다. 이는 관료들이 종종 사실과 가치를 모두 고려해 어려운 결정을 내려야 하는 행정의 오래된 긴장 관계이다. 예를 들어, 오염 한계를 높이거나 줄이는 것은 폐암 발생 같은 의학적 결과, 기업의 수익성에 대한 경제적 영향, 심지어 광산 지역의 생존 가능성 같은 문화적 중요성을 지닌 결정이다. 에얄은 이들 각 분야에서 순수한 기술 관료적 의사결정에 대한 민주적 도전에 초점을 맞추고 있다.

이 책에서는 전문성에 대한 다르고 뚜렷한 도전 과제, 보다 정확하게는 전문성의 충돌을 다룬다. 권위 있는 경제학자들과 인공지능 전문가들은 병원과 학교, 중앙은행, 전쟁터에 이르기까지 거의 모든 곳에서 세상을 파악하고 질서를 세우는 전문가의 방식이 우선시되어야 한다고 주장해왔다. "당신은 기계학습에 대해 전혀 모릅니다. 내가 당신의 야영지에 하루만 있으면 당신이 갖고 있는 대부분의 문제를 풀 수 있어요"라고 장군에게 말할 만큼 직설적인 전직 기술회사 CEO는 거의 없다. 그러나 AI에 의한 자동화와 경제 혁신에 관한 수많은 책의 주제는 경제와 컴퓨터공학이 다른 전문지식 중에서도 가장 중요한 요소라는 것이다. 그들은 경제학에서 더 적은 비용으로 일을 처리하는 방법을 요구함에 따라 인공지능과 로봇이 인간의 노동력을 빠르게 대체하는 세상을 예측하며 이를 실현하는 데 도움을 준다. 이런 관점에서 볼 때 결국 거의 모든 근로자들은 데이터와 알고리즘으로 무장된 누군가가 나타나면, 지금은 사라지고 없는 엘리베이터 안내원이나 마차 운전자 같은 운명이 될 것이다.

확실히, 경제성과 인공지능이 필수적인 분야가 있다. 기업은 비용을 감당하지 않고는 운영될 수 없고, 스캐너 프로그램이 상품의 바코드를 인식하지 못하면 셀프 계산대 줄은 멈추게 된다. 그러나 기업이 존재해야 하는지, 아니면 계산원을 로봇 키오스크로 대체해야 하는지에 대한 질문은 경제학이나 컴퓨터공학만으로 답할 수 없다. 정치인과 지역사회, 기업은 복잡한 가치와 요구에 따라 결정을 내린다. 이런 가치와 요구는 지역사회와 완전히 분리되어 추상화된 효율성의 방정식이나 최적화된 알고리즘으로 간단히 줄어들 수 없다. 오히려 이런 가치와 요구는 현재와 미래의 전문가들에 의해 표현되고 조정되며, 근로자와 관리자의 밀접한 현지 지식이 어떻게 보존 가치가 있는 서비스와 관행으로 이어지는지 보여줄 수 있다.

모든 인간의 노동을 식민지화하거나 대체, 또는 지배하기 위한 상업적 압력과 로봇의 모방이라는 반대 방향을 추구하는 것은 사회를 근본적으로 재편하는 것이다. 사회학자 윌 데이비스(Will Davis)는 "모든 것에 대한 관할권을 주장하는 직업은 더 이상 직업이 아니라 인식론적인 폭정이 될 것"이라고 말한 적이 있다. 오늘날 AI와 로봇공학에 대한 수없이 많은 논의는 효율성과 최적화에 대한 편협한 시각에 지배당하고 있다. 나는 자동화에 대한 논의에 훨씬 더 광범위한 목표와 가치를 도입하려고 한다. 풍부한 대화를 위해 직업과 서비스가 가치 있는 모든 곳에서 분산된 전문지식이 민주적 가치와 정확성, 효과성 및 과학적 방법이라는 인지적 가치를 융합하도록 보장해야 한다.

이런 접근 방식은 변호사와 의사의 의사결정 과정을 일련의 '만약 그렇다면' 형식의 의사결정 트리로 요약하려고 했던 수많은 1980년대 인공지능 프로그래머들의 접근법과는 거리가 멀다. 예를 들어, 이런 프로그램은 견습의사에게 "환자가 열이 있나요? 그렇다면 언제부터 열이 나기 시작했는지 물어보세요. 열이 없다면 기침을 하는지 물어보세요"라고 말할 수 있다. 이런 시스템에 대한 열기는 뜨거웠지만 여전히 번거롭고 불편한 점이 많았다. 전문가적 판단은 인공지능 연구자들이 예상했던 것보다 훨씬 더 체계화하기 어려운 것으로 밝혀졌다.

철학자 휴버트 드레이퍼스(Hubert L. Dreyfus)는 전문가 시스템이 제대로 작동하지 않는 이유를 설명하기 위해 암묵적 지식 이론을 발전시켰다. 우리는 말로 설명할 수 있는 것보다 훨씬 더 많은 것을 알고 있다. 당신의 직업을 일련의 '만약 그렇다면(또는 그런 경우에는)'이라는 문장으로 요약해보면 쉽지 않다는 것을 알 수 있다. 당신이 매일 마주하는 상황을 컴퓨터가 인식할 수 있을까? 이런 상황에 대응을 쉽게 설명하고 평가하며, 순위를 부여할 수 있을까? 이런 작업과 상황을 설명하고 계산 가능한 코드로 번역하는 일의 어려움은 업무에서 인간의 지속적인 역할에 대한 중요한 통찰을 하게 한다.

분명 변화란 축하할 일이 아니라 확인이 필요한 대상이다. 만약 한 이비인후과 의사가 자신이 치료하는 아이들 중 90%에게 편도선 수술을 해야 한다고 했다고 치자. 다른 집단 의사들의 편도선 수술 비율이 15%를 넘지 않는다면, 의술의 부족이나 기회주의 등을 진지하게 염두에 두고 조사해야 한다. 그럼에도 의사가 혁신하거나 대다수의 관행에서 벗어날 수 있는 자율성은 법으로 보호받고 있으며, 환자들도 그것을 원하는 경우가 많다. 일반적으로 의료 사례에는 많은 불확실성이 존재하기 때문에 모든 것을 알고리즘으로 단순화시킬 수는 없고, 이런 단순화는 지침서대로 처방만 하는 '요리책 의학'이라는 비웃음을 사게 된다. 환자들은 자신의 아픔에 공감할 줄 알고, 곧 나아질 거라며 용기를 주는 의사를 원한다. 마찬가지로 대부분의 부모들은 아무리 교육비가 줄어든다 해도 전국의 모든 학생이 교사 한 명에게 배우는 것을 원하지 않을 것이다. 잘 가르치는 사람이나 로봇이 하는 방송을 그냥 듣는 것보다는 믿을 수 있는 사람과의 교감이 훨씬 가치 있다고 생각하는 것이 대부분이다.

그러므로 전문성의 민주적 위기, 즉 관료주의적인 선택과 열정적인 포퓰리스트 사이의 갈등을 완화하는 한 방법은 지역 전문가들에게 권한을 부여하는 것이다. 우리는 국가나 기업에 의해 교과 과정이 세부적으로 결정되기를 바라지 않는다. 대신 각 분야별로 필요한 상식을 가진 교사와 교수들이 기본 내용을 풍부하게 하고, 활기를 불어넣을 기회가 충분해야 한다. 다른 여러 분야에서 이런 인간적인 손길의 가치, 특히 일하는 사람과 서비스받는 사람에게 중요한 가치에 대한 인식을 확대해보면 미숙한 조기 자동화에 반대하는 기본적인 사례가 나타난다. AI가 성공하기 위해서는 최소의 인간 관찰자에게 다양한 데이터를 공급받아야 한다. '성공'은 언제 기계를 신뢰할 수 있는지, 언제 기계에게 자신의 판단을 맡길 수 있는지 알 수 있을 정도의 충분한 지식과 열정이 있는 전문가에 대한 지원으로 정의할 수 있다.

비용의 이점

광범위한 자동화에 대한 기술적 전망은 현대 경제정책의 핵심에 묘한 긴장을 불러일으킨다. 미국 경제자문위원회, 세계경제포럼, 국제통화기금 등에서는 기술 실업 문제가 대두될 때 수천만 개의 일자리가 로봇으로 대체될 거라고 엄중히 경고한다. 생산자로서 우리의 역할에 초점을 맞춘 이런 논의는 암울한 긴박함으로 가득하다. 처음에는 일상적인 작업이, 다음엔 좀 더 전문적인 역할이 자동화되고, 마스터 알고리즘이 만들어지게 되면 그다음엔 코딩

마저 자동화될 것으로 보인다. 이 문헌의 내용은 종말론적이다. 영국 일간지 《데일리 메일》은 영국은행 총재 마크 카니(Mark Carney)의 발언을 인용하며 로봇이 1,500만 개의 일자리를 빼앗을 거라고 보도했다. 일자리 감소에 대한 추정치는 매우 다양하지만, 모든 근로자들이 위험에 처해 있다고 경제학계에서는 한결같이 주장하고 있다.

동시에 경제학자들은 서비스 비용이 저렴해지는 것을 환영한다. 이런 경제 발전 모델은 자동화 과정과 매우 비슷하다. 의료 및 교육계 지도자들은 제조업에서 조립 라인의 성공과 인터넷의 데이터 기반 개인화로부터 배워야 한다. 건강과 교육에 대해 문답식으로 템플릿화하고 개인화하는 접근 방식은 병원과 학교 운영비를 줄일 수 있고, 이는 결국 모두에게 최상의 서비스를 제공할 수 있게 한다.

로봇이 모든 일자리를 빼앗는다는 디스토피아니즘과 항상 저렴한 서비스라는 유토피아니즘을 결합하면 경제의 미래에 대해 두 가지를 전망하게 된다. 로봇에게 일자리를 뺏긴 직장은 로봇 복제품을 개발하기 위해 모든 움직임을 기록하는 기계에 직원들이 종속될 것이다. 다윈의 지옥이 되는 것이다. 유일한 위안은 기술의 놀라움으로 모든 것이 더 저렴해지는 시간 이후에 온다는 것이다.

비참한 근로자들과 환희에 찬 소비자들이라는 이런 모델은 문제가 될 뿐만 아니라 지속 가능하지도 않다. 개별적으로 보면 인건비 절감은 좋은 것처럼 보인다. 피부과 의사를 앱으로 대체하고 교사를 대화형 장난감으로 대체하면, 다른 곳에 훨씬 더 많은 돈을 쓸 수 있다. 공공 서비스도 마찬가지다. 로봇 경찰관이 있는 마을이나 드론 군인 있는 국가는 임금과 의료 서비스를 지원하기 위해 세금을 더 적게 내도 된다. 하지만 의사와 교사, 군인, 경찰은 모두 다른 사람들이 판매하는 제품을 구매하는 잠재 고객이다. 그들이 가진 돈이 적을수록 벌어들일 수 있는 돈 역시 줄어든다. 고전적인 경제 용어로 볼 때, 가장 큰 걱정은 낮은 임금과 물가의 자기 강화적 소용돌이인 디플레이션이다.

가장 이기적으로 생각해봐도 상품과 서비스에 드는 비용은 자신의 행복을 해치기만 하는 것은 아니다. 오히려 구매력을 재분배해 자신이 사는 것을 만들며 자신을 도왔던 사람들이 결국 그들 스스로 구매력을 갖도록 힘을 실어주는 방법이다. 분명 보편적 기본 소득은 로봇 기술로 인해 일자리를 잃은 사람들의 구매력을 보충할 수 있다. 그러나 경제적 보상으로 사전 분배에 가까운 재분배를 기대하는 것은 현실적이지 않다. 대부분의 유권자들은 수십 년 동안 부유층의 세금 부담을 줄여왔다. 로봇화된다고 해서 부의 재분배를 위한 야심 찬 계획을 실현하는 역학 관계를 바꿀 수 있을 것 같지는 않다.

경제를 소비와 저축이라는 지속적인 생태학으로 보고, 중요한 서비스에 대한 권한과 책임을 분배하는 하나의 방법으로 보는 것은 로봇 혁명을 더 나은 관점으로 바라볼 수 있게 한다. 전통적인 비용, 편익 분석에서는 기계의 능력이 기대에 미치지 못해도 인간을 기계로 빠르게 대체하려는 경향이 있다. 서비스 비용이 낮을수록 그에 따른 편익은 상대적으로 더 크게 나타난다. 그러나 비용에 대한 이점을 노력에 대한 계산과 개인에 대한 투자로 이해하게 되면 경제에 대한 단순하고 이율배반적 시각의 단점은 더욱 분명해진다.

이 책의 구성

너무 많은 기술자들이 데이터와 알고리즘이 부족한 분야에서 빠르게 인간을 대체하고 싶어 한다. 반면 정치인들은 규제기관과 법률이 기술 발전을 따라잡지 못한다고 한탄하며 숙명론적인 태도를 취하곤 한다. 이 책은 기술 발전을 촉진하는 국가의 역할에 대한 대중의 이해를 새롭게 하기 위해 기술 커뮤니티의 이기주의와 정책 결정자들의 미니멀리즘에 대해 논박할 것이다. 현재 알고리즘 방법과 정량적 지표가 지배하는 기술을 개발하는 내러티브의 힘과 정성적 판단력을 지닌 정책을 분석할 것이다. 이 책에서 가장 중요한 것은 다양한 분야와 관점에서 축적된 지식을 정제해 일반인이 활용할 수 있도록 전달하는 것이다. 이상적으로는 단순히 기술 발전에 대응하는 것만 아니라 이를 형성하도록 마련된 알론드라 넬슨(Alondra Nelson)의 '예기적 사회 연구'의 기초가 될 것이다.

작업을 소프트웨어로 변환하는 것은 기술 분야에서만 그런 것이 아니다. 오히려 교육, 간병, 정신건강 관리, 저널리즘 및 기타 수많은 분야에서 진정으로 중요한 것이 무엇인지 명확하게 전달하며 제안하는 것이다. 시행착오와 데이터 처리, 기타 여러 전략을 통해 모든 분야에서 성공을 정량화해 지표를 제시하고 이를 충족시키기 위한 최적의 알고리즘을 만들고자 하는 유혹이 있지만, 이 분야에서의 성공과 실패에 대한 정의는 논쟁의 여지가 있다. 한 가지 측정 기준에 따른 결정은 다른 모든 기준을 배제시킨다. 어느 누구도 모든 것을 데이터에 의해 좌우할 수는 없다. 어떤 데이터가 중요하며, 어떤 것을 고려할지, 무시할지 선택하는 것은 정치적인 문제이다.

인공지능 윤리론자들 사이에서는 차별적이거나 불공정한 판단을 줄이기 위한 작고 관리 가능한 컴퓨터 시스템 개혁에 초점을 맞춘 실용주의자들과, 스스로 진화하는 통제 불능의 인공지능의 출현이나 인공지능이 적어도 그것을 만든 인간보다 더 빨리 똑똑해지거나 치명적일 수 있음을 우려하는 미래학자들 사이에 긴장이 고조되고 있다. 실용주의자들은 미래주의자들이 환상에 사로잡혀 있다고 무시하는 경향이 있다. 미래주의자들은 실용주의자들의 우려를 사소한 일이라고 생각한다. 나는 양쪽이 서로에게 필요하다고 생각한다. 자동화 시스템의 투명성과 책임감을 높이기 위해 지금 적극적으로 개입하지 않으면 미래학자들이 예측하는 끔찍한 결과가 현실화될 가능성이 더욱 커진다. 미래학자들이 묻는 인간의 본성과 자유에 대한 근본적인 질문을 생각하지 않으면 우리는 그 어려운 과제를 감당하기 어려울 것이다.

이런 질문은 새로운 것이 아니다. 예를 들어, 1976년에 컴퓨터공학자 조셉

와이젠바움(Joseph Weizenbaum)은 "컴퓨터에 위임할 수 없는 인간의 목표와 목적에는 어떤 것이 있는가? 문제는 그런 일을 할 수 있는지 여부가 아니라 지금까지 인간이 수행해온 기능을 기계에 위임하는 것이 적절한지이다"라고 말했다. 그러나 "로봇이 인간보다 더 나을 것인가?" 또는 "인간은 언제 로봇을 사용하지 말아야 하는가?"라는 질문은 완전하지 않다. 모든 직업에서 거의 모든 사람이 이미 간단한 도구와 인간을 대체하는 인공지능 사이에서 어느 정도 자동화를 이용하고 있다. 더 나은 프레임은 '인간과 로봇을 사회기술적으로 어떻게 통합하는 것이 사회적, 개인적 목표와 가치를 가장 잘 촉진할 수 있는가?'이다.

일련의 사례연구를 통해 인공지능이 인간의 전문지식을 대체하기보다 보완하는 것이 인간의 중요한 가치를 실현한다는 사례를 제시함으로써 이 질문에 구체적으로 답한다. 2장부터 4장까지는 로봇의 첫 번째 새로운 법칙인 기존 전문가를 대체하는 것이 아닌, 보완 기술의 필요성에 초점을 맞춰 의료와 교육, 미디어 분야에서 이런 프로세스가 어떤 모습일지 설명한다.

나는 보건과 교육 분야에서의 상호 보완적 자동화에 대해 대체로 낙관적이다. 환자와 학생은 대개 상호작용을 필요로 한다. 그들에게는 인공지능이 아무리 발전한다 해도 매일 다양한 지식의 원천에 대한 신뢰성을 연구하는 전문가가 안내하는 지침이 매우 큰 도움이 된다. 더욱 중요한 것은 대부분의 교육 환경에서 인간관계의 본질은 만남이라는 것이다. 로봇 시스템은 기술적인 지원으로 판단을 개선하고, 재미있고 매력적인 훈련을 개발할 수 있다. 아마 시골이나 소외된 지역은 부족한 전문직 종사자들을 대체하기 위해 로봇 시스템이 필요할 것이다. 그러나 이런 필요성은 모범적인 노동 정책과는 거리가 멀다. 특히 취약 계층을 위한 정신 건강관리와 관련해서는 더욱 문제가 된다.

간호사와 교사, 의사가 AI와 만나는 접점에서 AI가 사람에게 미치는 영향을 조정하고, 올바른 데이터를 수집할 수 있도록 하며, 오류를 보고하는 등 여러 중요한 일을 한다면, 비인격적인 기계에 의해 교육과 복지가 암울하게 내몰리는 미래가 될 가능성은 적어진다. 보건과 교육 분야의 전문가 또한 환자와 학생들에게 명확하고 잘 정립된 법적, 윤리적 의무를 지니고 있다. 이런 표준은 기술자들 사이에서 이제 막 등장했다. 따라서 4장의 주제인 미디어와 저널리즘의 경우, 현재 대부분 자동화되어 있는 공론장을 보완하기 위해 공동의 노력이 필요하다.

뉴 미디어의 핵심인 광고 및 추천 시스템에 이르러 인공지능은 빠르게 발전했다. 페이스북이나 구글과 같은 기업은 정치 경제 분야를 개편하면서 텔레비전 방송사나 신문사 편집자들의 역할을 대신하는 AI를 도입했다. 그러나 그 효과는 매우 강력했다. 이 기업에 의해 수억 명이 읽고 보는 습관을 바꿨다. 그로 인한 혼란은 신문사와 언론인들에게 큰 타격을 주었다. 그리고 괴롭힘의 대상이 된 소수자를 포함한 일부 취약 집단에게는 끔찍한 일이었다. 가짜 뉴스나 디지털 증오 캠페인 같은 폐해를 막는 유일한 방법은 온라인 미디어의 유통을 이끄는 책임자를 더 많이 영입하는 것이다.

4장에서는 뉴스의 가치를 판단하는 AI의 실패에 초점을 맞추는 반면, 5장에서는 AI를 사용해 사람을 판단하는 일의 위험성에 대해 설명한다. 컴퓨터의 사용은 신용 배분과 부채 처리뿐만 아니라 고용과 해고에서도 더욱 큰 역할을 한다. AI와 로봇은 보안 서비스에도 진출하고 있다. 나는 로봇 경찰과 경비원을 빠르게 도입하는 것에 대해 경고한다. 심지어 경찰이 감독하는, 완전히 소프트웨어에 기반한 예측 치안(잠재적인 범죄를 예측하기 위한 데이터 분석 기법)조차 오래된 편향된 데이터에 의존하는 경우가 많아 논란의 여지가 있다는 것이 밝혀졌다. 주변을 순찰하거나 노점상을 단속하기 위해 스스로 출동하는 기계는 더욱 문제가 된다. 다른 많은 민법적 AI 응용 분야도 널리 채택될 준비가 되어 있지는 않다. 이들은 효율성이라는 제단 위에 인간의 존엄성을 희생시키는 사람들에 대한 기계의 지배를 조장한다.

6장에서는 힘에 대한 이런 우려를 전통적인 전쟁터과 온라인 전장으로 확장해본다. 치명적인 자율무기 시스템에 대한 논쟁이 친숙한 모양을 하고 있다. 폐지론자들은 살인 로봇에 대한 금지를 요구하고, 현실주의자들은 그런 접근을 거부하며, 개혁론자들은 전면적 금지에 미치지 못하는 규제를 제안함으로써 타협점을 찾는다. 폐지론자들과 개혁론자들은 현재 각자의 접근 방식이 지닌 가치에 대해 열띤 논쟁을 벌이고 있다. 그러나 두 집단의 전략은 결국 조화를 이룰 것이다. 어떤 무기는 너무 위험하기 때문에 만들면 결코 안 된다는 것을 개혁론자들은 알고 있다. 폐지론자들은 특히 사이버 전쟁에서 방어를 위해 일부 자동화를 사용하는 것이 국가 안보에 필요하다고 인정한다.

폐지론자들과 규제 당국자들 모두 분쟁에서 이용할 수 있는 전술에 제한을 두기 위해 법제화를 추진한 것에 대해서는 공로를 인정받아 마땅하다. 그러나 이들의 노력은 현실주의자들이 인정하고 조장하는 무기 경쟁 역학에 의해 무너질 수 있다. 모든 곳에 법이 있는 것은 중요하고, 주요 강대국이 사이버 전쟁, 로봇 군인, 기타 AI 강화 무기에 얼마나 투자하느냐에 달려 있다. 위에서 설명한 로봇의 세 번째 새로운 법칙의 핵심 결과인, 이런 투자에 대한 억제를 위해서는 시민과 지도자들의 무력행사 권한을 제한해야 한다.

여기서 제안하는 개혁에는 많은 비용이 들 것이다. 그러나 비용은 공공 재정의 문제인 만큼 무력의 로봇화로 인해 발생하는 문제에 대한 해결책으로 볼 수 있다. 6장에서는 보건과 교육 부문의 질을 올려야 하는 정부는 그 의무를 이행하지 않는 정부에 비해 폭력을 자동화하는 자원을 보유할 가능성이 낮다고 주장한다. 근본적으로는 새롭고 더 나은 글로벌 정치 경제만이 방어와 무력이라는 로봇 무기 경쟁의 소용돌이로 모든 자원이 낭비되는 비극을 막는 유일한 방법이다.

7장에서는 재정 및 통화 정책을 포함한 새로운 자동화 정치 경제의 기본적인 특징을 살펴본다. 인간 중심의 AI를 촉진하기 위해서는 모든 것을 조정해야 한다. 보편적 기본 소득이라는 제안이 현재 주목을 받고 있다. 재분배 정책의 한계가 명확해짐에 따라 보편적인 기본 서비스와 일자리 보장은 더욱 중요해질 것이다. 이런 정책은 생계 보장뿐만 아니라 경제 전반의 보다 민주적인 거버넌스를 보장하는 것을 목표로 한다. 그들은 노동보다 자본 축적을 우선시하고 사람 대신 기계로 대체하는 다른 많은 정책을 바로잡는다.

물론 로봇의 대체와 보완 개념이 항상 데이터로 명확하게 입증되는 것은 아니다. 그보다는 인간의 노동과 기술의 본질, 목적에 대한 더 큰 비전에 달려 있다. 이런 비전에는 경제적 현실뿐만 아니라 로봇과 고용 문화를 해석하는 방식이 수반된다. 마지막 장에서는 AI와 로봇에 대한 이야기와 함께 문화적 질문에 대해 탐구한다.

우리는 인간을 대체하기보다는 보완하는 문화, 파괴하기보다는 지속하는 문화를 지킬 수 있다. 우리는 기계가 아닌 사람이 지배하는 세상을 지킬 수 있다. 로봇 공학의 미래는 모든 시민의 노력과 희망을 반영해 보다 포용적이고 민주적일 수 있다. 그리고 새로운 로봇의 원칙이 우리를 이런 여정으로 인도할 것이다.

2장

인간의 치료

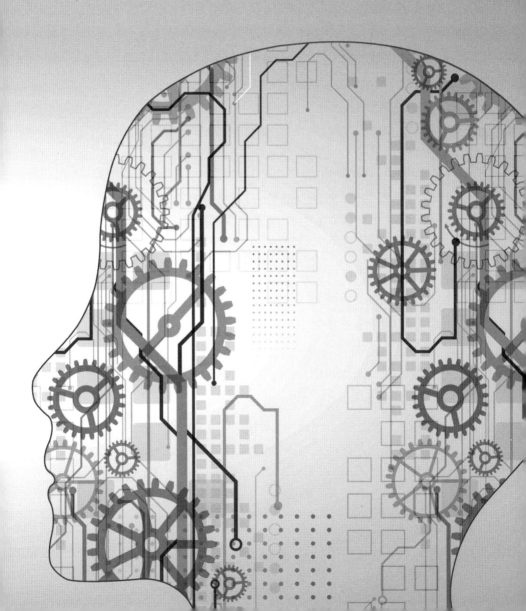

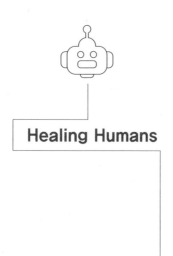

Healing Humans

의료계에는 AI에 대한 두 가지 꿈이 있다. 첫 번째는 공상과학소설에서 볼 수 있는 유토피아이다. 의료 로봇이 모든 질병을 발견하고 즉시 치료한다. 나노봇은 혈관을 돌아다니며 혈전이 파괴되어 손상된 조직을 치료한다. 3D 프린팅으로 만든 장기와 뼈, 피부는 우리가 80대, 90대가 되어도 젊음과 활력을 느낄 수 있게 한다. 운이 좋으면 로봇으로 만들어진 몸에, 뇌에 저장된 내용을 전송해 영구적으로 보관할 수도 있다.

이런 것의 장단점을 따지기엔 아직 먼 미래에 대한 전망일 뿐이다. 좀 더 실현 가능한 전망을 제시하는 미래학자도 있다. 그들은 인간의 공감과 통찰이 치료에 중요한 역할을 한다는 것과, 손을 사용하는 의사의 재능에 대해 잘 알고 있다. 그들은 새로운 로봇의 첫 번째 원칙과 마찬가지로, AI가 의사와 간호사를 대체하는 것이 아니라 도움을 주는 미래를 제시한다. 이것은 기술과 데이터의 현재 현실을 고려한 현명한 선택이다.

안타깝게도 현실주의자들마저 정책이나 법에 대해서는 실수를 하곤 한다. 그들은 의료 시스템을 주로 경제적인 관점으로 보고 있으며 비용과 효율성에 관심이 있다. 규제를 완화해 혁신을 촉진함과 동시에 예산을 제한해 비용 절감을 강제하는 것을 지지한다. 그러나 의료 기술 정책에서 우리에게 정말 필요한 것은 최상의 데이터를 수집하고 사용하는 것에 대한 책임이다. 병원이나 의사회가 효율적인 방안을 제시할 거라는 기대에 의존하기보다는 최첨단 의료에 투자해야 한다.

공상과학소설가들은 앱과 로봇이 결합해 모든 의료 문제를 해결하는 미래를 꿈꾼다. 그러나 이것은 의료 기술 발전이 지향하는 바가 아니다. 또한 정책 입안자들이 개입할 일도 아니다. 의료 서비스의 위험과 질병으로 인한 스트레스를 고려하면 의료 분야에 자동화를 도입할 때는 사람이 지속적으로 상주하는 것이 좋다. 병원과 보험사가 경제적인 이유로 치료사의 업무를 소프트웨어로 대체하고 간호사의 일을 봇으로 대신하라는 압력을 줄 수 있지만, 전문가 협회는 비용뿐만 아니라 진료에 관여하는 모든 사람이 균형을 이루도록 해야 한다.

의료 서비스 시기의 결정

찌르는 듯한 복통으로 잠에서 깨어난 경우를 상상해보자. 맹장염? 복부 팽만? 경련? 복통은 전문의들도 구별하기 어려운 진단 중 하나이다. 복통은 사소한 것에서부터 생명을 위협하는 것까지 다양한 수십여 가지 조건 중 하나로 인해 발생할 수 있다. 큰 병일지도 모르는 위험이 조금이라도 있다면 병원을 방문해 의사의 조언을 구하는 것이 좋다.

보험이 잘 설계되어 있거나 부유한 사람에게는 병원을 방문하는 일이 어려운 결정이 아니다. 그러나 병원비를 감당하는 것이 어려워 가족의 기본적 욕구를 위협당하는 경우도 있다. 미국에서는 보험에 충분히 가입되어 있지 않은 사람들이 수백만 명이 넘는다. 응급실에 한 번 가는 데 1만 달러가 넘는 비용이 들 수도 있다. 검사비와 진료비에 수천 달러가 청구될 수도 있다. 보험에 대한 걱정이 없는 사람도 병원을 방문하는 것은 불필요한 검사와 바이러스에 대한 노출 등으로 인해 불편하다.

갑작스런 증상이 생길 경우, 정보를 얻기 위해 사람들이 가장 먼저 찾는 곳은 구글이다. 구글은 '갑작스런 통증' 같은 의학 관련 검색에 대해 지난 수년 동안 다른 검색과 별 차이가 없다고 보았다. 검색 결과의 상위에 배치해 권위를 부여한 컨텐츠와 연관성의 신비로운 조합인 구글 주스가 있는 한, 저명한 의사와 의과대학의 정보는 신뢰성이 의심스러운 사이트의 정보와 섞일 수 있다. 사이트의 신뢰성을 파악해 좋은 것과 나쁜 것을 구별하는 것은 이용자의 몫이다.

2016년 구글은 방식을 수정했다. 마요 클리닉(Mayo Clinic) 전문가들과 협력해 건강에 대한 검색 결과를 정비했다. '편두통'을 입력하면 검색 결과 목록 주변에 일련의 상자나 나타나며 각각은 두통에 대한 분류를 간략하게 설명한다. 그중에 예를 들어 긴장성 두통을 선택하면 또 다른 상자가 나타난다. 이 증상이 얼마나 자주 있는지, 연령대와는 어떤 관련이 있는지, 어떤 치료가 도움이 될 수 있는지를 간략하게 설명한다.

이 새로운 방식의 검색 결과는 의료 분야에서 인공지능에 대한 희망적인 신호이다. 의사의 전문지식을 빅데이터와 알고리즘으로 대체하려는 기업의 의도는 보이지 않는다. 그보다는 전문가를 초대해 건강관리 정보와 보건 제도 자체에 대한 구조적인 접근을 연구하는 데 도움을 준다. 마찬가지로 IBM은 여러 데이터를 토대로 임상 의사결정을 도와주는 AI인 왓슨 시스템의 마케팅 대상을 의료와 법률 분야로 전환하고, 이것은 의사를 대체하는 것이 아니라 도움을 주는 시스템이라고 홍보했다.

AI 마케팅으로 이미 많은 이익을 얻고 있는 기업들도 IA 접근 방식으로 전환함에 따라 완전 자동화된 진단 도구에 대한 꿈도 머지않아 시대에 뒤처지는 것처럼 보일 것이다. AI의 조언의 정확성을 평가하고 실제 세계에서 얼마나 잘 작동하는지 평가할 수 있는 전문가의 자리는 항상 있을 것이다.

인공지능의 핵심 경쟁력, 일반적인 오류 방지

의사는 패턴 인식 전문가이다. 우리는 피부과 의사가 피부에 있는 점이 악성인지 아닌지 알려줄 거라고 기대한다. 대장 내시경 검사를 통해 폴립을 검사하거나 필요에 따라 바로 절제술을 하기도 한다. 그러나 최고의 의사라 해도 실수할 수 있고 중요한 순간에 집중력이 떨어질 수도 있다. AI 기술을 활용하면 이런 오류를 크게 줄여 매년 수천 명의 생명을 구할 수 있다.

이 방법은 방대한 양의 데이터에 의존한다. 데이터베이스에는 암으로 발전하지 않은 것을 포함해 수백만 개의 다양한 기형 이미지가 라벨링되어 저장되고 있다. 구글에서 웹사이트를 검색하는 것처럼 컴퓨터는 당신의 결장이나 피부 이미지를 데이터베이스의 이미지들과 빠르게 비교할 수 있다. 이상적으로는 컴퓨터가 과거에 위험한 것으로 판명한 세포 조직인 '사악한 디지털 쌍둥이'를 발견하는 방법을 학습하는데, 이는 우리의 학습법과 매우 유사하다.

숙련된 전문가도 놓칠 수 있는 위험을 찾아내는 머신 비전 기술은 우리와는 다르게 사물을 본다. 기계학습을 이해하려면 현대의 컴퓨터 비전 기술을 얼굴이나 숫자를 인식하는 예전의 기술과 비교하는 것이 도움이 된다. 안면 인식 프로그램은 사진에서 얼굴을 찾아 데이터베이스에 있는 약 1,000×1,000 픽셀 격자의 패턴과 비교한다. 각 격자는 수천 개의 이진 데이터에 따라 피부인 것과 아닌 것, 매끄러운 것과 아닌 것의 여부를 식별한다. 그중 상당수는 사람의 눈으로 구별하기 어렵다. 의료 영상 기술을 통해 이 데이터를 사람이 감지할 수 있는 픽셀 수준으로 변환할 수 있다.

머신 비전을 통한 패턴 인식은 다양한 필체로 쓰인 수표의 숫자를 인식해야 했던 은행에서 최초로 상업적 성공을 거두었다. 수많은 데이터와 컴퓨터의 계산 능력을 통한 필기체 인식은 거의 완벽에 가깝게 구현되었다. 머신 비전은 수집한 데이터를 수백만 개의 다른 이미지들과 비교한다는 면에서 여러모로 인간의 능력을 뛰어넘는다. 피부과 의사는 비대칭적이고 경계선이 불규칙하거나, 다양한 색을 띠고 직경이 크며 진행 속도가 느린 흑색종을 진단하기 위해 단순화한 방법을 사용하거나 과거 악성 종양과 양성 종양에 대한 경험을 활용한다. AI 기술은 데이터가 정확하기만 하면 매우 정밀하게 ABCDE 매개 변수를 찾을 수 있다.

머신 비전은 인간의 기술보다 떨어지는 측면이 있고 심각한 취약성을 보일 수도 있다. 현재 의학에서 사용되는 대부분의 응용 프로그램은 특정 작업과 해당 작업에 초점을 맞춘 좁은 의미의 AI이다. 예를 들어, 용종을 검출하기 위한 AI는 위장병 전문의가 볼 수 없는 문제의 용종을 확인할 수는 있지만 배우지 않은 다른 이상은 알지 못할 수 있다. AI 프로그램과 의사가 모두 참여하는 공동 진단은 각자 작업하는 것보다 더 큰 가치를 제공한다.

의사가 되기 위해 수년간의 훈련 과정을 거치긴 하지만 의학 지식은 끝없이 발전하고 있다. 특히 20개 이상의 약물을 복용하는 환자가 있는 경우, 약물 간의 잠재적 상호작용을 모두 기억하는 것은 쉽지 않은 일이다. 약사가 부작용을 막는 역할을 할 수도 있지만 그들 역시 특이한 문제를 간과할 수도 있다. 전자 건강기록에 통합된 CDSS(임상 의사결정 지원 소프트웨어)는 잘못된 결과를 미연에 방지하도록 의사에게 도움을 주는 AI의 초기 형태이다.

CDSS는 증거 기반의 임상 제안을 제공하기 위해 환자의 상태와 처방 및 치료 내용을 감시하고 임상의에게 알린다. CDSS가 오류를 줄인다는 증거는 이미 나와 있다. 그러나 비교적 간단한 정보 제공 수준에 대해서도 아직 CDSS를 실제 의료 행위에는 도입하지 않았다. 법률은 이런 시스템의 도입을 지원하기 위한 정부 보조금과 함께 보급에 중요한 역할을 했다. 의사에 대한 의료 과실 소송과 병원에 대한 기업의 책임에 대한 권고 위협은 CDSS를 채택하는 데 유리하게 작용한다. 그러나 법원은 또한 전문적인 판단이 자동화될 수 없음을 인정했다. CDSS를 무시할 만한 타당한 이유가 있음에도 기계의 권장 사항을 따르지 않는 것에 대해 책임을 묻는 것은 꺼렸다.

정보 과부하로 의사와 간호사에게 부담을 주지 않으면서 환자가 첨단기술의 이점을 누리게 하려면 지속적인 규제가 중요하다. 몇몇 저자들은 경고 피로의 문제를 나열했다. 인간과 컴퓨터의 상호작용을 연구하는 전문가들은 잠재적 문제에 대한 경고와 세부적인 보고 사이의 균형을 맞추기 위해 노력하고 있다. 이상적인 CDSS 소프트웨어는 위압적이지 않아야 하며, 단순히 실무자를 조용히 지켜보는 관찰자가 되어서도 안 된다. 의사와 약사, 간호사들이 실제로 사용할 수 있도록 메시지를 지속적으로 보정하고 조정하며, 비판하고 개선할 기회를 가져야 한다.

데이터, 차별 및 건강 불평등

검증을 마친 AI는 모든 환자가 필요로 할 때 이용할 수 있는 의학 치료의 표준이 될 수 있다. 그러나 첨단기술이라고 모든 경우에 대해 항상 최적인 것은 아니다. 특정한 도움이 필요한 환자를 지원하기 위해 사용하는 '위험성 점수' 지표는 치료에 드는 비용을 질환의 심각성과 연결해 사용함으로써 흑인 환자보다는 백인 환자에게 우선순위를 부여한다. 아프리카계 미국인은 비용이 적게 드는 치료를 받는 경향이 있었는데, 알고리즘에서는 그들이 상대적으로 치료가 덜 필요하다고 판단했다. 잘못된 인자를 사용하는 일이 위험하다는 것을 잘 알고 있어야 하는데, 무리하게 서두르며 정량화하다 보면 이런 위험을 무시하는 경우가 생긴다.

편견 또한 진단 AI를 오염시킬 수 있다. 의사와 컴퓨터공학자들은 흑색종 탐지 소프트웨어가 충분한 검증이 어려운 소수 집단에게는 제대로 작동하지 않을까 우려하고 있다. 만약 이런 차이가 실제로 존재한다면 피부 질환을 감지하는 일반적인 기준을 다수 인종 집단에서 성취하는 수준에 이르게 할 수 있을지 의문이다. 규제기관은 대표성 있는 정보를 쉽게 이용하도록 보장해주어야 한다. 그렇지 않으면 현재 이미 우려스러운 수준에 이른 건강 불평등이 더욱 심화될 것이다.

규제기관이 나서지 않는다면 법으로 흑색종 식별 같은 특정 프로젝트에 언제 추가 데이터가 필요한지, 고급 의료 서비스를 원하는 사람들이 언제 혜택을 누릴 수 있는지 결정해야 한다. 의료 과실법은 의사가 치료 표준을 지키지 않을 경우 벌금을 부과하고 이를 불편한 환자를 돌보는 데 사용할 수 있도록 만들어졌다. 의료 AI를 개발하기 위해 충분한 데이터를 사용하지 않았을 경우, 소송을 통해 책임을 물을 수 있게 해 연구가 많이 된 그룹에 속할 만큼 매우 운 좋은 사람뿐만 아니라 모든 사람이 의료 AI의 혜택을 받을 수 있도록 해야 한다.

데이터 과학자들은 AI를 그저 마케팅에 의해 만들어진 통계에 불과하다고 농담처럼 이야기한다. 특정 데이터에 대해 예측하도록 설계된 약(弱)인공지능(좁은 의미의 AI)은 확률을 정량화하는 데 기반을 두고 있다. 이는 지난 20년 동안, 보다 광범위한 근거를 바탕으로 의학을 현대화하기 위해 취해온 여러 조치 중의 하나일 뿐이다. 의료 연구원들은 예측 분석과 빅 데이터, 인공지능, 기계학습, 딥러닝을 시스템 성능 최적화를 위한 대표적 의미로 주목하고 있다. 여러 분야에 걸친 문헌은 규제기관이 문제가 있는 AI 데이터를 식별하도록 도움을 준다. 또한 재현성 부족과 한정된 유효성, 과장된 주장 및 불투명한 데이터를 포함한 AI 자체의 한계에 대한 비판 또한 법적 기준을 세우는 데 영향을 미쳐야 한다. 여기서 핵심 아이디어는, 인간이 오류를 피할 수 있도록 돕는 AI의 핵심 역량을 이제 AI를 만드는 사람에게 맡겨야 한다는 것이다. 그들이 적합한 데이터와 적절한 방법을 사용하지 않을 경우 책임을 져야 한다. 그렇지 않으면 영원히 같은 오류를 반복하게 될 것이다.

활동가들은 문제가 있는 의료 데이터 사례를 계속 찾아내고 있다. 예를 들어, 캐롤라인 크리아도 페레즈(Caroline Criado Perez)는 다수의 의료 관련 연구가 남성을 기본으로 가정한다는 것을 입증했다. 그녀는 "여성은 단지 작은 남성이 아니다. 남성과 여성의 신체는 세포 수준도 다르다. 따라서 성별 관련 의료 데이터에는 아주 큰 공백이 있는 것이다"라고 말한다. 그녀의 연구가 널리 알려짐에 따라 데이터셋의 편향성을 더 이상 무시할 수 없게 되었다. 의료 분야에서 공정하고 포괄적인 AI를 보장하기 위해서는 데이터 수집에 훨씬 더 많은 예산을 지원하며 병원과 의사는 물론 개발자에게 데이터 사용에 대한 의무를 부과해야 한다.

무책임한 4인의 기수

오랫동안 책임을 제한해왔기 때문에 새로운 의무에는 많은 저항이 있을 것이다. 또한 AI는 의료뿐만 아니라 책임에 대한 새로운 장벽을 제시한다. 미래학자들은 AI를 개발하는 사람들의 지시나 통제 없이 스스로 판단하고 움직이는 인공지능을 상상한다. 일반적인 기술만 생각하며 개발하는 사람들이 AI가 직면하게 될 모든 법적 문제에 대해 미리 다 생각할 수 있을까? 독립한 자녀의 범죄에 대한 책임을 부모에게 물을 수 없는 것처럼 범죄에 사용된 문서가 MS 워드로 작성되었다는 이유로 마이크로소프트사에 책임을 물을 수는 없다.

AI 개발을 주도하는 사람들은 창작물에 대한 책임이 없다고 주장하면서 백지 상태나 독립적인 개체와 같은 비유를 앞세울 수 있다. 알고리즘의 책임에 대한 지난 10년간의 연구를 고려할 때, 기업에게 어떤 명분으로도 면죄부를 주면 안 된다. 우리는 알고리즘이 사람들에게 해를 끼칠 수 있다는 사실을 알고 있다. 게다가 변호사들은 1950년대의 자동조종 장치 충돌 사건이나 1980년대의 Therac-25 사고(소프트웨어 오작동에 따른 방사선 과잉 투여로 인한 비극적 사고)와 같은 컴퓨터 오작동 문제와 수십 년간 싸워왔다.

그럼에도 과실 행위에 책임을 부여하는 것 같은 전통적인 역할을 AI가 대신해 법원의 역할을 줄이자는 제안도 등장하고 있다. 모든 해결책은 판사에게 맡기고 연방 규제기관을 무력화하자는 의견도 있다. 이 같은 법적 개혁은 절대 일어나지 않는다 해도 기업은 소비자의 동의를 유도하는 서비스 약관을 통해 소비자에게 책임을 전가할 수 있다. 마지막으로 표현의 자유를 추구하는 절대주의자들은 AI가 사람에 대해 무언가를 하는 것이 아닌, 무언가를 말하는 것이라면 그것은 표현의 자유로 생각해야 하고 소송에 대한 면책 특권이 있어야 한다고 주장한다. 전면적인 선점과 급진적인 규제 완화, 광범위한 면책 조항, 기회주의적인 표현의 자유에 대한 방어 등 무책임한 4명의 기수를 옹호하는 사람들은 발명가와 투자자들이 소송의 위협으로부터 자유로워야 AI가 빠르게 발전할 것이라고 주장한다.

혁신에 현혹된 정책 입안자들은 업계 선도자들이 법적 의무에 대해 명확히 인식할 수 있도록 여러 지협적인 규제를 없애고 싶은 유혹에 빠질 수 있다. 또는 AI 사용자들이 소송을 제기할 권리를 없애는 권한을 부여할 수도 있다. 계약에 의한 자주권의 왜곡된 사례는 권리를 포기할 수 있는 권리가 자율성을 증진시킨다는 것이다. 다소 억지스럽지만 실용적인 근거 중 하나는 AI가 번성하기 위해서는 사람들이 권리의 일부를 포기해야 한다는 것이다.

혁신에 박차를 가하기 위해 법적 책임에 대한 보호가 필요한 경우에도 그것이 절대적이어서는 안 된다. 웬디 와그너가 얘기한 바와 같이 불법 행위에 대한 소송은 규제기관에 의해 차단될 수 있는 정보를 폭로하는 데 매우 중요하다. 조화로운 규제를 위해서는 더 많은 지역 단체들이 신기술로 인해 발생하는 리스크를 허용하는 표준을 개발할 권한을 부여받아야 한다. 세분화된 소송과 규제가 진행되는 동안 상위 기관은 기술 개발 동향을 파악하고 전문가의 조언을 구할 수 있는 자원과 시간적 여유를 갖는다. 예를 들어, 미국 보건통계위원회(필자가 4년 동안의 임기를 시작한 곳)는 정책 입안자에게 데이터를 어떻게 수집하고, 분석하며, 사용할 수 있는지에 대한 전문적인 조언을 제공한다. 이런 정보는 기술이 완성된 후에 규제기관이 대응하는 것이 아니라 기술 개발을 구체화하는 과정에서 매우 중요하다.

게다가 법률 기관은 소비자들이 자신의 권리를 포기할 수 있는 시기를 제한하는 면제 조항을 경계해야 한다. 법정에서는 환자들이 취약하며 올바른 선택을 하는 데 필요한 정보가 부족하다는 이유로 이런 조항을 인정하기를 꺼리는 경우가 많다. 기술의 이면에 숨은 데이터와 코드에 대해 알 수 없는 부분이 많은 것처럼 로봇과 인공지능에 대해서도 비슷한 취약점을 갖고 있다. 예외 조항이 허용된다 해도 불공정 약관을 감시한다든지 법원의 역할은 여전히 중요하다. 그리고 계약 당사자들이 동의한 조건이라 해도 보존되어야 하는 소송의 원인이 있다.

위험 요소를 책임 있게 평가하기 위해서는 판매 회사와 사용자 모두 AI에 사용되는 데이터와 성능 데이터에 대한 정확한 설명이 필요하다. AI로부터 피해를 입었다면 누구든 그 데이터를 검사할 권리가 있어야 한다. 이어지는 글에서는 AI가 주도하는 혁신에 대해 규제기관이 어떻게 하면 더 나은 데이터를 보장할 수 있는지, 그런 기술로부터 어떻게 더 나은 양질의 산출물을 만들 수 있는지 이야기해보자.

학습하는 건강관리 시스템은 누가 가르치는가?

우리는 흑색종을 단순히 피부암의 한 종류로 분류했을지 모른다. 그러나 그것은 폐렴이나 기관지염, 꽃가루 알레르기를 모두 '감기'라고 부르는 것만큼 시대에 뒤떨어지는 일이다. 맞춤 의학은 종양 전문의들이 여러 돌연변이 중 하나로 특정 암에 대해 보다 정교하게 이해하는 데 도움이 된다. 정보를 적절히 조합하고 비교 분석한 후에 디지털화된 데이터를 통해 특정 조합의 화학 요법과 방사선 면역 요법, 수술, 방사선으로 어떤 암을 가장 효과적으로 치료할 수 있는지 알 수 있다. 이것이 치료 결과의 분석을 바탕으로 최적의 의료 개입이 가능하도록 설계된 학습형 건강관리 시스템에 대한 기대 사항이다.

100년 후에 무슨 일이 일어날지 누가 알겠는가? 중요한 것은 이 모든 데이터가 어떻게 통합되고, 이를 위해 얼마나 많은 노력을 기울이며, 참여자들은 어떤 대우를 받고, 누가 그 결과에 접근할 수 있는가 하는 점이다. 어려운 질문이긴 하지만 데이터를 다루는 데는 신중한 인간의 개입이 필요하고, 건강 관련 개인정보 보호와 인간 피험자의 연구에 대한 복잡한 규칙을 고려할 때 많은 법률 자문이 필요하다는 점에는 의심의 여지가 없다.

영상의학에 대해 좀 더 깊이 파고들어보자. 현재 신체 조직에 대한 영상화는 빠르게 발전하고 있다. 과학자와 기술자들은 신체 내부에서 일어나는 일을 관찰할 수 있는 방법을 계속 개발하고 있으며, 엑스레이, 초음파에서 핵 영상, 방사선에 이르기까지 다양한 방법으로 발전하고 있다. 심지어 삼킬 수 있는 알약 형태의 카메라도 있다. 이것으로 얻을 수 있는 데이터는 이전보다 훨씬 더 풍부할 것이다. 새로운 치료법에 이런 기술을 통합하기 위해서는 훨씬 더 창의적인 생각이 필요하다. 방사선 전문의 제임스 스럴(James Thrall)은 다음과 같이 주장했다.

우리가 갖고 있는 정보 시스템은 멍청하다. 한 번에 하나의 이미지나 하나의 데이터에만 접근할 수 있고, 데이터를 통합하고 가치를 추출하는 것은 사용자에게 맡겨진다. 향후 20년 동안의 핵심은 방대하고 이질적인 데이터 원천으로부터 수집한 무의미해 보이는 데이터를 신속하게 추출하고 분석해 지식으로 전환하고, 프로세스의 효율성을 개선하는 것이다.

더 많은 실험과 개선된 이미지, 유전자 분석 같은 여러 데이터의 원천은 환자의 상태에 대한 일관성 있는 사진으로 통합될 필요가 있다. 사이먼 헤드(Simon Head)는 새로운 데이터의 양과 종류에 따라 의료 대응을 최적화하는 것은 이미 알려진 프로세스가 아니라, 새로운 사례의 하나가 될 것이라고 말한다. 방사선 전문의는 더욱 까다로워진 사례에 대해 단순한 분류 연습을 할 게 아니라 새로운 방식으로 접근해야 한다.

현재 사용 가능한 모든 데이터를 감안하면 합리적인 보건 정책을 통해 방사선 전문의의 교육을 강화할 수 있다고 생각할 것이다. 그러나 현재 미국에서는 정책보다 상업적 방향으로 나아가고 있다. 아이러니하게도 방사선 전문의들이 여기에 많은 역할을 하고 있다. 그들은 야간 교대 근무를 피하기 위해 원격으로 이미지를 검사할 수 있는 나이트호크 서비스를 이용하기 시작했다. 그 결과, 임상 및 연구를 목적으로 방사선 전문의와 다른 여러 진료팀 구성원 간의 긴밀한 협의가 필요한 경우에도 적은 비용으로 방사선 관련 지식을 찾아야 한다는 데이호킹과 비용에 민감한 보건 시스템에 대한 압박으로 이어진다. 정부의 환급 정책도 방사선 판독 AI의 발전을 촉진하기에는 충분하지 못하다.

의료 영상을 판독하는 전문가들은 항상 수없이 많은 판단을 내려야 한다. 현재는 여러 보험사들이 방사선 전문의에 대한 접근을 광범위하게 보장하고 있다. 그러나 언젠가 사람들이 충분한 보장과 함께 훨씬 더 저렴한 보험 설계를 찾는 세상이 올 수 있지 않을까? 물론 그렇다. 의료 서비스의 두 번째 (또는 세 번째, 네 번째, 다섯 번째) 단계는 아마 자동화된 진단이 포함될 것이라고 상상하듯 말이다.

최상위 계층의 사람들은 결과적으로 의료비 감소를 기뻐할지 모른다. 그들은 대개 보험에 들지 않은 사람을 보호하는 데 필요한 세금을 책임지는 사람들이다. 그러나 학습형 의료 시스템은 모든 환자를 보호한다. 점점 더 저렴해지는 의약품 생산 방식으로 한때 미국에서 멸균 주사제가 부족했던 것처럼, 너무 많은 사람을 첨단기술 치료에서 제외하면 그런 치료가 시도해볼 가치가 있는지 알 수 있는 기회가 줄어든다. 방대한 데이터로 인해 최첨단 임상 혁신에 대한 관찰 연구가 촉진되면 학습형 건강 시스템으로 놀라운 발견을 할 것이다. 만약 그런 혁신에 접근할 수 있는 기회가 적어지면 그것이 얼마나 잘 작동하는지 배울 수 있는 기회가 줄어든다. 당장은 계층화를 통해 의료비용의 위기를 해결할 수 있지만 이는 결국 모든 사람을 위한 미래의 의료 발전을 막게 된다. 즉, 모든 사람을 위한 치료의 질을 개선하고 의료 AI 발전을 지향하는 적극적인 방법과 단순히 현재 갖고 있는 것을 복제하는 데 중점을 두는 수동적인 방법이 있다. 의사와 병원 관리자, 투자자는 둘 중 한 가지 방법, 또는 중간의 방법을 택할 것이다. 결과적으로 그들의 결정은 변화하는 보건법과 정책 환경에 따라 달라진다.

예를 들어 의료과실 관련법에 대한 전통과 혁신 사이의 긴장을 생각해보자. 문제가 발생하면 의사는 같은 상황에서 다른 의사들이 대응했던 방법을 참고해 이를 근거로 판단받게 된다. 따라서 의료 과실에 대한 우려는 의사들에게 겁을 주어 전통주의에 순응하게 한다.

반면 소송의 위협은 또한 분명히 더 나은 관행으로의 전환을 부채질할 수 있다. 이제 종양의 악성 여부를 판단하기 위해 직접 만지며 진료하는 의사는 없다. 일반적으로는 샘플을 채취해 병리학자와 상의하고 전문적인 조직 분석을 한다. 인공지능 진단법이 충분히 발전하면 이런 진단법을 사용하지 않는 것이 과실이 될 수도 있다. 반면 정부나 보험사 같은 지급자가 지불을 거부하는 경우에는 이런 자동화가 전혀 관심을 끌지 못할 수 있다. 보험사는 보험으로 보장하는 치료 범위를 제한하려고 한다. 환자의 권리 단체는 의무화된 혜택을 위해 싸운다. 예산 삭감자들은 이에 맞서 저항하는데, 만약 이들이 성공하면 의료 시스템은 값비싼 신기술을 거부할 수밖에 없다.

다른 규제 체계도 중요하다. 의료위원회는 의사에게 허용되는 최소 진료 수준을 결정한다. 미국에서는 메디케어 서비스 센터에서 보조금을 통해 의학 대학원의 교육 조건을 정하는 데 도움을 준다. 재원이 충분하다면 생명공학자와 컴퓨터공학자, 통계학자와의 협업도 가능할 것이다. 그러나 재원이 부족하면 AI 기반 기술을 비판적으로 평가하는 것은 고사하고, 당장 필요한 수준의 통게 지식조차 없는 의사들만 들끓게 할 것이다.

이 법은 질병 치료로부터 자유로워지기 전에 넘어야 할 장애물이 하나 더 늘어난 것에 불과하지 않다. 의료 고용이 지난 10년 동안 주요 분야로 성장한 이유는 임금이나 재산에 상관없이 모든 인구에게 구매력을 보장하는 법적 의무가 있었기 때문이다. 이런 법적 의무는 지속적인 혁신과 개선을 향한 의료 시스템의 발전을 이끌어간다.

치료 앱은 누구를 위해 일하는가?

인공지능에 의해 강화된 의료 진단이 직면한 어려움에도 첨단기술은 이 분야에서 점점 더 큰 역할을 할 거라고 확신할 수 있다. 의사와 연구원은 최적의 성능과 관련된 표준에 동의하고, 더 많은 문제를 인식하고 해결하도록 점진적으로 기술 개선을 해나갈 수 있다. 신체 건강에서 정신건강으로 넘어가면 문제는 더욱 복잡해지고 훨씬 더 많은 인간의 개입이 필요하다.

정신건강 관련 자동화 시스템에 대해서는 질환에 대한 것이 자주 언급된다. 애플과 구글 앱스토어에는 정신건강을 돕는 앱이 많은데 우울증과 불안, 중독, 공포 등에 대해 가벼운 진정이나 위로를, 때로는 훨씬 더 많은 기능을 제공한다. 전문의의 지식과 결합하면 앞으로도 더욱 유망해질 것이다. 예를 들어 약물 남용에 대한 치료를 원하는 사람은 자신의 욕구를 기록하고 재발과 관련된 요인을 찾아볼 수 있고, 이를 바탕으로 적절한 도움을 받을 수 있다. 단, 전문가의 통제를 벗어나면 심각한 문제가 발생할 수 있다.

최소한의 치료를 못 받는 경우도 있다. 어떤 테스트 사용자가 자신이 집에서 성적 학대를 받고 있다고 밝혔지만 AI 치료사는 이를 알지 못하고 당국에 알리지 않은 것이 언론에 알려졌다. 자격을 갖춘 전문가라면 의무신고법에 대해 잘 알고 있겠지만, 문제를 빨리 해결하는 것에 대해서만 훈련된 기술자는 그런 법이 존재한다는 것을 모를 수 있다. 심의를 거치지 않은 앱이 급증하면서 사람들의 건강을 위협하고 있다. 이들 앱의 데이터 공유 정책은 완전하지 못한 경우가 종종 있기 때문에 치료사로서의 비밀 의무를 위반할지 모른다는 위험이 있다. 미국 식품의약국(FDA)은 혁신을 방해할 경우 기관 자금이 삭감될 수 있다는 의회 의원들의 거듭된 경고에도 앱에 대한 규제를 거의 하지 않고, 자신들의 의무를 회피하고 있다. 다른 사법 기관도 안전성과 유효성을 보장하는 데 특별히 적극적이지 않다.

경제적 압박으로 이런 문제는 더욱 심해질 수 있다. 영국의 NHS(National Health Service, 영국 국립보건원)와 같이 비용 절감으로 압박을 받고 있는 의료 시스템에서는 저가의 정신건강 앱이 신의 선물과 같다. 영국 보건당국은 NHS 라이브러리를 통해 우울증과 불안감으로 고통받는 사람을 위한 앱을 추천했다. 불행히도 의학학술지 《증거 기반 정신건강》의 연구에 따르면 수많은 앱의 임상적 가치는 아직 판단 불가 수준이라고 한다. 조사 대상 중 검증된 지표를 적용한 앱은 단 두 개뿐이었다. 또한 정신건강 관련 전문가를 디지털로 대체한 후 기존 의사에게 기대하던 것만큼 부합하는지도 분명치 않다. 이미 우려를 낳고 있는 이런 신뢰에 대한 염려는 의료 분야에서 더욱 두드러질 것이다.

효과가 빠른 기술적 솔루션은 부주의한 상황도 쉽게 받아들이게 할 수 있다. 위험한 의약품이 수십 년 동안 사람을 유혹해왔고, 때로는 형편없는 결과를 낳기도 했다. 사람들에게 "아무 진료도 받지 않는 것보다 낫다"고 광고하는 것처럼 이런 화학 물질은 매우 유혹적이었다. 최근에는 의회에서 영양 보충제를 FDA 규제 범위에서 제외했고 자연 치료법이 난무하는 무법천지를 만들었다. 그러나 대다수 물질의 효능은 아직 의심스러운 상황이다. 규제 완화로 인해 디지털 진단과 개입이 유사하게 변질되는 것은 놀라운 일이 아니다.

치료 프로그램의 오랜 역사는 현재의 복잡한 AI 상담 시장에 대한 몇 가지 관점을 제시한다. MIT 컴퓨터공학과 교수 조지프 와이젠바움(Joseph Weizenbaum)은 주목할 만한 프로그램 중 하나인 ELIZA(최초의 챗봇)를 개발했다.

이 초기 챗봇은 로저 심리치료사를 모방했다. 1966년 논문에 와이젠바움은 다음과 같은 대화를 수록했다.

사용자: 남자들은 모두 비슷한가요?

엘리자: 어떤 점에서요?

사용자: 남자들은 이런저런 일로 항상 우리를 귀찮게 해요.

엘리자: 예를 들 수 있나요?

사용자: 음. 남자친구가 저를 여기에 오게 했어요.

엘리자: 남자 친구가 당신을 여기로 오게 했다고요?

사용자: 그는 제가 하루 종일 우울하다고 해요.

엘리자: 당신이 우울하다니 유감이네요.

와이젠바움은 처음에 그의 작품에 자부심을 느끼고 MIT 교수진과 직원들에게 자랑했다. 실제로 사용자들은 선뜻 소프트웨어에게 속마음을 털어놓았고, 너무나 손쉽게 연구가 이루어지다보니 와이젠바움은 이 소프트웨어가 다른 치료 기회를 빼앗을 것을 우려해 곧바로 연구를 중단했다. 비용 절감에 대한 현대 의료 기술 관료의 집착을 감안하면 이런 우려는 예견된 것이었다. 가성비를 중요하게 생각하는 시대에는 2.99달러짜리 앱이 정신과 의사를 대신할 수 있을지 모른다.

이런 앱을 지지하는 사람은 지난 반세기 동안 훨씬 더 발전된 기술이 개발된 상황에서 ELIZA의 예를 드는 것이 불공평하다고 주장할 수 있다. 그러나 소비자를 대상으로 한 정신건강 앱은 대체로 유사한 텍스트 기반의 인터페이스를 사용하곤 한다. 매우 인기 있는 워봇이라는 앱은 인지 행동 치료법을 자동화하도록 설계되었다. 워봇은 정해진 패턴에 따라 사용자와 대화하며 간단한 이분법적인 응답을 제공하고 대화를 이어간다. 예를 들어 워봇은 "스탠포드에서 연구한 데이터에 따르면 사람들이 [나와 채팅]에 익숙해지고 기분이 나아지는 데 [14일] 정도 걸린다"고 문자 메시지를 보낼 수 있다. 사용자는 "스탠포드에서 어떤 연구를 했습니까? 거기에는 얼마나 많은 참가자들이 있었습니까? 대조군은 어떻게 선정했습니까?" 같은 비판적인 질문은 입력할 수 없다. 오히려 앱을 테스트할 때 필자가 본 두 가지 허용된 응답은 "이해된다" 또는 "흠…"이었다. 이런 선택적 응답은 앱에서 반복적으로 나타나며 사용자의 응답을 규제한다.

객관식 테스트나 캔디 크러쉬 같은 단순한 게임, 페이스북, 인스타그램, 트위터의 "좋아요", "싫어요" 같은 선택에 익숙해진 사람들에게 워봇의 버튼 방식 응답은 거부감 없이 받아들이기 쉽고, 어떻게 대답해야 할지 고민하는 부담을 덜어준다.

대화 요법이라는 것도 있는데 효과가 좋아 상담 치료에 꼭 필요한 방법이다. 치료 앱의 등장으로 인해 맥락을 이해하고 근본을 파악하기보다는 부정적인 생각을 차단하게 하는 등의 단순한 접근 방식을 주로 사용하며 대화 요법의 사용을 위축시킬 위험이 있다. 정신건강 앱에 AI가 잘못 적용될 경우에는 환자에게 실용적 접근을 강화하며 그들의 문제를 단지 생산성을 저해하는 장애물로 인식한다.

사실 이런 우려는 수십여 년 전에 향정신성 의약품의 등장으로 이미 제기된 적이 있다. 비평가들은 환자가 약으로 문제를 해결하는 것보다는 문제의 더 큰 맥락에 대해 연구하는 것이 낫다고 주장했다. 하지만 적어도 약물 치료는 시작 전에 전문가의 도움을 받아야 한다. 현재 너무나 많은 치료 앱이 이런 최소한의 안전장치조차 건너뛰고 잠재적 환자들에게 직접 마케팅하고 있다.

또 다른 비평가들은 부당한 조작에 따른 사용자의 취약성에 초점을 맞추고 있다. 예를 들어 근무 시간에 불평이 많은 직원을 상담하는 앱에 대해 생각해 보자. 근로자가 적은 임금과 낮은 평가에 대한 불만을 표현할 때, 앱은 이에 대해 다양한 대응을 할 수 있다. 예를 들어 직원에게 임금 인상을 요구하는 주체적 태도를 권유할 수 있고, 모든 것에 감사하는 마음을 가지라며 체념하라고 충고할 수 있다. 근로자의 불안에 대한 원인을 깊이 파고들며 중립을 지킬 수도 있다. 고용주가 직원들의 웰빙 앱에서 어떤 반응을 보고 싶어 할지 생각해보자. 이런 경우 전문가는 이해관계의 상충을 차단하는 완충 역할을 한다. 그들은 고용주나 보험사, 정부와 같은 지불 의무자가 지정한 앱이나 AI보다 더 중립적인 역할을 할 수 있다.

예측 분석은 성공에 대한 명확한 지표가 있을 때 효과적이다. 그러나 정신건강 문제와 해결법을 정의하는 방법은 매우 다양하다. 여러 상업적 모델을 통해 정신 질환과 치료를 정의하는 다양한 방법을 장려할 수 있다. 광고 기반의 무료 앱은 사용자가 자주 방문하기를 원할 것이다. 구독 기반 서비스는 사용 시간을 고려해 최적화될 필요는 없지만, 홍보를 위해 다른 여러 형태의 조작을 할 수도 있다. 앱에서 제공하는 웰빙 리포트는 특정 가치를 보여주는 근거가 될 수 있다. 그러나 웰빙이라는 개념 자체는 기업과 정부가 이끌어가고 있으며, 생산성과 같은 보다 객관적인 지표와 밀접하게 연관되어 있다. 마사 누스바움이 잘 표현한 것과 같이 우리가 잃어버린 것은 판단의 한 형태로 매우 중요한 감정의 의미이다. 대신 그들은 급성장하는 행복 산업이라는 또 다른 대량 생산의 대상이 될 위험이 있다.

학자와 활동가들 모두 의사와 기타 의료 서비스 제공자 사이에 문제를 일으킬 수 있는 편향성에 대해 지적했다. 의료계는 알고리즘적 책임에 대해 컴퓨터 기반의 간병으로 발생할 수 있는 편향과 문제를 비판하고 수정하며 연구를 계속해야 한다. 가장 좋은 구조적인 보호 장치는 앱의 AI가 전문가를 대체하는 것이 아니라, 전문가를 위한 지능 증강으로 개발되도록 보장하는 것이다. 보건 관련 법규와 정책의 다른 여러 측면, 특히 면허 제도와 상환 정책 또한 앱을 통해 인본주의적인 정신건강을 보장하는 역할을 해야 한다.

간병인의 해방 또는 간병의 자동화

간병은 매우 힘들고 심지어 위험한 일이기도 하다. 초기 단계의 로봇과 AI만으로도 이런 부담을 줄일 수 있다. 이미 병원과 요양원에 로봇이 들어와 있다. 청소부, 약을 복용하거나 염분을 피하기 위해 사용하는 프롬프터, 움직이지 못하는 환자의 리프터 또는 기타 다양한 도우미 역할을 로봇이 하는 것에 대해 의문을 제기하는 사람은 거의 없다. 가족과 의사, 간호사, 의사, 또는 친구가 간병 대신 더욱 의미 있는 일에 집중하도록 도와준다.

일본의 돌봄 로봇 로베어는 환자를 들어올려 침대에 오르내리게 할 수 있고, 간병인이나 도우미가 환자를 부축하다가 부상당하는 일을 막을 수 있다. 자동 투약기는 노인 요양 시설에서 골칫거리인 투약 오류를 예방할 수 있다.

이상적으로는 이런 혁신을 통해 간병인이 인간 고유의 상호작용에 자유롭게 관여할 수 있다. 예를 들어, 호스피스 직원의 프로필과 그녀가 주는 위로를 생각해보자.

> 히더(Heather)는 병원 간호사처럼 바쁘거나 효율적으로 일하지 않는다. 그녀는 사실 일부러 한가하게 군다. 환자를 방문하는 시간 대부분 그녀는 할 일이 많지 않다. 활력 징후를 측정하고, 집에 물품과 약품이 충분한지 확인하고, 증상이 사라졌는지, 새로운 증상이 나타났는지 묻는다. 다른 할 일이 없을 때는 환자 곁에 있고, 환자와 이야기를 나누고, 검진 중에는 환자에게 손을 얹기도 한다. 환자들에게는 그녀가 들를 때가 가장 즐거운 시간일 수 있다. 히더는 천천히 움직이며 오랜 시간을 보낸다.

이것은 일반적인 의료 환경에서는 거의 찾아볼 수 없는 유형의 치료이다. 간호사의 근무 환경을 개선한다 해도 이렇게 시간을 보내기는 쉽지 않다. 호스피스가 하는 일 중에는 말로 표현할 수 없는 중요한 일이 많기 때문에 그런 시간을 고려하지 않으면 안 된다. 넬리 보울스 기자는 삭스(Sox)의 디지털 서비스를 좋아하던 빌이라는 노인에 대해 설명했다. 삭스는 하루 일과에 대해 묻고 대답하며 가끔 잘 먹으라고 잔소리도 하는, 태블릿에서 작동하는 애니메이션 고양이에 불과했다. 빌은 원격으로 직원들이 삭스를 조작하는 것임을 알고 있었다. 그러나 빌은 자신의 생활이나 건강에 대한 질문이 아내를 잃은 후 자신을 괴롭혀온 외로움을 덜어준다는 것을 알게 되었다. 또 다른 고객은 인터뷰를 통해 "안부를 묻고 불편한 점은 없는지 물어봐주는 누군가가 있다는 것이 좋다"고 말했다.

아일랜드의 로봇 반려동물인 마일로(Mylo)는 고양이 얼굴을 자신의 얼굴로 선택할 수 있다. 마일로는 '스타워즈'로 유명한 C-3PO를 연상시키는 움직이는 로봇이다. 마일로를 개발한 기업은 이 로봇을 치매 환자에게 매일 약을 복용하라고 상기시키거나, 고객이 도움을 청하거나 오랫동안 움직이지 않을 때 가족에게 알릴 수 있는 위로자이자 경호원이라고 홍보했다. 사용자는 하루 동안 9유로로 마일로를 빌릴 수 있고, 1시간 동안의 간병인 방문 서비스 비용보다 저렴하다. 이런 비용의 차이는 돌봄 로봇이 인간 간병인을 돕는 정도의 적절한 역할을 넘어 간병인을 대체하는 방향으로 나아가도록 위협한다.

인형이나 만화, 텔레비전 속 인물에게 인격을 투영하기는 쉽다. 고립된 사람에게는 배구공만으로도 충분한 일이다. 미디어 이론가 바이런 리브스와 클리포드 나스는 사람들이 미디어 인격을 마치 실제 존재하는 것처럼 생각하는 경향이 있음을 관찰했다. 이런 반응에 대해서는 전략적 사고가 필요하지 않다. 오히려 무의식적이라고 할 수 있다. 제공자의 뜻대로 반응하지 않으며 항상 빠르게 적용된다. 로봇은 동물의 모습이나 캐릭터를 통해 관심을 끌 수 있다. 취약 계층 사이에서 신뢰나 우정 같은 감정을 불러일으키는 경우엔 민감한 윤리적 문제가 발생한다.

예를 들어 반려동물을 대신하는 동물형 로봇을 생각해보자. 동물 보조 치료는 일부 장기 요양 시설에서 매우 인기 있다. 불행하게도 직원이 동물을 다루지 못할 수 있고, 동물이 물거나 할퀴는 경우에 대한 책임을 두려워하는 기관이 많다. 이런 경우 로봇이 안전한 대안이 될 수 있다. 일본 연구원들은 치매 환자를 위한 반려 로봇으로 아기 물개처럼 생긴 로봇 봉제 동물인 파로를 개발했다. 파로는 물개의 움직임을 모방하며 반려 동물처럼 행동할 수 있다. 눈을 깜빡이며 울음소리를 내거나 수염과 꼬리를 움직일 수 있다. 동물 접촉의 위험 없이 반려 관계를 제공한다.

매사추세츠 공과대학 연구원인 쉐리 터클(Sherry Turkle)은 로봇에 대한 의존도가 높아짐에 따라 더 많은 주의를 기울여야 한다고 권고한다. 그녀는 취약 계층에 대한 관찰을 통해 시뮬라크라(Simulacra, 순간적으로 생성됐다가 사라지는 우주의 모든 사건 또는 자기 동일성이 없는 복제를 말함)가 얼마나 큰 영향을 미칠 수 있는지 보여준다. 경로원의 노인들은 파로를 갖고 놀면서 아기 바다표범처럼 보이는 이 생물의 특징을 파악하기 위해 고심한다. "수영할 줄 아니?", "뭐 먹을 수 있니?" 같은 질문에서 "살아 있니?", "사랑할 수 있니?" 같은 질문으로 옮겨간다.

터클은 사람들이 늙은 부모를 찾아가지 않고 대신 첨단 장난감에게 역할을 기대하는 사회를 걱정한다. MIT 기술과 자아 이니셔티브(Initiative on Technology and Self)의 설립자이자 책임자인 그녀는 생활에서 기계 장치를 과도하게 사용하는 것에 대해 인간을 기계로 대체하는 것으로 보고 있다. 연구에 따르면 파로가 만성적 외로움을 느끼는 사람의 기분을 개선하는 데 긍정적인 영향을 미친다고 하지만, 터클은 이런 방치에 대한 책임이 혁신에 있다고 생각한다. 로봇 친구가 있기 때문에 할머니를 만나지 않아도 된다고 생각하는 사람이 생길 수 있다.

파로 기획자는 노인들의 외로움을 고려할 때 이런 유형의 혁신이 실질적으로 필요하다고 말한다. 애완동물 치료사도 한 번에 오랫동안 방문할 수는 없다. 정말 대안이 없다면, 관심과 애정을 표현할 수 있는 사람이나 동물이 없다면, 아무것도 없는 것보다는 파로가 있는 게 낫지 않을까? 인간의 나이를 유아기까지 거슬러 올라가면, 파로는 외로운 소년을 위해 인형이 현실이 되는 고전동화인 『벨베틴 래빗』의 하이테크 버전에 불과하지 않을까? 파로의 옹호자들은 파로가 진정한 동반자 관계를 대체하는 것이 아니라 돌봄이 꼭 필요한 소수에게만 해당된다고 주장한다.

노인 돌봄 분야에 로봇을 전파하고자 하는 사람들은 현재 양질의 요양시설이 부족하고 서비스 비용이 높기 때문에 그 사업이 경제적으로 꼭 필요하다고 말한다. 여러 선진국의 경우, 고령자 비율이 높아지며 연령 피라미드가 수축형으로 변한다. 미국의 베이비붐 세대 수백만 명의 은퇴가 임박했다는 사실은 수십 년 동안 정책 입안자들의 관심사였다. 인구 고령화로 사회 복지 로봇에 대한 수요가 엄청나게 창출될 것으로 예상된다.

이는 기술로 인간을 대신하는 대체적 사고방식에 영향을 미친다. 실제로 장벽을 세우는 외국인 혐오증이나 에코파시스트 민족주의의 정치 속에서 기술은 부유한 국가가 이민을 제한하는 구실을 제공할 수 있다. 예를 들어, 이민자들이 하던 일을 로봇으로 대체하자고 하면서 젊은 외국 근로자들의 유입을 반대할지 모른다. 자급자족에 의존하겠다는 이런 움직임은 자멸을 불러올 수 있다. 로봇이나 소유자에 대한 세금이 기존 노동력에 비해 적게 부과되는 로봇이 대체하게 될 근로자들보다는, 노령연금과 의료 보험을 감당할 능력이 떨어진다. 정책 입안자들은 의료 자동화를 가속화시키기 전에 장기적으로 재정적 영향을 명시해야 한다.

사회적 로봇의 잠재력을 공정하게 평가하기 위해서는 복지에 대한 정치 경제학적 관점이 중요하다. 노인 복지 관련 예산이 부족하다는 것은 경제 과학에서 말하는 자연스러운 현상은 아니다. 일중독으로 가족과 함께하는 시간을 불필요한 사치로 느낄 수 있다. 이런 현상은 특정 공공정책의 산물이며, 더 나은 정책을 통해 되돌리거나 개선할 수 있다. 부유한 국가에서 개방적인 이민 정책을 펼친다면 외국 근로자들이 간병을 하게 될 수도 있다. 아이젠 푸(Ai-Jen Poo)에 의하면 이민자들의 노동을 위한 인도적 조치와 시민권에 대한 기회는 세계적으로 연대할 수 있는 상호 원조의 길이다. 필요한 자격을 갖춘 근로자의 부족으로 힘들어하던 기업이 보상 수준을 높이자 지원자들이 몰려드는 현상과 비슷하다.

물론 노인을 위한 로봇에 대해서는 판단 기준이 다양할 수 있다. 보편적인 기준이 있는 것은 아니다. 일본은 의료 환경에 첨단기술을 도입하는 것에 특별히 열성적이었다. 일본의 신도와 불교 전통이 로봇을 더욱 잘 받아들일 수 있게 한다고 주장하는 논평가도 있었다. 전 MIT 미디어랩 디렉터인 조이 이토(Joi Ito)는 로봇을 수용하는 것과 애니미즘과 사이에 깊은 연관성이 있음을 밝혔다.

그러나 일본 문화는 획일적이지 않은 다원주의적 환경으로 AI의 확산을 경고하는 목소리도 있다. 애니메이션 작가 미야자키 하야오는 한 방송에서 기괴한 모습의 AI 애니메이션에 대해 다음과 같이 일축한 바 있다.

> 역겹다. 소름끼치는 것을 만들고 싶다면 그렇게 하라. 내가 하는 일에는 그런 기술을 사용하고 싶지 않다. 그것은 생명 자체에 대한 모욕이다. 마치 세상의 종말이 가까워지고 있는 것 같다. 우리 인간은 자신에 대한 신념조차 잃어가고 있다.

미야자키 같은 저항의 기록은 일본이 로봇 기술을 통합적으로 받아들일 수 있는 단순한 서사를 복잡하게 만든다. 예를 들어, 돌봄 로봇의 채택에 대해 전통적인 상호작용을 고집스럽게 주장하는 경우도 있다. 단일한 문화적 관점을 제시한다는 것은 반대 의견과 우려의 목소리를 모두 무시하는 경향이 있기 때문에 문화적 논쟁은 조심스럽게 다뤄야 한다. 인도의 경제학자 아마르티아 센 (Amartya Kumar Sen)이 싱가폴 지도자들의 인권 주장에 대해 아시아적 가치를 앞세우는 것에 도전했듯 오늘날 우리는 문화적 동질성에 대한 안이한 가정에 저항해야 한다.

영화와 만화는 자동화에 대한 일본 문화의 헌신적 증거로 받아들일 수 있지만, 그 이면에는 비극과 아쉬움에 대한 기록도 있다. 1991년 일본 영화 '노인 Z'는 기계가 사람을 간병하는 것에 대한 심각한 우려를 표현한 예언적 영화이다. 영화에서 노인은 텔레비전을 보고, 손톱을 깎으며, 목욕을 하고, 심지어 밥을 먹거나 배변하는 일까지 모든 것을 초기계화된 침대의 도움을 받는다. 그로테스크한 표현만의 문제는 아니다. 인간의 주체성이나 존엄성과 분리된 기계라는 생각 자체가 매우 우려스럽다. 인간의 삶에 대한 가치가 명확하지 않고, 간병인과의 복잡한 관계를 이해하지 못해 잘못된 판단을 내리거나 심지어 위험하기까지 하다.

물론 이런 사례는 일반적이라기보다는 일본 내 문화적 반대를 보여주는 예일 뿐이다. 게이오대학 사이버 문명 연구센터의 프로젝트 조교수인 다닛 갈 (Danit Gal)은 수단으로서 사용되는 도구와 더 넓은 범위의 공감, 연대, 심지어 우정이나 사랑까지 마음을 여는 파트너 사이에서 AI와 로봇을 대하는 특성을 유형화했다. 갈은 일본이 파트너 쪽에 가깝다는 것을 보여주는 몇 가지 사례를 제시했다. 그러나 갈은 이것이 기술에 대한 아시아적 가치관을 모두 대변하는 것은 아니고, 한국의 경우엔 AI와 로봇이 인간을 위해 존재한다는 명확한 위계를 확립했으며, 중국은 인간과 로봇의 상호작용에 대한 근본적인 전제에 대해 정치 문화적 논쟁이 계속되는 가운데 두 패러다임의 중간에 있다고 말한다. 이렇게 다양한 접근 방식이 진화하고 있다고 해서 경제 전문가들이 무조건 대체 자동화를 지지해야 하는 것은 아니다. 사람의 보살핌이 좀 더 쉬운 처방일 수 있다.

로보케어의 정치 경제학

나이 든 부모를 모시기 위해 일을 많이 해야 한다는 압박을 받는 것을 생각해보면, 부담이 과중한 샌드위치 세대는 분명 어디선가 희생을 해야 한다. 만약 소득 분배가 잘 된다면 노인 돌봄 로봇에 대한 수요는 줄어들지 모른다. 혁신의 확산은 장치 자체 때문이라기보다는 사회적 시스템에서 필요로 하기 때문이다. 마사 파인만(Martha Fineman)이 주장한 바와 같이 우리는 갈수록 기능이 떨어지는 시스템에 사람이 적응하도록 바꾸려 하기보다 시스템을 재설계해 인센티브나 압박감 등을 조절할 수 있다.

마지막으로 여기서 주장하는 가장 중요한 것은 소셜 로봇과 의료 종사자 사이에서의 선택은 잘못된 이분법을 제시한다는 것이다. 소셜 로봇을 열렬히 지지하는 사람들조차 로봇을 간병인을 대신하는 것이 아니라 보조하는 것으로 묘사하고 있다. 이를 뒷받침하는 몇 가지 증거가 있다. 예를 들어 간호사와 간병인의 집중적 참여와 함께 파로를 배치하면 자동화에만 의존하는 것보다 훨씬 더 나은 결과를 얻을 수 있다. 지난 10년 동안 연구자들은 이런 방식의 로봇 사용에 대해 많은 연구를 수행했으며 긍정적인 결과를 얻었다.

대만의 정신과 연구원들은 로봇 보조 치료가 정기적인 활동 프로그램으로 제공될 수 있으며, 거주식 요양 시설에서 노인의 사회적 건강을 향상시키는 잠재력이 있다는 것을 발견했다. 노르웨이의 연구원들은 치매를 앓고 있는 노인 환자들과 파로가 함께 있으면 파로가 사회적 상호작용을 증가시키고 참여를 유도하는 매개 역할을 한다고 관찰했다. 한편 인간 간병인은 동료에 대한 관심과 대화를 유도하고 표현을 많이 하도록 소셜 로봇의 상호작용 기능을 구성할 수 있는데, 이런 상호보완성은 환자와 간병인 모두에게 도움이 된다.

전문학교와 의료 시스템을 통해 취약한 개인과 기술 시스템을 연결하는 전문적인 기술을 육성해야 한다. 윤리학자 에이미 반 윈스버그(Aimee van Wynsberghe)가 주장했듯 로봇의 보급은 돌봄이라는 덕목을 반영한다. 사람의 손길과 눈 맞춤, 사람의 존재감은 돌봄에 필수적이다. 로봇이 이런 접촉을 강화할 수 있다면 그것은 가치 중심 설계에서 환영할 만한 부분이다.

선진 의료 시스템에서는 이미 이런 상호 보완성을 수용하고 있다. 네덜란드에서는 다큐멘터리 '앨리스 케어스'를 통해 가정 방문 의료 조무사를 보조하는 반려 로봇을 실험하는 사례를 소개했다. 그 결과 상호작용은 대체로 긍정적이었다. 어떤 할머니는 로봇에게 사진첩을 보여주고, 어떤 할머니는 로봇과 함께 축구를 보기도 한다. 로봇은 함께 환호하거나 고개를 끄덕이며 반응하고, 때로는 위로하고 걱정하는 표정을 짓는다. 조무사는 노인들에게 로봇이 인간의 상호작용을 대체하기 위한 것이 아니라 활력을 주기 위한 것이라고 안심시켰다. 그것은 신뢰의 전제 조건이었다.

자율 로봇의 배치에 대한 우려를 고려해 사전에 신뢰를 구축해야 한다. 유로바로미터의 설문조사에 따르면 유럽연합 국가의 60%가 로봇이 어린이와 노인, 장애인을 돌보는 것을 반대했다고 한다. 사람들의 생각은 단순한 러디즘이 아니다. 로봇 간병인의 등장은 인간적 연결을 경험하는 사람들과 소프트웨어나 기계에 의존하는 사람들 간의 사회적 분열을 심화시킬 것이다. 과연 이들이 돌봄을 받고 있는지조차 의문이다. 돌봄을 모방하려는 주변의 움직임과 달리, 돌봄은 최소한 간병인이 중단할 자유가 있는 상호주의적 관계에서만 발생할 수 있다. 다른 사람에게 시간과 노력을 기꺼이 바치려는 의지를 지속적으로 재확인하는 것은 돌봄을 너무나 소중하게 만드는 것이며, 자유의지를 가진 인간의 고유한 영역이다. 인공지능과 로봇은 돌봄 환경을 개선하는 데 도움을 줄 수는 있지만 돌봄 자체를 수행할 수는 없다.

의료에서 인간의 손길 유지하기

우리는 과거 의약품의 성공과 실패를 통해 의료에서의 로봇과 AI의 미래에 대해 많은 것을 배울 수 있다. 현명한 의사라면 현대 의약품이 등장하기 전으로 돌아가 의술을 행하는 게 얼마나 힘든지 알 것이다. 항생제는 백 년 전만 해도 매우 치명적이었던 폐렴을 치료할 수 있다. 그러나 어떤 약을, 용량은 얼마만큼, 얼마 동안 복용해야 하는지에 대한 문제는 여전히 논란의 여지가 있다. 로봇과 AI도 비슷할 것이다. 어떤 의사는 광범위하게 처방할 것이고, 어떤 의사는 매우 신중할 것이다. 그리고 모두가 더 나은 데이터를 바탕으로 객관적인 관찰자가 과대 광고와 희망을 구분할 수 있기를 바란다.

자동화의 안전성과 효율성에 대한 기본적인 질문을 해결하고 나면 훨씬 더 어려운 문제가 나타난다. AI 보급에 대한 결정을 단순히 시장 논리에 따른다면 값싼 로봇과 앱은 전문적인 치료를 받기 위한 새로운 게이트키퍼가 되거나 의사의 역할을 완전히 빼앗을 수 있다. 개인 주치의는 맞춤 양복 같은 사치품이 될 것이다. 반면 정부가 자동화 진행에 대해 너무 많은 역할을 할 경우, 정치적 고려 사항으로 인해 비효율성이 고착화될 수 있다. 시장과 국가는 사회학자 엘리엇 프리드선(Eliot Freidson)이 '제3의 논리'라고 부르는 전문성의 논리에 의해 가장 잘 균형을 이룬다. 중요한 서비스를 제공하는 전문지식을 가진 근로자는 자신의 업무를 조직하고 통제할 수 있는 권한이 있다.

의학은 가장 오래된 직업 중 하나지만 시간이 지남에 따라 자율성에 대한 근거가 바뀌었다. 엉터리 의술이 있던 시절에 의사는 미지의 힘과의 관계로 존경받는 하루스펙스(짐승의 창자로 점을 치는 고대 로마의 점쟁이)와 비슷했다. 과학 발전으로 인해 의학을 더욱 신뢰할 수 있게 되면서 의료위원회는 돌팔이나 사기꾼으로부터 환자를 보호하기 위한 표준을 개발했다. 마케팅 연구로는 진행되지 않았던, 의료 연구의 위험을 관리하는 것에 대한 중요한 질문도 있었다. 이런 모든 우려를 해결하기 위해 의료 종사자는 대중, 특히 취약 계층의 사람들을 보호하기 위해 의료 자격을 허가하거나 거부하는 등 특권을 사용해야 하는 중요한 사명을 띠고 있다.

불행히도 정신건강 앱에 대한 마케팅은 업계를 불안정한 길로 이끌 수 있다. 이런 앱은 병원이나 상담소를 대신하는 저렴하고 편리한 대안이 될 수 있다. 이는 앱을 단순한 게임이나 기분 전환, 정보 서비스, 일반 건강, 웰빙의 보조 도구로써 치료사의 전통적인 의무와 책임을 회피하는, 라이선스 위원회에서 소비자 보호 기관에 이르는 다양한 규제기관의 태도와는 대조적이다. 이런 규제의 차이는 특정 기업의 단기 전략으로 적용될 수는 있지만, 산업 전체가 번성하는 데 필요한 신뢰에는 도움이 되지 않는다. 환자들은 표준에도 못 미치는 조언을 듣게 될 위험이 있다. 예를 들어, 호주의 한 연구원은 양극성 장애를 앓고 있는 사람에게 판매되는 82개의 모바일 앱을 연구한 후, 앱이 대체로 실행 지침이나 확립된 자기 관리 원칙과 일치하지 않음을 발견했다.

의사 아담 시푸(Adam Cifu)와 비나약 프라사드(Vinayak Prasad)는 충격적인 발견을 담은 책을 썼다. 임상과 유전학, 의술의 엄청난 발전에도 어떤 의사는 수십 년 동안 환자에게 아무런 도움이 되지 않는 것으로 판명된 의료 행위를 계속해왔다. 프라사드는 '의사들이 하는 일의 46%는 잘못되었다'는 통계로 문제를 요약했다. 분명히 쉽고 간단한 진단 방법이 있음에도 대부분의 사람은 의료 시스템에서 잘못된 처방을 경험한다. AI가 질병률의 감소와 수명 연장을 보장할 수 있는 길은 아직 멀었다.

AI와 로봇이 건강에 미치는 영향은 보건과는 관련 없는 다른 분야를 통해 간접적으로 나타날 수 있다. 최근 보건 연구원은 영양 상태와 수면 패턴, 직업 스트레스, 소득 및 재산이 건강에 대한 중요한 사회적 결정 요인이 된다는 것을 밝혀냈다. AI는 이런 요인에 대해 보상을 늘리는 등의 방법으로 복지를 향상시킬 수 있을지 모르지만, 원치 않는 감시와 사회적 분열, 제로섬 경쟁을 쉽게 가속화할 수 있다. 이런 효과는 수술 로봇이나 AI 맞춤 다이어트와 같은 기술이 발전함에 따라 수명과 웰빙에 더 많은 영향을 미칠 수 있다.

사람들에게 의사는 절차나 처방으로 이어지는 패턴 인식이나 진단의 단순한 작업처럼 보인다. 이상적인 TV 의사는 사려 깊게 증거를 검토하고, 강력한 조치를 권고한 후에 다음 진료로 넘어간다. 이렇게 간단한 일이라면 결국 로봇이 의사를 대신할 수 있을 것이다. 실제 의료 현장에서 이와 같은 단계는 이미 오래전에 낡은 것이 되었다. 여러 상황을 고려한 최선의 행동 방침에 대한 실질적이고 지속적인 불확실성이 존재한다. 그리고 현대 의학에서는 치료 계획과 관련해 환자의 참여와 최소한의 이해를 요구한다. 이런 요소는 의사와 환자의 관계를 복잡하고 풍부하게 하며, 인간의 깊은 요소를 필수적으로 만든다. 다음 장에서 볼 수 있는 것과 같이 교사와 학생도 비슷한 문제에 직면해 있다.

3장

기계학습자를 넘어서

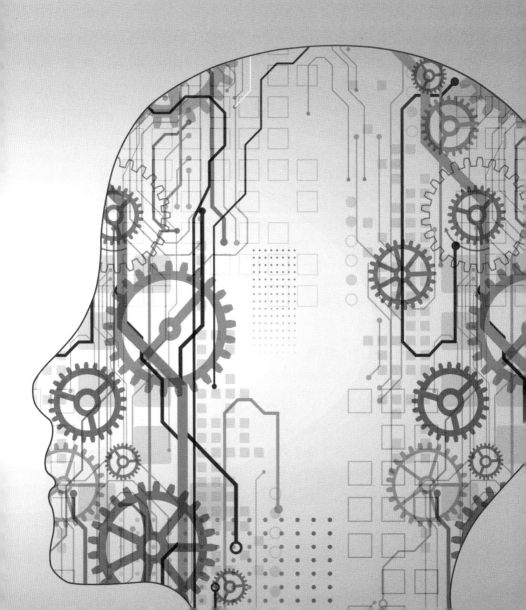

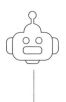

Beyond Machine Learners

2018년, 중국 소셜 미디어에는 소름끼치는 학생들의 사진과 함께 #ThankGodIGraduatedAlready라는 해시태그가 유행하기 시작했다. 고등학교 교실 안의 학생들 얼굴 주변에 녹색과 빨간색 직사각형이 있고, 각각 식별 번호와 함께 '산만함', '질문에 답변 중', '자고 있음' 같은 설명이 표시되어 있었다. 카메라는 매일 교실을 녹화하며 모든 학생의 얼굴에 대한 수십만 장의 이미지를 생성했다. AI는 라벨이 지정된 이미지와 비교하며 학생들의 학습 상태를 분석했다. 작업자들은 '공부 중', '산만함', '주의를 기울이고 있음', '빈둥거림' 등의 라벨이 지정된 학습 데이터와 짝을 맞췄다. 학생들은 한순간도 화면 밖을 벗어나지 못하고 하루 종일 감시를 받았다. 보고서에는 모든 학생들의 집중 시간이 요약되어 있었다.

중국의 IT 대기업인 한왕은 학생들의 동기 부여와 감시를 위해 이 같은 수업 관리 시스템을 개발했다. 힉비전이라는 기업은 학생들의 감정을 기록하는 AI를 만들었다. 그리고 여기에 점수를 만들어 학생들을 서로 비교할 수 있게 했고, 학교에서는 학급 간의 경쟁을 유도했다. 쉬에 위제(Xue Yujie) 기자는 이런 지능형 교육에 대한 학생들의 반응을 취재하면서 대체로 부정적인 의견이 많다는 것을 알게 되었다. 학생들은 '인공지능 눈'에 대해 강한 불만을 드러내고 있었다.

어떤 학생은 안면 인식 시스템이 자신의 얼굴을 인식하지 못한다고 불평했다. 헤어스타일이나 메이크업을 바꾸면 알아보지 못한 것이다. 학교는 회사에 여러 개의 얼굴 사진을 보냈다. 그러나 어떤 학생은 카메라를 거부하고, 심지어 한 학생은 "카메라를 박살내고 싶다"고 말하기도 했다. 대규모 감시에 익숙한 나라에서도 초 단위로 모든 일상을 기록하는 것은 분노를 불러일으키기에 충분했다. 게이츠 재단이 미국에서 생체 인식 장치(Cognate Biometrics, 학생의 강의 참여도를 지속적으로 측정하기 위한 피부 반응 전기 팔찌)에 자금을 지원했다가 대중의 반발로 중단했다. 그러나 중국에서도 여론이 영향을 미칠지는 미지수이다. 한왕의 한 임원은 쉬에 위제 기자에게 중국 정부의 차세대 인공지능 개발 계획이 학교의 케어 시스템을 장려하는 데 도움이 되었다고 말했다.

한편 미국의 한 대학에서는 교육기술의 또 다른 미래가 열리고 있었다. 조지아 공대에서 인공지능 수업을 들은 학생들은 온라인에서 만난 JW(Jill Watson)라는 조교가 봇이라는 사실을 알게 되었다. JW는 온라인 게시판에 질문을 게시하고 학생들에게 준비된 답변을 했다. 학생이 과제를 수정할 기회를 달라고 하면 JW는 "제출한 피드백을 수정할 수 있는 방법이 없습니다"라고 대답했다. JW는 학생들이 의심하지 않도록 이메일을 늦게 보냈다. 누군가 게시판에서 도움을 요청하면 "예" 또는 "좋아요"라고 간단하게 대답했다. 마감일이나 숙제와 관련한 다른 일상적인 질문에 대해서도 다소 엉뚱한 때도 있지만, 도움이 되는 답변을 했다.

JW에 대한 신문 기사에서 학생들은 봇을 이용하는 게 만족스러운 듯 보인다고 했다. 학생들은 JW가 성실하고 빠르다고 평가했다. 숙제를 도와 달라고 요청했던 한 학생은 "JW의 글에서 어떤 개성을 볼 수는 없었다. 하지만 우리가 조교에게 기대하는 모습은 그런 것이다"라고 말했다. JW를 사용한 컴퓨터

공학 교수인 아쇼크 고엘(Ashok Goel)은 한 학기 동안 학생들이 게시한 1만여 개의 질문 중 봇이 약 40% 정도 답했다고 말했다.

이 일이 과연 컴퓨터학과 조교들과 심지어 교수의 종말을 알리는 시작일까? 고엘 교수의 생각은 다르다. 간단한 질문을 봇이 처리해주면 조교들은 어려운 질문에 집중할 수 있다. 고엘은 일상적인 질문에 답변할 수 있는 기술을 연구해 교육자들을 지원하는 소프트웨어 개발에 전념하고 있다.

그러나 정치 경제적 흐름은 JW와 같은 혁신을 컴퓨터공학자들의 의도와 상관없이 다른 방향, 즉 교사를 교체하고 학생을 계속 감시하는 방향으로 추진할 것이다. 조지아주는 대공황 이후 공교육 비용을 삭감했다. 코로나 팬데믹으로 인해 대학은 비용을 더욱 줄이고 온라인을 활용하라는 압력을 받았다. 세계적으로 영향력 있는 재단에서부터 워싱턴과 브뤼셀의 최고 관료에 이르기까지 비용 절감에 집착했다. 2016년에 캘리포니아는 대학을 확장하기 위해 교육비를 인상하는 대신 부족 인력을 보충하기 위해 온라인 과정을 개설했다. 부정행위를 방지하고 학생들의 집중력을 높이기 위해 교육용 AI와 시험 감독 로봇은 괜찮은 선택이 될 수 있다.

미국에서는 이미 첨단 감시 기술을 통해 온라인 수업이나 시험 중에 학생들의 움직임을 추적한다. 버지니아커먼웰스대학은 학생들이 식사비를 계산할 때 신용카드나 현금 대신 망막 스캔을 사용하도록 했다. 기업들은 학생들의 움직임을 추적해 어떤 현상과 특정 생활 패턴을 연관 짓고 싶어 한다. 우리는 하이크비전의 감시 장치를 통해 AI가 지배하는 미래의 교육을 예견할 수 있다.

엄밀히 말하면 학생들을 계속 감시하고 평가하는 교육용 AI에 투자할 것인지, 아니면 보다 유용하고 창의적인 방식으로 학습을 발전시키는 기술에 집중할 것인지 결정해야 한다. 안타깝게도 관리주의적 사고방식은 정량적 측정의 우위를 주장하며 에듀테크에 너무 많은 것을 추가했다. 교육에는 여러 가지 목적과 목표가 있지만, 그중 많은 부분은 수치 측정으로 축소될 수 없거나 축소되어서는 안 된다. AI가 컴퓨터로 측정하고 최적화할 수 있는 것에만 관심을 갖게 되면 다른 중요한 기회를 놓칠 수 있다. 설상가상으로 기술이 우리의 가치를 달성하는 데 도움이 되는 도구 역할을 하기보다 가치를 빼앗고 심지어 우리에게 지시하는 것까지 허용될 것이다. 이번 장에서는 교육에서 AI와 로봇의 긍정적인 활용을 살펴보는 동시에 허술한 사회적 통제에 얼마나 쉽게 빠져들 수 있는지 강조해보겠다.

교육의 여러 가지 목적

교육용 로봇의 방향은 우리가 해결하고자 하는 문제에 따라 크게 달라진다. 로봇과 AI는 도구일 뿐 그 자체가 목적은 아니다. 닐 셀윈(Neil Selwyn)이 연구한 바에 따르면, 교실에서의 자동화 범위와 강도에 대한 논쟁은 21세기 교육의 본질과 형태 및 기능에 대한 전방위적 투쟁의 대리전이 되는 경향이 있다. 아래 내용은 교육 목표로 타당할 것이다. 그러나 에듀테크를 개발하는 사람들이 모든 목표를 같은 수준으로 발전시키지는 않는다.

1) 역사, 사회, 예술, 과학 및 기타 분야의 언어 및 수학, 논리적, 정량적 기술과 실질적인 지식 학습
2) 실질적인 지식과 비판적 판단력 개발을 통한 기술 훈련이나 직업을 통한 경력 준비
3) 더 나은 교육 및 고용 기회를 위한 경쟁
4) 사회적 기술과 감성지능 학습
5) 사회 참여를 포함한 구성원으로서의 시민 의식 준비

기술 관료의 경우, 목표가 정해지고 나면 다음 단계는 시험이나 여러 가지 방법을 통해 성과를 측정하는 것이다. 두 번째 목표인 취업 준비에 대해 생각

해보자. 사회과학자들은 진학률이나 취업률이 높은 학교를 파악하기 위해 다양한 분석 방법을 사용한다. 취업률과 급여, 직업 만족도를 측정하기도 한다. 다양한 종류의 대학 순위도 등장했고, 심지어 최고의 파티 스쿨에 대한 순위도 있다. 교수진의 출판물과 연구 프로필을 조사하기도 한다. 경제적인 측정 방법은 학생의 수업비와 미래 수입 간의 균형을 전제로 한다. 그들의 논리는 분명하다. 학생들은 적은 교육비로 잠재적 수입을 크게 늘릴 수 있는 프로그램을 선택할 것이다.

마지막으로, 교육에 대한 도구주의적 관점은 경제적 매력을 갖고 있는데, 특히 노동을 콩이나 석탄 같이 시간이 지남에 따라 가격이 떨어지는 자원으로 본다면 더욱 그렇다. 기술 발전으로 점점 더 석탄을 싸게 만들 수 있는 것처럼 에듀테크는 비용이 많이 드는 교사와 교수를 대체해 인력 개발에 드는 비용을 절감할 수 있다. 물론 이것은 학생들이 성공하기 위해 필요한 기술을 가르친다는 목적을 비용으로 측정할 수 있음을 의미하는 것은 아니다.

그러나 교육의 성공을 소득이나 취업률로 좁게 정의한다면, 성과 중심의 평가는 가상 사이버 학교에서 유튜브 방송 강의에 이르기까지 근본적으로 다른 여러 교육 방법에 대한 문이 열린다. 기술주의자들은 만약 올바른 시험 문제와 졸업 후 성공 지표에 합의만 할 수 있다면, 교사나 교수가 가르치는 것을 대신하는 그 어떤 새로운 교육도 괜찮다고 생각한다.

인공지능에 의한 방법은 신자유주의에서 강조하는 돈을 벌기 위한 공부와 잘 맞아떨어진다. 머신 러닝은 수천 개의 변수를 조작해 소득과 같은 일부 수치적 가치를 최적화하는 데 가장 적합하기 때문이다. 그러나 이런 측정의 중심은 보다 상황에 맞는 기술과 습관, 가치, 태도 영역에서 세분화된다. 어떤 사회적 기능에 대한 테스트가 가장 좋을지 누가 알 수 있을까? 올바른 시민의식, 민주적 참여 또는 정치적 지혜를 측정하는 객관식 시험이 있을까? 어떤 면에서는 전통적인 교수법이 교육의 중요한 목표, 즉 교육 자체의 구성 요소가 될 수 있다. 연습을 위해 활동이 필수 요건이라고 말하는 것은 학생과 교사 사이의 상호작용과 같은 활동 없이는 연습이나 교육이 실제로 존재하지 않는다는 것을 의미한다. 모든 신체 질병을 진단하고 일부를 치료할 수도 있는 미래 휴대용 스캐닝 장치에 대한 기대만큼이나 인간 교사와의 상호작용을 대신하는 교육 로봇에 대한 기대는 크지 않다. 어린이나 성인 학습자가 시민으로서 성공하는 데는 중요한 여러 사회적 대인관계 기술이 있다.

예를 들어 직장에서는 동료나 상사와의 상호작용이 필요하다. 교실에서는 이런 형태의 상호작용을 경험할 수 있다. 심지어 어떤 경우에는 학생 스스로 확신이나 재능을 느낄 수도 있다. 또 어떤 학생은 새로운 것을 시도하는 데 용기가 조금 필요하다. 직업은 어느 정도의 상호작용을 필요로 하기 때문에 이 모든 것을 기술을 통해 시뮬레이션할 수 있다고 보기는 어렵다.

인간관계 또한 쉽게 해결할 수 있는 문제는 아니다. 한 번은 유명한 구글 기술자에게 온라인 교육 경험에 대해 질문했다. 그는 대규모 공개 온라인 과정에서 훌륭한 정보를 제공받았지만, 동기 부여에는 걸림돌이 되었다고 대답했고, 대체로 높은 중퇴율이 관찰되기도 했다. 그리고 기계 조작과 개인정보 침해에 대한 우려를 고려할 때, 교육자들은 학습자에게 동기를 부여하는 데 인간의 능력을 뛰어넘는 기계를 개발하려고 해서는 안 된다. 민주적 시민의식에 대해서는 더욱 그렇다. 시민 프로젝트에 대한 협력은 인간관계의 핵심이다.

교수를 소프트웨어로 교체하려는 에듀테크 애호가들은 현대 사회에서 대학의 가장 중요한 역할을 잊고 있다. 철학에서 역사와 예술, 컴퓨터공학에 이르는 다양한 주제에 대한 객관적인 분석을 제공하는 것이다. 뛰어난 연구와 훌륭한 교수법 사이에는 진정한 시너지 효과가 있어서 각 분야의 최첨단을 달리는 사상가들이 자신의 전문지식에 대한 역사를 이해하고 본인의 지식을 학생들에게 직접 전달할 수 있다. 교수와 연구의 전통적인 통합을 깨뜨리는 것은 대학의 지식 창출과 지식을 전파하는 역할 사이의 단절을 초래할 위험이 있다. 진정한 참여형 학문을 장려하기 위해서는 연구자나 학생들이 직업과 관련된 지식에 쉽게 접근할 수 있게 만드는 데에만 집중하기보다 지식에 기여하는 최소한의 교수진이 있어야 한다.

신자유주의의 단순한 시각

교육 정책은 전통주의와 직업주의, 보다 개방적이고 실험적인 교육에 대한 전망 사이에서 지속적인 갈등을 겪어왔다. 전통주의자들에게 교육의 주된 목적은 모든 세대가 최고의 사상을 공통적으로 경험하게 하는 것이다. 실용적인 현대화를 추진하는 사람들은 직업을 위해 학생들을 훈련시킬 필요성을 강조하면서 전통주의자들에게 반발했다. 행동주의자들은 지식을 빠르게 습득할 수 있는 훈련 방법을 제시하여 실용성을 추구하는 이런 노력을 보완했다. 실험주의자들은 이런 접근 방식에 대해 경고했다. 그들은 사회적 조건이 빠르게 변화하는 것을 고려할 때, 전통적인 지식이든 첨단기술에 대한 지식이든 실질적 지식에 너무 많은 비중을 두는 것은 현명하지 못하다고 경고했다. 학생들에게 필요한 핵심 기술은 학습 능력이다. 실험주의자들은 또한 우선순위에 있어 지역적 차이에 대한 중요성도 인식하고 있다.

안타깝게도 우수성을 위한 하향식 처방은 신자유주의 정책 엘리트에게는 너무나 보편화되어 있다. 교육을 인력 개발로 합리화하려는 것은 직업적 경향과 행동주의적 성향을 융합한 것이다. AI에 의해 가속화되면 훨씬 더 세분화되고 다루기 쉬워질 것이다. 이상적인 교육 시스템을 계획하는 방법 중 하나는 학생을 고용하는 고용자의 요구사항으로 만드는 것이다. 매년 예술과 디자인, 프로그래밍, 관리를 포함한 여러 분야에서 일정 수의 일자리가 생기거나 사라진다. 다양한 교육 프로그램을 이수하고 졸업한 학생은 일자리로 고통을 받는다. 이런 관점에서 보면 교육 정책은 단순한 매칭의 문제이다. 프로그래머 일자리가 채워지지 않으면 학장은 컴퓨터 관련 학과 정원을 늘리거나, 졸업한 영어 전공자에게 기술을 훈련시키는 코딩 캠프를 설치해야 한다. 미래에는 지능과 심리 측정을 통해 개인의 기술과 성향에 잘 맞는 직무를 찾아줄 수 있을 것이다. 채용 담당 AI는 이미 기업 문화에 대한 적합성에 따라 지원자를 선발하고 알고리즘을 통해 이력서를 분류하고 있다. 학교는 이런 자동화된 채용 방법에 영향을 받아 학생들이 원하는 직업에 맞는 기술과 태도를 갖추도록 교육과정과 활동을 재설계할 수 있다.

리더들은 미래의 근로자가 로봇이나 알고리즘의 지배를 받기를 원하는 만큼, 기계적인 수업 계획과 고도로 통제된 교사가 있는 학교에 학생을 보내는 것이 합리적이며, 이는 교육 인력의 로봇화로 귀결될 것이다. 암울하게 들릴지 모르지만 주류 교육 시스템에 대한 일부 날카로운 비평에 따르면, 이는 학교 교육에서 최악의 측면이 자연스럽게 정점에 이른 것이라고 한다. 예를 들어, 니킬 고얄(Nikil Goyal)은 20세기 초 공장 노동과 반복적인 사무 작업이 규격화된 교실의 표본으로 굳어졌다고 주장했다.

교육 전문가 오드리 워터스(Audrey Watters)는 교육의 행동주의 패러다임이 어떻게 고등교육에 대한 '실리콘 밸리 내러티브'를 형성하게 되었는지 연구했다. 교육용 기계에 대한 최초의 미국 특허는 100년 전에 출원되었는데, 오하이오 주립대학의 심리학자 시드니 프레시(Sidney L.Pressey)는 1924년에 자동 교사를 개발하고 혹평을 받았다. '프레시 테스팅 머신'이라는 이름의 시험 기계는 학생들이 다섯 가지 답안 중 하나를 선택하게 하고 뒷면에 정답이 기록된 장치를 통해 정답 여부를 바로 알려주었다. 답변을 누를 때마다 인쇄된 종이가 넘어가며 다음 질문을 보여주었다. 이 기계는 객관식 시험의 관리를 효과적으로 테일러화(과학적 관리법이라는 테일러리즘에 따라 효율적으로 개선한다는 의미)해 교사가 일일이 채점해야 하는 수고를 덜어주었다.

하버드 심리학자 스키너(B. F. Skinner)는 프레시 머신의 행동주의 모델을 발전시켰다. 스키너는 파블로프(Ivan Pavlov)와 같은 선구적인 심리학자들의 심성

모형을 개발해 명성을 얻었다. 파블로프의 유명한 개는 종소리와 먹이를 연관시키는 법을 학습하고, 주인이 종을 울릴 때마다 침을 흘렸다. 아마 어느 정도 즐거운 기대감이 있었을 것이다. 스키너는 유사한 패턴의 자극과 보상이 인간의 행동에 대해서도 작용한다고 믿었다. 그리고 20세기 중반에 이르러 그는 단순한 강화 메커니즘으로서의 교사는 이제 시대에 뒤떨어졌다고 확신했다. 그의 학습 기계는 학생들이 손잡이를 당겨 답을 기록할 수 있게 하고 정답이 입력되면 불이 켜진다. 어떤 것은 학생이 정답을 맞히면 사탕이 나오는 기능도 있다.

학습에 대한 스키너의 생각이 조잡하다고 비웃을 수도 있다. 그러나 그런 단순한 메커니즘이 다른 환경에서 위력을 발휘했다. 예를 들어 뉴스 피드, 검색 결과 및 온라인에서의 다양한 여러 측면에 대한 테스트는 궁극적으로 행위 중심으로 이루어진다. 페이스북이나 구글에서는 사용자가 광고를 클릭하는 이유에 관심이 없다. 그들의 목표는 단순히 수천 번의 실험과 자동화된 관찰을 기반으로 클릭을 유도하는 것이다. 그들은 회전하는 릴과 이미지로 도박꾼을 유혹해 도박꾼들이 그 앞에 좀 더 오래 머물게 하는 방법을 연구했던 슬롯머신 설계자의 발자취를 따르고 있다. 학습을 게임화하는 것은 재미의 문제라기보다는 이윤의 문제이다. 사용자 경험 전문가들은 이런 몰입도에 대한 추구가 인터넷 디자인의 일반적인 원칙임을 인정한다. 그리고 인간은 고정된 컴퓨터보다 움직이는 실물에 좀 더 본능적으로 연결되기 때문에 로봇에도 쉽게 적용할 수 있다.

교육의 자동화

두뇌가 발달하는 시기의 아이들은 적응력이 매우 뛰어나다. AI가 보편화될 것으로 예상되는 미래를 생각할 때 과연 아이들은 어려서부터 AI에 노출되어도 괜찮을까? 그래야 한다면 얼마나 허용해야 할까? AI가 인간의 관심과 관계를 대신할 수 있을까?

　도쿄대학 연구진은 이런 질문에서 영감을 받아 초등학교와 대학교에서 원격 제어 방식의 인간형(휴머노이드) 로봇 교사인 사야(Saya)를 테스트했다. 사야는 학생들에게 감정을 전달하기 위해 표정을 지을 수 있는 얼굴로 설계되었다. 이 로봇은 슬픔이나 분노, 행복 같은 일곱 가지 이상의 표정을 지을 수 있다. 로봇의 얼굴에 있는 19개의 부품으로 눈썹 올리기, 볼 올리기, 입꼬리 내리기, 코 주름 잡기 같은 동작을 할 수 있었다. 연구원들은 수업 내용에 따라 사야의 얼굴 표정을 조종했다. 예를 들어 학생이 정답을 말하면 미소를 짓고, 수다스럽고 산만한 학생에게는 "조용히 하세요"라고 말하며 화난 표정을 짓는다.

　도쿄대학 연구진은 사야를 일부 수업에서 테스트했기 때문에 그 결과를 일반화하기는 어렵다. 그러나 이들은 대학생과 초등학생이 로봇을 받아들이는 데 몇 가지 주목할 만한 차이를 발견했다. 어린 학생들은 수업에 대한 참여도가 높았고 과학에 대한 학습 동기도 높아졌다. 그러나 학년이 올라갈수록 학생들의 반응은 다소 소극적이었다.

　고학년 학생들이 상대적으로 조심스러워하는 것을 보면 적어도 두 가지 해석이 가능하다. 아마 그들은 사야를 조정하는 강사가 실감 원격 화상회의를 사용해 수업을 진행한다는 것을 인식했을 것이다. 인간 강사로부터 10년 이상 수업을 받아왔기 때문에 사야의 조잡한 표현과 발성은 이상하게 들리거나 진정성이 없어 보였을 수 있다. 로봇이 인간의 모습에 매우 가까워지긴 했지만 약간이라도 어색한 곳이 있으면 사람들은 불쾌한 골짜기 효과에 의해 거의 본능적으로 혐오하게 된다.

　아이들이 아주 어릴 때부터 로봇 교사나 보육 로봇에게 노출되는 경우에도 과연 불쾌한 골짜기 효과가 계속될지 궁금하다. 교육에서 로봇 수용의 문제는 단순히 사람들이 현재 선호하는지를 다루는 것이 아니다. 오히려 인간이나 로봇 교사에게 일찍 노출되면 다음 학년에도, 심지어 근로자나 소비자로서도 평생 비슷한 것을 선호한다. 이런 조건화 효과는 많은 기업이 교육용 기술을 제공하기 위해 경쟁하는 이유 중 하나이다. 학생이 어릴수록 특정 인터페이스나 광고를 자연스럽게 받아들이는 유연성이나 수용성이 높기 때문이다.

사야의 실험은 별다를 게 없어 보일 수 있다. 로봇 교사는 자율적이지 않았고 어떻게 보면 인간 강사의 꼭두각시나 다름없었다. 그러나 감성 컴퓨팅의 발전으로 로봇 교사는 지식을 보다 다양하고 효과적으로 전달하거나 학습을 자극할 수 있게 되었다. 교육 연구자인 닐 셀윈(Neil Selwyn)은 『로봇이 교사를 대체해야 하는가?』라는 책을 쓰기도 했다. 셀윈은 로봇 교사를 널리 보급하는 것에 대해서는 회의적이지만 경우에 따라 필요하다고 인정한다. 예를 들어 인간 교사를 만나기 어려운 환경에서는 기술을 통해 학습의 도움을 받을 수 있다.

아이들이 집에서 교육용 로봇에게 수업 받기를 원하는 부모가 많아지면 초등교육에 혁명이 일어날까? 이런 급진적 변화에 대한 생각은 실현 과정에서 몇 가지 현실적인 어려움에 부딪히게 된다. 취학 연령 자녀가 있는 맞벌이 가구의 경우, 학교는 단순히 배움의 장소일 뿐만 아니라 보육 서비스도 제공하고 있는 셈이다. 온라인 학습을 독려해 초등 교육을 로봇화한다고 해서 반드시 비용이 절약되는 것도 아니다. 오히려 교사와 같은 한쪽 그룹에서 보모와 같은 다른 그룹으로 소요 자원이 이동하는 것뿐일 수 있다. 교육용 로봇에 보모 기능을 프로그래밍하는 것이 옵션이 될 수 있지만, 이는 자체의 윤리적 딜레마를 불러일으킨다.

열성적인 미래학자들은 현대판 로지(Rosie, 애니메이션에 등장하는 가정부 로봇)인 젯슨(Jetsons)이 차려주는 아침을 먹고, 자율주행차로 스포츠 경기를 보러 가고, 학교에서는 로봇에게 교육을 받는 미래를 상상한다. 그러나 이런 발전은 아직 먼 미래의 일이고, 기술이 발달한 환경에서 성장하는 아이들에 대한 부모의 걱정을 고려할 때 당분간은 현재 상태가 앞으로도 계속될 수 있다.

이 같은 기술 발전을 받아들여야 하는가? 유년기의 취약성을 감안하면 대답은 그렇지 않다고 할 가능성이 높다. 전통적으로 인간이 하던 역할을 로봇이 대신 하면 성인들은 바로 알아차릴 수 있다. 학생들이 로봇 강사의 정체를 인식하지 않는다고 해서 기계를 신뢰하는 것은 아니다. 오히려 로봇이 아이들에게 어른이 주의를 기울이고 있다고 믿도록 속이고 있다. 위협적인 것은 단순히 아이들을 속이는 것이 아니라, 주어진 것과 만들어진 것, 인간과 기계가 깊은 의미에서 동등하고 상호 대체할 수 있다고 하는 교묘한 세뇌이다.

질문의 핵심은 로봇에 대한 건전한 열정과 애정, 로봇의 다름에 대한 냉정한 인식 사이의 균형을 어떻게 맞출 것인가 하는 점이다. 로봇은 주변 행동에 따라 반응하도록 구현될 수는 있지만, 인간처럼 의미나 동기에 따라 행동하게 할 수는 없다. 인간은 자율적 주체로서 이로 인한 선과 악, 보살핌과 방임에 대한 모든 특권과 함께 다른 사람과 관계를 맺는다. 기계는 어느 정도 자유를 갖도록 프로그램되어 있다 해도 행위자로서의 자율성은 결코 경험하지 못한다. 왜냐하면 행위자로서 인간의 경험은 기계가 아닌 생물학적 존재라는 완전히 다른 구현에 뿌리를 두고 있기 때문이다.

학생들은 로봇보다 자신이 더 중요하다는 것, 소프트웨어 기반의 도구는 자신에게 유익하게 사용하는 것임을 배워야 한다. 로봇을 자신과 다른 사람의 재산으로 존중해야 하지만 친구로 특징짓는 것은 자제해야 한다. 그보다는 로봇과 인공지능을 일종의 디지털 환경으로 간주해, 보존하고 길들이되 동물이나 식물에서 느끼는 존중이나 애정은 갖지 않는 것이 좋다. 자연 환경은 우리 존재의 기반이며 로봇과 AI는 도구일 뿐이다.

인정과 사랑, 존중 같은 감정적인 로봇을 표현하는 헐리우드 영화에 현혹되어 현실과 혼동해서는 안 된다. 분명 휴머노이드 로봇에 대한 적절치 못한 행동이 지나치게 무감각해져 문제가 되고 있긴 하다. 하지만 이런 우려 때문에 로봇 시스템을 의인화할 필요는 없다. 오히려 휴머노이드 로봇을 새로운 환경, 특히 어린이나 노인 같은 취약 계층에 도입할 때는 매우 주의를 기울여야한다.

당신의 교육 로봇은 누구를 위해 일하는가?

교육기술을 지원하는 기업의 원동력은 무엇인가? 기업이 우리의 가치를 반영하는 소프트웨어나 로봇을 만든다고 믿어야 할까? 벌써부터 경고의 목소리가 들린다. 에듀테크 기업인 피어슨(Pearson)은 수천여 명의 대학생을 대상으로 실험을 하며 일부 학생에게 상업용 학습 소프트웨어에서 '성장의 사고방식'에 대한 심리학적 메시지를 노출시켰다. 학생들의 동기 부여가 약간 향상되는 것을 발견했는데, 아마 이런 통찰은 미래의 소프트웨어 설계자에게 유용한 정보가 될 것이다. 그러나 대학은 인간을 대상으로 하는 연구가 아닌 학습 플랫폼을 위해 계약한 것이었다. 어떤 메시지가 또 끼어들 수 있을까? 최고 관리자는 교육기술 회사와의 계약 내용에 대해 누구보다도 잘 알고 있어야 한다. 데이터 통제와 프로그램 변경에 대해 충분히 고려해야 한다. 이런 보호 장치가 없다면 교육자의 윤리 기준은 기술 기업의 성의 없는 '동작만 하면 그만'이라는 생각에 자리를 뺏길 수 있다.

피어슨의 실험은 학생 보호 법률을 지키는 데 다소 소홀한 기술 기업에는 일반적인 일이다. 활동가들은 유튜브와 안드로이드 운영 체제가 어린이를 대상으로 부적절하게 광고하고 있다며 구글 생태계를 비난했다. 유튜브는 어린이들에게 이상하고 충격적인 비디오를 제공하거나, 상대방을 괴롭히고 학대하는 만화 캐릭터를 보여주어서 문제가 되었다. 유튜브는 결국 알고리즘이 아닌 인간이 큐레이팅하는 청소년 전용 앱을 약속함으로써 대중의 항의에 대응했다. 자동화에 대해 되짚어보는 것은 교육자에게도 교훈을 준다. 주의를 끌수만 있다면 무엇이든 괜찮다는 생각은 어린이 콘텐츠 제작을 위한 올바른 윤리 지침이 될 수 없다.

학교는 기술을 다목적 감시 시스템으로 활용하는 일에 신중해야 한다. 어떤 관리자는 학생에게 걸음 수를 세는 핏빗 트래커와, 눈의 움직임과 컴퓨터 사용을 포함한 모든 작업 시간을 집계할 수 있는 노트북을 준다. 이런 식의 데이터 수집은 매우 위험하다. 감성 컴퓨팅은 찡그린 얼굴, 찡그린 눈썹, 미소, 깨달음이나 당혹감 같은 여러 의미 있는 표정을 수집하고 싶어 한다. 어떤 회사는 수백만 가지의 얼굴 표정과 관련된 감정 데이터베이스를 구축했다.

충분한 투자와 시간이 주어진다면 무한대에 가깝게 AI가 생성하는 연습 문제와 더욱 창의적인 문제를 제공하는 미래의 학습 환경을 기대할 수 있다. 그러나 어린이들로부터 데이터를 수집한다는 것은 조작에 대한 기회도 있다는 뜻이다. 때로는 인간의 개입이라는 역할이 매우 중요하다. 예를 들어 페이스북은 알고리즘으로 자살을 암시하는 십대의 게시물을 감지하고 전문적인 도움 등을 추천해준다. 그러나 이것은 불안감을 느끼거나 의욕이 없는 학생을 식별하는 등의 기능을 광고주에게 제공하기도 한다. 도움을 주고자 하는 노력과 신뢰를 약화시키는 데이터 수집 사이에는 분명한 경계가 있어야 한다. 학생과 학부모는 언제든지 감성 컴퓨팅을 거부할 권리가 있어야 한다.

현재 우리는 교육 소프트웨어와 로봇을 개발하는 회사에서 데이터를 수집, 분석하고 사용하는 데 필요한 통찰을 거의 갖고 있지 않다. 학생들이 말하는 모든 것을 기록하고, 웃음이나 걱정, 애정이나 책임감을 유발하는 등 점점 개인화된 반응을 제공하는 최신 기계학습 프로그램 능력은 새로운 발전이긴 하지만 가급적 천천히 도입되어야 한다. 이런 교육용 로봇을 대량으로 도입하기에 앞서 로봇의 성능과 목적에 대한 기본적인 질문에 답해야 한다.

지속적인 관심의 단점

우리는 감시를 통해 즉각적이고 구체적인 이익을 얻곤 한다. 다른 많은 교육기술과 마찬가지로 학교에서 로봇은 고도로 개인화된 수업을 약속한다. 빅 데이터 분석을 통해 비용을 크게 절감할 수도 있다. 기업은 학생에 대한 데이터를 수집하고 마케터와 기타 여러 사람이 학생들을 이해하도록 돕는다는 장기적 목표로 학교에 교육용 로봇을 무상으로 제공할 수 있다. 그러나 꼭 확인해야 할 것이 있다. 데이터는 학습을 돕기 위해 교육 환경 내에서만 엄격하게 사용되는가? 디지털 파일에 정보를 제공해 학생들에게 몰래 낙인을 찍는 것은 아닌가?

사회학자인 어빙 고프먼(Erving Goffman)은 다른 사람의 시선을 받지 않고 다양한 관점과 행동을 탐구할 수 있는 '무대 밖' 공간이라는 개념을 개발했다. 제대로 규제되지 않은 로봇 시스템은 학교에서의 모든 순간을 '무대 위'의 순간으로 만들 수 있다. 교육용 로봇은 학생이 가까운 거리에 있을 때만 기록하도록 설정되어 있는가? 녹화 중이라는 표시를 제공하는가? 일부 소비자 단체로부터 장난감 로봇이 아이들을 감시한다는 불만이 제기되었다. 미 연방거래위원회에 제출된 탄원서에 따르면 '이 장난감은 목적과 디자인에 따라 개인정보의 수집, 사용 또는 공개에 제한 없이 어린 아이들의 사적인 대화를 기록하고 수집한다'는 약관이 장난감에 딸려 있었다. 다른 여러 서비스 약관과 마찬가지로 로봇과 어린이의 상호작용을 통제하는 약관은 의미 있는 보호를 거의 제공하지 않았다. 심지어 장난감 회사는 필요한 경우에는 언제든 약관을 개정할 수 있는 권리까지 갖고 있었다. 다시 말해, 오늘 존재하는 보호 장치가 내일은 사라질 수 있고, 앞에서 설명한 '무책임한 4명의 기수' 중 한 명에 의해 취소될 수 있다.

생체 인식 음성 지문은 신원 인증수단으로 큰 사업이 되었다. 소비자 보호 운동가들은 음성 데이터가 제대로 보호되지 않고 있으며 악의적인 의도를 가진 사람들이 해킹할 수 있다고 우려한다. 학교와 정부가 문제 아동을 식별하는 연령을 낮춰야 한다는 압박이 증가함에 따라 데이터 사용과 관련해 더 큰 위험이 우려된다. 최근 연구에 따르면 약 20%의 시민이 범죄의 81%, 병원 처방의 78%, 복지 혜택의 66%를 차지한다고 하는데, 이들 그룹은 두뇌 건강을 평가해 만 3세부터 예측할 수 있다고 한다. 특정 말투나 상호작용 패턴이 미래의 문제 행동을 특정 짓는다면 어떻게 될까? 그런 데이터에는 누가 접근할 수 있을까? 접근 후에는 어떤 조치를 할 수 있을까?

교육 환경에서 수집된 데이터는 학대와 같이 즉각적인 위험이 있는 경우를 제외하고 사용 범위를 교육 환경에 제한한 강력한 사례가 있다. 그것은 캘리포니아의 온라인 삭제법의 핵심 내용으로, 소셜 미디어에 남아 있는 18세 이전의 데이터를 삭제할 수 있도록 하는 것이다. 유럽 일반 데이터 보호 규정은 이런 '삭제권'을 여러 상황으로 확장한다. 이는 향후 에듀테크의 대상이 되는 학생의 권리에 대한 국제 표준이 될 것이다. 이런 보호 장치가 없다면 이미 여러 상황에서 위험성이 입증된 데이터 수집 장치를 신뢰해야 할까?

물론 이런 추적이나 평가를 피해 다른 방식의 학교를 찾을 수도 있다. 첨단 학교 교육을 위한 기술 인프라를 구축하는 실리콘 밸리 직원들은 정작 본인의 자녀는 첨단기술이 적용되지 않고 학생당 교사 비율이 높은 학교에 보낸다. 아직은 이런 이탈이 크게 보이지 않을 수 있다. 그러나 점차 많은 학생들이 지속적으로 추적되고 모니터링되기 시작하면, 이에 참여하지 않는 학생들은 의심스러운 존재로 보이기 시작한다. 학생들의 등급은 거의 보편적인 규율 체계가 되었다. 언젠가 친근감이나 주의력, 발전 가능성 등을 기준으로 학생들을 측정하는 종합 행동 기록이 쉽게 개발될 수도 있다.

에듀테크를 통한 감시의 종식이냐 개선이냐

감시에 대한 저항은 개혁과 거부 사이를 오가는 경향이 있다. 어떤 사람은 교육에 적용할 머신러닝의 개선을 원했고, 어떤 사람은 전면적인 폐지를 원했다. 현재 양측은 당면한 정책에 대해 한 목소리를 내고 있지만, 둘 사이에는 깊은 긴장감이 있다. 감시형 에듀테크를 개선한다는 것은 데이터와 알고리즘의 핵심을 조정하는 데 많은 사람의 헌신이 투입되는 것을 의미한다. 이를 없앤다는 것은 교육 개혁의 방향을 보다 인간 중심적으로 바꾼다는 것이다. 두 가지 방법 중 하나를 결정해야 한다면 각각에 대한 심층적인 검토가 필요하다.

학생과 교사에게 컴퓨터가 무작위로 장단점을 할당하는 것을 원하는 사람은 아무도 없다. 앞서 언급한 중국의 교실 관리 시스템에 의해 프로파일링된 일부 여학생들은 헤어스타일을 바꾼 후 다른 사람으로 인식됐다고 불평했다. 기술적 해결 방법은 간단하다. 참조 데이터 세트에 학생의 사진을 추가해 특징적인 움직임이나 얼굴 외의 부분에서 특징을 발견할 수 있다.

모든 학생을 정확하게 식별할 수 있다 해도 사람의 심리 상태와 얼굴 표정의 관계를 파악할 수 있을지에 대해 학자들은 강한 의문을 제기해왔다. 예를 들어, 한 심리학 연구팀은 주의력이나 산만함 같은 평가로 떠올릴 수 있는 정신 상태는 고사하고 모든 얼굴 표정이 특정 감정에 정확하게 일치하는 게 아니라는 것을 입증했다. 특정 감정이 항상 공통된 표정을 통해 전달되는 것이 아니기 때문에 얼굴로 전달하는 의사소통에는 한계가 있다. 게다가 데이터가 아무리 많다 해도 상황과 문화의 다양한 영향을 항상 염두에 두어야 한다. 방황하는 눈동자는 공상을 하거나 어떤 문제에 대해 깊이 생각한다는 신호일까? 사람도 판단하기 어려운 경우가 종종 있기 때문에 이런 상황을 데이터화해 기계에 제공하는 것에는 이미 약점이 내재되어 있다고 할 수 있다.

이에 굴하지 않고 감성 컴퓨팅 연구자들은 이제 둘 중 하나의 방향을 선택할 수 있다. 더 많은 리소스를 투입해 감정 식별 연구를 계속하거나 포기하는 것이다. 첫 번째 접근 방식은 데이터 대상에 대해 지속적으로 감정 상태에 대한 모니터링과 분석을 반복하면서 탐색을 늘리는 것이다. 아마존의 엠턱(mTurk, 데이터 작업 관련 크라우드 소싱 플랫폼) 연구원들은 HIT(인간 지능 작업)에 막대한 비용을 들여 더 까다롭고 침습적인 연구를 완료했다. 그러나 인간의 마음이 정말 투명할까? 비슷한 표현이나 태도를 가진 사람들로부터 추론할 수 있는 능력은 말할 것도 없고, 감정적 판단이 정확할 거라고 생각하는 이유는 무엇인가? 만약 연구비가 지원되지 않는다면 연구를 바로 중단할지 모른다. 그나마 자금을 지원받는다 해도, 근본적 진실보다는 뻔한 내용의 보고서가 나올지 모른다.

감정이나 주의력 인식의 정확성 부족에 대한 두 번째 대답은 아예 모든 것을 우회하는 것이다. 학교는 단순히 배출하고자 하는 인재상에 부합하는 품성을 기르는 것을 목표로 할 수 있다. 최악의 접근 방법은 표정과 행동을 점수로 환산해 탁월한 성과와 상관관계가 있는 행동을 데이터베이스화하는 것이다. 관리자들은 높은 점수를 얻을 수 있는 행동과 학생의 행동이 얼마나 일치하는지를 부모에게 알려줄 수 있다. 고등교육의 경우에는 연봉이나 학위 프리미엄이 목표가 될 수 있다.

학생들의 마음속에서 일어나는 일에 대해서는 관심이 없는 이와 같은 행동주의적 접근에는 여러 문제가 있다. 교육에서 정서적인 부분을 데이터화해 기분과 태도를 규정한다고 생각하면 끔찍한 일이다. 그러나 적어도 학생들이 어떤 정서적 삶을 추구하거나 수행해야 한다고 생각하는지 어느 정도는 알 수 있다. 순수 행동주의적 모델은 단편적 이해마저 포기하고 모방만 하도록 방치한다.

이쯤 되면 과연 이 게임이 가치가 있는 일인지 의문이 들 수밖에 없다. 모든 사람은 최소한 교실 내 돌봄이나 교육 로봇의 감시를 받는 학생들보다는 길게 무대 밖에서 감시받지 않는 시간이 필요하다. 집중력과 감정을 평가하는 소프트웨어는 과도한 자기 도구화를 조장한다. 우리는 모두 감정적 반응을 표현하거나 절제하거나, 발전시키거나 억누르는 방법에 대한 균형을 맞춰야 한다. 청소년기에는 이런 정서적 교육이 힘들 수 있다. 한나 아렌트(Hannah Arendt)가 말하는 어린이의 보호와 세상의 보호 사이에는 미묘한 균형이 있다.

학교는 아이들이 세상에 잘 적응하도록 만들어가지만 이상적으로는 한계가 있다. 너무 완벽하게 통제하면, 특히 비합리적이고 기계적인 방식으로 강요하면 그 스트레스는 엄청날 수 있다. 약간의 저항 행동이나 느슨함마저 처벌하면 자발성은 점점 약해진다. 또는 컴퓨터화된 시스템의 요구에 맞추기 위해 학생들이 점점 자신의 반응을 도구화하려고 할 것이다. 사회적 결속과 화합의 장점이 아무리 위대하다 해도 이런 경직된 질서는 자유에 대한 모독이다.

로봇 도우미를 위한 긍정적인 선택

규제기관이 데이터와 통제에 대한 탐욕스러운 자본주의적 욕구를 다스릴 수만 있다면 로봇 도우미는 교실에서 충분히 긍정적인 역할을 할 수 있다. 기술에 의해 통제당하는 학생이 아닌, 스스로 기술을 통제하고 활용하는 학생으로 사고의 틀을 전환하는 것은 매우 중요한 일이다.

영감을 주는 교육자는 단순히 학생을 디지털 환경에서 다른 곳으로의 길을 인도할 뿐만 아니라, 환경에 영향을 미치고 심지어 환경을 만드는 방법까지 보여준다. MIT의 저명한 교육 연구원인 세이모어 페이퍼트(Seymour Papert)는 1970년대에 이런 교육의 초기 버전을 제공했다. 그는 학생들이 스스로 프로그래밍 방법을 학습할 수 있는 프로그램을 개발했다. 페이퍼트 로봇은 어려서부터 기계와 소통하며 기계가 일을 하게 만드는 컴퓨터 언어의 힘을 깨닫는 신의 선물일 것이다.

가난한 아이들은 너무 일찍부터 행동주의적 교육 모델을 따르는 관료적 통제 장소로서의 학교를 경험한다. 운이 좋다면 언어적, 사회적, 활동적, 양적으로 본인이 원하는 기술을 탐색할 수 있는 다양한 인지적 습득 기회가 충분할 것이다. 이런 기회는 모두가 누릴 수 있어야 하고 기술이 그것을 도울 수 있다. MIT에서 개발한 드래곤봇은 귀여운 드래곤 모양 인형에 스마트폰 얼굴을 장착한 단순한 모양의 로봇이다. 이 로봇은 단어나 그림을 선택할 수 있는 태블릿 장치와 연결되어 학생들과 상호작용을 한다. 로봇과 태블릿은 인터넷으로 연결되어 있고 즉각적인 반응을 주고받을 수 있다.

드래곤봇은 아이들에게 수업 내용을 보여주고 아이들의 대답과 반응을 평가할 수 있다. 또한 아이들에게 무언가 가르쳐 달라고 거꾸로 요청할 수도 있다. 예를 들어 태블릿 화면에 다섯 개의 단어 중 '드래곤'에 해당하는 단어를 찾으라는 질문을 하고 정답을 맞히면 격려를 해줄 수 있다.

어떤 사람들은 아이들이 공부할 때는 숙련된 교사나 부모가 모든 학습 활동에 참여해야 한다고 믿는다. 그리고 청소년기 내내 선생님과 부모가 함께 있기를 바란다. 그러나 아이들은 스스로 자율성과 통제력을 발달시키기 위해서는 어른으로부터 분리되어야 한다. 드래곤봇이 이런 기회를 마련해줄 수 있다. 재미있고 스마트한 장난감은 일과 놀이의 경계를 허물 수 있다. 긍정적인 상호작용을 통해 남녀노소 모두의 관심을 집중시키는 공통의 관심사가 될 수 있다.

가르침을 통한 학습은 교육 로봇에 되풀이되는 주제이다. 예를 들어 프랑스 대학의 컴퓨터-인간 상호작용 학습 및 교육연구소 연구원들은 아이들이 로봇에게 글자를 올바르게 쓰는 방법을 가르치게 했다. 프로그래머는 의도적으로 로봇이 처음에는 글자를 서투르게 쓰다가 점점 발전하게 하며 아이들이 로봇을 가르치는 데 자부심을 가질 수 있게 했다. 로봇은 학생들에게 영감을 주며 선행 학습을 강화할 수 있다. 잘 만들어진 교육용 장난감은 로봇을 통해 아이들에게 권한을 부여하는 느낌을 줄 수 있다.

로봇은 또 기계에 대한 친밀감이나 우정, 애정 같은 감정을 일으키게 할 수 있고, 이 때문에 상황이 다소 복잡해진다. 로봇 학습 도우미에 대한 올바른 태도는 무엇인가? 로봇 친구를 끌어안거나 기대감이 가득한 눈빛으로 바라보는 아이들의 모습은 친근하게 보이기도 하고, 낯설게 느껴질 수도 있다. 드래곤봇에서 스마트폰을 꺼내면 아이들이 좋아하는 보통의 인형일 뿐이다. 그러나 옛날 장난감은 아이들의 표정을 분석하거나 반응에 대한 출력을 조정할 수 없었다. 교육용 로봇 장난감은 주체와 객체 사이의 경계 공간을 차지하고 있으며, 우리는 부모와 교육자, 정책 입안자로서 이를 어떻게 정의하고 다뤄야 하는지 결정해야 한다.

이를 매우 잘 정의하는 것은 쉽지 않다. 이것이 로봇 수업에서 드래곤 또는 포켓몬 같은 상상 속 동물보다 휴머노이드가 더 나은 방법인 이유 중 하나이다. 매우 실용적이고 간단한 한 가지 교훈은 아이들에게 학대하지 말라고 가르치는 것이다. 한국 연구원들은 아이들이 쓰다듬으면 눈을 깜빡이고 팔을 흔드는 로봇 거북이 쉘리(Shelly)를 개발했다. 쉘리는 아이들이 때리면 껍질 속으로 들어가 한동안 나오지 않는다. 실제 동물처럼 행동하는 생체 모방 로봇 분야가 성장하고 있는 가운데, 쉘리는 로봇과 아이들이 상호작용하는 상품 형태를 제안한다. 요양원의 로봇 물개 파로처럼 로봇 거북이나 강아지가 아이들의 반려동물을 대신할 수 있다. MIT 로봇 윤리학자 케이트 달링(Kate Darling)은 "로봇을 동물처럼 대하는 것은 통제가 필요한 행동을 억제하는 데 도움이 될 수 있다"고 말했다. 예를 들어, 약간의 상호작용이 필요한 로봇을 통해 기본적인 돌봄의 윤리를 배울 수 있다. 1990년대 일본 게임기 다마고치는 버튼을 누르면 디지털 애완동물에게 먹이를 주는 감성을 활용한 장난감이다. 로봇은 낮은 레벨에서 시작해 시간이 지남에 따라 점점 더 실제 동물에 가까워진다.

어떤 부모는 자녀에게 잘 알지 못하는 로봇을 야생동물처럼 내버려두라고 가르칠지 모른다. 기계와 생물의 구별도 분명히 해야 한다. 하물며 거북이 쉘리조차 아이들에게 실제 파충류를 다루는 방법을 오해하게 할 위험이 있고, 인간의 욕망에 따라 환경을 마음대로 바꿀 수 있다는 비현실적인 기대를 하게 한다. 셰리 터클(Sherry Turkle)은 자신이 쓴 책 『나홀로 함께』에서 한 소녀가 박물관에 전시된, 꼼짝 않고 있는 거북이를 지루하게 보다가 그냥 지나치는 것을 보고 깜짝 놀랐다. 그 소녀는 "저 거북이를 보니 살아 있는 거북이를 가질 필요는 없겠다"고 말했다. 어떤 아이들은 활발하게 움직이는 로봇 동물이 더 좋다고 말했다. 터클은 "거북이 대신 로봇을 선택한 이유가 거북이가 살아 있는 거 같지 않아 보이기 때문이니?" 하고 물었다. 아이들은 머뭇거렸다. 터클은 아이들이 따분한 현실보다 재미있는 환상을 더 좋아한다고 걱정했다.

동물 모양의 로봇이 인간을 흉내낸다면 동물의 비유 또한 흔들릴 것이다. 법학자인 마고 카민스키(Margot Kaminski)는 로봇이 기만적인 의인화를 통해 기계가 감정을 느낀다고 생각하게 할 수 있다는 점을 걱정한다. 영리한 마케터는 인공적인 사람의 진심어린 호소로 포장해 마케팅 홍보를 위장할 수도 있다. 앞으로 수십 년 동안 보게 될 수많은 로봇은 수백만 년을 걸쳐 만들어진 진화의 산물이 아니다. 대체로 특정 비즈니스 모델을 갖고 있는 기업에서 개발한 것이다. 이들은 마케터와 미래의 고용주, 보험사 등을 통해 전달되는 데이터로 만드는 다양한 형태의 컨텐츠에 비용을 지불하는 주요 인터넷 기업의 비즈니스 모델을 따르게 될 것이다. 반려견이 대학 입학 지원서에 학생들의 행동을 보고하지는 않는다. 그러나 로봇은 그렇게 할 수 있을지 모른다.

어린 아이들이 로봇과 상호작용을 할 때 이런 위험을 고려하는 것이 어렵다는 것을 알게 될 것이다. 그리고 수많은 경고에도 에듀테크 회사들이 휴머노이드 로봇에 대한 투자를 고집한다면, 그들의 숨겨진 커리큘럼, 즉 그들이 전달하는 모든 미묘하고 암묵적인 교훈과 편견에 대해 깊이 생각해봐야 한다. 시리(Siri)나 알렉사(Alexa) 같은 인공지능 비서의 기본 음성을 여성의 목소리로 만든 것은 구시대적이고 차별적인 성 역할을 강화시킬 수 있다. 왜 도우미 로봇이 여성이라고 가정하는가? 기술 분야에서 인종을 표현하려면 해당 커뮤니티의 의견이 필요하고, 이상적으로는 커뮤니티가 이를 주도해야 한다. '우리가 없다면 우리에게는 아무것도 없는 것이다'라는 말은 미디어에서와 마찬가지로 로봇 공학에서도 좋은 모토이며, 여러 기술 회사의 다양성 부족에 대한 깊은 우려를 일깨워준다. 기업은 부정적인 고정관념의 실라(Scylla)와 '모범적 소수자'를 이상화하는 차리비스(Charybdis)를 피해야 한다. (실라와 차리비스는 해협의 양쪽 끝을 지키는 그리스 신화 속 괴물. 차리비스를 피하려다 실라에게 잡아먹히는 선원들에 비유함) 선도적인 AI와 로봇 기업이 이런 문제를 민감하게 다룰 것이라는 근거는 없다.

첨단 교육기술과 저개발 국가

이제 AI와 로봇이 지배하는 학교는 교육의 몇 가지 핵심 목표 중 일부는 증진시킬 수 없다는 게 분명해졌다. 하지만 인간 교사가 없다면 어떻게 될까? 지금까지는 국제 표준에 따라 산업화되고 소득 수준이 중간 이상인 환경에서의 로봇과 첨단 교육기술에 대해 조사했다. 주요 비교 대상은 교육 수준이 높은 유능한 교사가 근무하는 전통적인 미국과 중국, 일본, 유럽의 교실이었다. 이런 유형의 교육은 현실적인 자원의 제약이나 무능한 거버넌스로 인해 보편적으로 모두가 이용할 수 있는 것은 아니다. 부유층은 우수한 교육 서비스를 받을 수 있지만, 저개발 국가의 가난한 아이들은 양질의 교육을 받지 못하는 경우가 많다. 어떤 지역에서는 교사를 위한 공공 지원금이 전혀 없기도 하다.

이런 불평등은 모든 어린이에게 노트북을 지원하는 니콜라스 네그로폰테(Nicholas Negroponte) 캠페인에 영감을 주었다. 또한 전 세계의 교실(또는 빈곤층 가정)에 교육용 로봇을 보급하는 자선 활동에도 자극이 되었다. 어린 시절의 교육은 매우 중요하다. 예를 들어, 일정 시기가 지나면 언어를 배우는 것이 훨씬 어려워진다. 기초적인 언어와 수학 교육 기능만 갖춘 조잡한 로봇이라 해도 전 세계 어린이에게는 특별한 선물이 될 수 있다.

그러나 우리는 이런 개입의 한계도 인정해야 한다. 기술은 공정한 경쟁의 장으로 알려져 있지만, 때로 기존의 불균형을 악화시키는 경향이 있다. 컴퓨터공학자이자 국제개발 연구원인 겐타로 도야마(Kentaro Toyama)는 혁신의 확산에 대한 연구를 바탕으로 교육기술에는 항상 최신 버전이 있다고 강조한다. 그는 다음과 같이 도발적으로 지적한다.

정치적으로 영향력 있거나 부유한 부모는 자녀를 위해 최고의 하드웨어를 확보하겠지만, 가난하고 소외된 가정의 자녀는 수리가 필요한 구형 모델을 이용하게 될 것이다. 그러나 기술은 명시적이든 암묵적이든 더 큰 사회의 의도를 증폭시킬 것이다. 게임처럼 만들어진 전자 교과서나 교육용 휴머노이드 로봇 또는 기타 다른 새로운 기술도 마찬가지다. 공정하고 보편적인 교육 시스템에 기여하는 데 관심이 있다면 새로운 기술이 능사는 아니다.

가상현실에서 휴머노이드 로봇 교사에 이르기까지 도야마가 제시한 사례는 공상적으로 느껴질 수 있다. 그러나 원격 로봇 교사가 시험 중에 있고, 전 세계 교육 격차에 대한 해결책으로 쉽게 홍보될 수 있다.

도야마의 통찰은 저개발 국가의 교실에 첨단 교육기술을 도입할 때 주의해야 함을 일깨워준다. 아프리카에 기부하는 의류가 현지의 산업을 훼손시킨다는 우려는 이미 널리 알려져 있다. 저소득층 학생을 위한 교육의 로봇화가 결과적으로 교사라는 직업을 평가절하하게 만드는 문화적 관념은 어떻게 강화할 수 있을까? 팔로 알토나 런던, 워싱턴 DC에 있는 기업과 NGO에서 인도 어린이들을 위해 선택한 수업이 지역 사회의 관심에서 벗어나는 일은 아닐까? 역사나 정치에 대해 누가 가장 좋은 정보를 제공할 수 있을까?

이 모든 질문에 공정하게 대답할 수 있는 탄력적인 거버넌스 구조를 만들기 전까지 우리는 교육의 자동화에 대한 초국가적 투자에 신중해야 한다. 인도의 관리들은 이미 무료 인터넷 접속을 제공하는 대신 접속할 수 있는 사이트를 페이스북이 통제하는 페이스북 베이직이라는 서비스를 거부한 적이 있다. 그들은 무언가를 갖는 것이 온라인에서는 수백만 명의 가난한 시민들에게 아무것도 없는 것보다 더 나쁘다고 믿었다. 첨단 교육기술에서도 동일한 현상이 나타날 수 있다.

행동주의에 대한 새로운 저항

프레드릭 테일러(Frederick Taylor)는 조립 라인에서의 시간 동작을 연구해 제조업에 혁신을 일으켰다. 그는 작업자의 움직임을 기록하고 효율성을 측정한 후 수정할 부분을 표시했다. 노동 효율의 최적화에 대한 테일러주의자의 꿈은 로봇화의 서막을 열었다. 어떤 작업을 수행하는 최적의 방법을 발견하면 그 작업을 인간이 계속할 이유가 없다. 테일러주의(Taylorism)는 동물 훈련을 연상시키는 처벌과 강화의 조합을 사람에게 적용하려고 했던 행동주의 심리학파와 맥락을 같이 한다.

데이터 기반 예측 분석의 등장으로 행동주의가 새로운 트렌드로 자리 잡게 되었다. 실리콘 밸리 e-러닝 회사의 최고 데이터 과학자들은 "우리가 하는 모든 일의 목표는 사람의 행동을 규모에 맞게 바꾸는 것이다. 우리 앱을 사용할 때 사람들의 행동을 포착하고, 좋은 행동과 나쁜 행동을 구별하며, 좋은 것에 대해 보상하고 나쁜 점을 지적하는 방법을 개발한다. 우리의 신호가 고객들에게 실행 가능한 것인지, 우리에게 얼마나 이익이 되는지 평가할 수 있다"고 말한다. 에듀테크 혁신가들은 방송 교육, 컴퓨터화된 복잡한 평가 도구, 학생들의 부정행위를 막는 360도 감시 카메라 등을 통해 교육비를 대폭 절감할 것을 약속한다.

이 새로운 행동주의는 이미 몇 가지 실패를 경험했다. 어린이를 대상으로 하는 온라인 차터 스쿨에서 180일 동안 수학 과목에 대한 학습이 전혀 이루어지지 않았다는 연구 결과가 있다. 한때 유명했던 유다시티(Udacity)와 캘리포니아 산호세 주립대에서도 일반 과정보다 훨씬 높은 낙제율을 보였다. 사생활 침해와 엄격한 규율에 대한 불만이 많았다. 가상 차터 스쿨은 홈스쿨링을 하는 학생을 위한 온라인 콘텐츠를 제공하며 최소 30만 명 이상의 미국 학생들을 가르쳤다. 그러나 상당수 학생들의 성취도가 별로 좋지 않았다. 심지어 사이버 차터 스쿨에서 180일 간 학습한 후에 평가한 성취 결과가 일반 교실에서

0일 동안 학습한 것과 같은 경우도 있었다. 교육적 성취가 전혀 없었던 것이다. 마찬가지로 여러 온라인 고등교육 기관들이 낮은 취업률과 파행적 수업, 심지어 사기 소송에 시달리고 있다.

오드리 워터스(Audrey Watters)의 설명에 따르면 이 같은 실패는 놀라운 일이 아니다. 1930년대에도 에듀테크 전도사들은 라디오 수업이 교사를 대량으로 대체해 마침내 교육 과학을 가능하게 할 것이라고 선언했다. 행동주의자들은 위에서 언급했던 사탕 기계 같은 학습 기계가 교육의 효율성을 근본적으로 향상시킬 수 있을 거라고 예측했다. 수년 동안 워터스는 가상현실 교실에서 영화 '매트릭스'에서와 같은 뇌 자극을 통한 즉각적인 학습에 이르는 에듀테크의 꿈과 미래를 백과사전처럼 편집했다. 이런 개입으로 실제 학습이 발전한다는 증거는 거의 없지만, 교육의 틀을 파괴하고자 하는 일부 앱의 약속은 이 분야에 수십억 달러를 쏟아 부은 투자자들에게 거부할 수 없는 매력이었다.

언젠가는 이런 개입이 일부 학생들에게 성공할 수도 있다. 그러나 누가 그들에게 믿을 만한 안내자가 될 수 있을까? 일부 에듀테크 산업 자금지원 출판물은 자체 가이드를 제작하고 있고, 업계에서는 자체 형식의 인증과 온라인 검토 시스템을 원하고 있다. 그러나 여기에는 몇 가지 심각한 문제가 있다. 첫째, 어떤 것이 효과 있는지 결정하는 것은 복잡한 과정이며 조작하기가 쉽다. 둘째, 동일한 투자자가 에듀테크를 만드는 사람과 평가하는 사람 모두를 지원할 수 있다. 이런 상황은 내재적 이해 상충을 일으키며 연구 결과를 편향적으로 바꿀 수 있다.

비영리 교육 서비스인 칸 아카데미의 성공을 계기로 열성적인 지지자들은 현재 등록금보다 적은 돈으로 대학 교육을 받을 수 있을 거라는 생각에 들떠 있다. 모든 강의를 녹음하고, 학생들의 평가를 자동화하며, 블록체인으로 기록된 성적표를 들고 전 세계 학생들을 초대한다. 카메라와 키보드, 햅틱 센서를 연결해 상호작용을 강화할 수도 있다. 머케니컬 터크나 타스크래빗 같은 디지털 플랫폼을 통해 예비 교사들에게 문자를 보낼 수도 있다. 시험에 부정 행위가 없다는 것을 증명하고 싶으면 카메라로 모든 움직임을 녹화하고 키보드 입력을 기록하면 된다. 심지어 눈동자와 얼굴 표정까지 녹화할 수 있다.

이런 전망에는 몇 가지 분명한 모순이 있다. 과외 활동이나 세미나, 인턴십 경험을 온라인으로 옮기는 방법은 아직 명확하지 않다. 전통적인 기숙형 대학에서는 긴축이라는 이데올로기에 따라 학습 개선에 대한 약속보다는 비용을 줄이는 게 우선이기 때문에 이에 대한 불만이 많다. 교육에 대한 자동화 측면에서 문제가 되는 것은 지식의 생산과 보급에 대한 것이 얼마나 축소되었는가 하는 것이다. 철학과 역사, 심리학 강의에는 하나의 최종 버전이라는 것이 존재하지 않는다. 이런 주제는 연구와 학문적 대화, 시대 변화에 따라 때로는 빠르게 진화한다. 실험 철학이나 합리적 선택 모델의 등장을 좋아하지는 않지만, 철학과나 정치학과 같은 자율적인 학과들이 이런 방향으로 나아갈 수 있도록 하는 다원성의 조건은 존중한다. 대안으로는 파이데이아(Paideia, 고대 그리스의 폴리스에서 감당할 수 있는 육아와 교육의 이상적인 숫자)를 따라하는 것이다. 졸업생들의 진로에 대한 빅 데이터 분석에 근거해 일부 중앙 행정기관이 형이상학자, 공리주의자, 의무론자들의 강의 시간을 배분하는 것이다.

과학, 기술, 공학, 의학 과정에서도 통찰력의 역할을 무시해서는 안 된다. 컴퓨터공학 입문 같이 알고리즘으로만 구성된 강의도 강사에 따라 혁신적인 내용으로 바뀔 수 있다. 예를 들어 하비머드대학 교수들은 특정 분야에서의 성별 격차를 해소하기 위해 접근 방식을 크게 변화시켰다. 이런 변화는 교수와 학생 간의 상호작용으로 발생하는 발전이다.

인도주의 교육

학습과 교육의 데이터화는 여러 문제를 일으켰다. 그러나 교육 분야에서 AI를 배제하는 것은 어리석은 일이다. 거의 모든 분야에 걸쳐 뛰어난 온라인 교육 자료들이 있다. 빅 데이터는 분석가들이 효과적인 학습 전달법을 연구해 학습 과학이라는 것을 발전시킬 수 있었다. 이제는 대학 교육의 꿈을 꾸지 못했던 학생들이 강의에 참여하고 첨삭이 가능한 연습 문제도 풀 수 있게 되었다. 진짜 문제는 교육 분야에서 AI의 잠재력을 어떻게 실현하는가이다.

해답은 교육의 본질을 다시 생각하는 데에 있다. 다른 직업과 마찬가지로 교육은 단순히 정보를 전달하는 것만의 문제가 아니다. 전문가들의 임무는 학습에 대한 개입 효과를 평가하는 것만으로 끝나지 않는다. 여기서의 성공은 명확하고 정량화할 수 있는 지표로 정의된다. 학생들은 단순히 메시지를 흡수하고 생성하는 존재가 아니라 인격체로서 어떻게 행동하는지에 대한 지침이 필요하다. 그렇지 않다고 생각하는 것은 사회를 스키너의 미끄러운 경사면 위에 올려놓는 것이다. 교육을 강력하게 규정된 반응에 대한 자극으로 인식하는 것이다.

물론 예외적인 경우도 있다. 교외에서 생활하는 장애 학생들은 홈스쿨링을 원할 것이다. 학교에 가는 것만으로도 그들과 가족에게는 큰 부담이 될 수 있다. 심지어 온라인 교육비마저 큰 부담이 될 수 있다. 그러나 우리는 계속 질문해야 한다. 부모가 자녀의 교육에 대해 중등 이후 학생에게 자신의 길을 찾도록 많은 재량권을 부여받지만, 자동화된 콘텐츠 제공자들이 난무하는 거친 서부 같은 이곳에서 과연 현명하게 이를 실행할 수 있을까? 일반적인 부모에게는 에듀테크가 환자들이 의학 관련 소송을 하는 것과 같은 상황일 수 있다. 환자는 그 분야에 대해 잘 알지 못하고 의료 전문가에게 의존할 수밖에 없다. 따라서 우리는 학교와 대학의 교육 전문가들에게 지속적으로 중요한 역할을 기대할 수밖에 없다.

더글라스 러쉬코프(Douglas Rushkoff)는 그의 저서 『프로그램하거나 프로그램당하거나』에서 인터넷에 대한 교육적 희망과 불편한 현실 사이의 거리를 지적한다. 러쉬코프는 디지털 인터페이스의 지배력이 높아지면서 학생들이 극명한 선택의 기로에 놓이게 되었다고 말한다.

"고도로 프로그래밍된 새로운 환경에서 당신은 소프트웨어를 만들거나 소프트웨어가 될 것이다. 매우 단순하다. 프로그램을 만들거나, 아니면 프로그램당한다. 전자를 선택하면 문명의 제어권에 접근할 수 있다. 후자를 선택하면 그것은 당신이 할 수 있는 진정 마지막 선택이 될 수 있다."

그는 특히 패스트푸드적 사고방식에 의한 질문에 실망하고 있다. 정보를 찾기 위해 구글링만 하는 반사적 행동은 지식이 어떻게 확립되고 정리되는지 정확히 알고 싶어 하는 사람들과 단순히 질문에 대한 빠른 답변만 원하는 사람들 사이에 문화적 간극을 넓힌다.

예를 들어, 러쉬코프는 "수업을 위해 세계의 풍부한 정보에 접근하기를 고대하던 교육자들은 위키피디아에서 답을 찾는 것으로 만족하는 학생들과 마주하게 된다"고 말한다. 이것은 위키피디아가 교육 분야에 설 자리가 없다는 것을 말하는 것이 아니다. 종종 유용한 기초 정보를 제공하는 것은 분명하다. 또한 자원 봉사자들이 대규모 프로젝트에 기여하는 방법과 원칙에 대한 갈등이 해결되는 방법 등 지식 생산에 대한 관료 정치에 중요한 교훈을 제공한다. 위키피디아에서 배우는 것은 미디어 활용 능력을 키우는 방법이다. 그러나 무비판적으로 받아들이는 것은 현명하지 못한 일이다. 특히 검색 결과나 뉴스 피드와 같이 알고리즘으로 배열된 정보에 대해서는 더욱 주의해야 한다. 이런 정보는 항상 어떤 의제를 반영하고 있는 것인데 언뜻 보기에는 객관적으로 보일 수 있다.

러쉬코프의 비평은 교육에서 AI와 로봇을 규제하는 데 있어 디지털 기술에서 이미 입증된 문제는 피하자는 의제를 제시한다. 학생들은 자신이 사용하는 기술을 기술적인 측면뿐만 아니라 기술 제공자의 목표 및 재정적 인센티브 평가 같은 비판적인 관점에서도 완전히 이해하지 못한다는 우려가 널리 퍼져 있다. 디지털 네이티브에 대한 대중적 논의에도 디지털 문맹에 대한 여러 증거가 만연해 있다. 강의와 시험, 캡스톤 프로젝트, 에세이는 물론 사람이 주도하는 실습과 소프트웨어가 주도하는 수업 사이에서 새로운 균형을 찾기 위해서는 많은 실험과 파일럿 프로그램이 필요하다.

레고는 1990년대 초반에 마인드스톰 브릭을 판매해 아이들에게 기술 환경의 유연성을 이해할 수 있게 했다. 학생들이 로봇을 인위적인 부모나 교사, 간병인, 친구로 이해하기보다는 더 큰 기술 환경의 유용한 부분으로 이해하는 데 도움이 될 수 있다. 새로운 학습 모델의 생산적인 배포는 교육자를 포함한 다양한 도메인 전문가와 기술자의 통찰력 사이에서 균형을 이루는, 인간적이고 잘 분업화된 자동화에 달려 있다.

디지털화에 대한 경제적 압박을 완화하기 위해 정부는 대학이 부채 부담을 줄이는 동시에 조교와 교육기술자들에게 공정한 임금을 지급하도록 도와야 한다. 유사한 역학 관계가 초등학교와 중등학교 정책에 정보를 제공하고 교사에 대한 교육을 장려해 교사가 위로부터 기술을 강요받는 것이 아니라, 교실에서 기술을 사용하는 데 있어 완전한 파트너가 될 수 있도록 해야 한다. 단체교섭 협약과 법적 보호는 노동조합 근로자들에게 기술 채택 방식을 포함해 노동 조건을 개선하는 데 도움을 준다. 노동조합은 교사가 직무에 대한 기본적 권리를 갖도록 했으며 앞으로는 AI와 로봇이 교실에 보급되는 방식에 대해 교사가 체계적으로 참여할 수 있는 권리를 부여해야 한다.

이와 같은 근로자 자치에 대한 이상은 전문직의 경우 진전이 더욱 빠르다. 전문직 종사자들은 오랫동안 자신의 업무 조건을 설정할 권리와 의무를 주장해왔다. 의사는 정치인들에게 자신들의 전문성과 역할을 인정받고 의료계를 구조화하기 위한 권한을 행사할 수 있도록 로비를 벌여왔다. 의사들은 의료 자격 인증을 위해 주정부가 승인한 면허위원회를 운영한다. 또한 규제기관에서 허용하는 약물이나 장치, 테스트 종류를 결정하는 중요한 역할을 담당한다.

교육용 로봇의 채택에 대해 교사가 결정적인 역할을 할 수 있는 교육기술

기관(ETA)이라는 것이 가능할까? 가능하다. 세계 의약품 규제기관이 의약품의 효과에 대한 논쟁으로 발생하는 복잡성에 대해 도움을 준 것처럼, 국가는 ETA가 앱이나 챗봇, 에듀테크 시스템과 혁신을 평가하고 라이선스를 부여하도록 권한을 줄 수 있다. 이상적으로는 학교와 학생들이 다양한 선택을 하도록 권한을 부여받은 교육 전문가들을 보완할 것이다. 인간적인 미래를 보장하기 위해서는 초중고 단위에서 교육의 기계화, 표준화, 협소화 경향을 견제할 수 있는 강력한 교육 전문가가 필요하다. 다음 장에서 논의할 자동화된 공공 영역에서 조작된 콘텐츠가 확산됨에 따라 비판적 사고는 더욱 중요해질 것이다.

4장

자동화된 미디어의 외계 지능

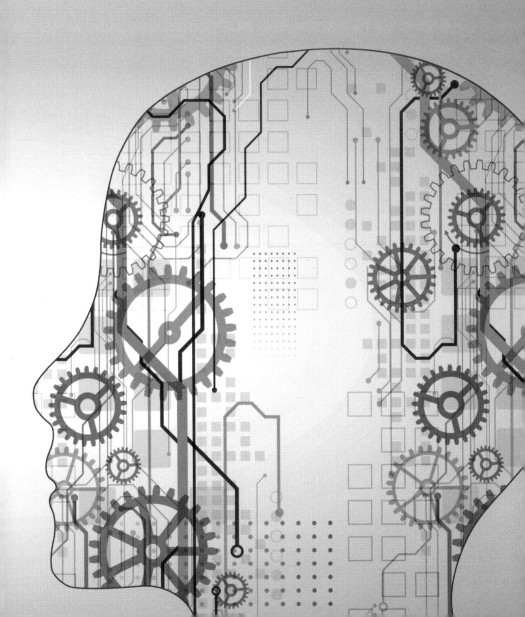

The Alien Intelligence of Automated Media

매스미디어가 주도하는 정치와 문화의 기본적인 모습은 20세기 후반까지 천천히 발전하다가 1990년대 중반부터 급격히 변화했다. 과거 신문 편집자와 지역 뉴스 방송 제작자가 맡았던 역할을 소프트웨어 엔지니어가 하고 있다. 이들은 끊임없이 변화하는 알고리즘으로 선별된 콘텐츠와 광고를 선택한다. 알고리즘의 자세한 내용은 비밀이지만 대략적인 모습은 명확하다. 사용자들이 사이트에서 보내는 시간과 참여도를 광고 수익으로 연결하는 최적의 조합을 찾아내는 것이다. 인터넷 대기업이 기존 미디어로부터 광고 수익을 창출하기 시작하면서 세계 최대 기업으로 성장하고 있다. 대부분의 광고주는 특정 콘텐츠를 원하는 것이 아니라 잠재 고객을 원하는 것이며 빅테크가 그것을 제공한다.

거대 기술 플랫폼은 경제적 주체 그 이상이다. 그들은 정치와 문화에 영향을 미치며, 아무리 복잡한 지표를 사용해도 현실을 부분적으로밖에 파악할 수 없다. 커뮤니케이션 학자들은 검색의 게임에서부터 대대적인 조작에 이르는 디지털 플랫폼에서 발생하는 다양한 형태의 편향성을 기록해왔다. 이런 우려는 2016년 미국 대통령 선거와 영국의 브렉시트 국민 투표에서 두드러지게 나타났다. 두 경우 모두 특정 통계 집단만 볼 수 있는 선동적인 흑색광고에 대한 충격적인 내용을 담고 있다. 강력한 우익 방송에서는 신뢰할 수 없는 정보를 내보냈다. 정치적인 의도를 가지고 이익을 추구하기 위해 거짓 정보를 제공하는 사람들이 많아졌다. 필립 하워드가 '거짓말 기계'라고 부른 이들은 근거 없는 허위 사실로 힐러리 클린턴을 공격했다. 플랫폼 기업은 사람들이 스토리를 클릭한 이유나 정보의 사실 여부보다는 그 스토리를 클릭했다는 데 더 관심이 있었다. 지금에 와서야 모두 조작되었음이 드러나고 있지만, 사업상 비밀 유지로 인해 공개적인 조사를 받지 않는다.

아무런 음모가 없더라도 선전과 거짓말, 선정성은 번성하게 된다. 영리를 목적으로 하는 콘텐츠 제작자에게 페이스북의 유일한 진실은 독자들의 클릭과 광고비 지불이다. 정치학자들은 2016년 2차 미국 대선 토론회 기간 동안 작성된 트윗 중 수만 건이 봇으로 만든 것이라고 추정한다. 봇은 여러 가지 기능을 제공한다. 가짜 뉴스를 홍보할 수도, 리트윗을 반복하며 해시태그 검색 상위에 노출되게 할 수도 있다. 해시태그를 하찮은 게시물로 가득 채워 #BlackLivesMatter 같은 대중의 진정한 메시지조차 기회주의적인 마케터가 만들어내는 노이즈처럼 보이게 할 수도 있다.

공공 영역에서 자동화에 대한 이와 같은 위기는 그 양상이 너무나 다양하고 혼란스럽기 때문에 체계적인 공동 대응이 절실하다. 이번 장에서는 세 가지 문제를 살펴볼 것이다. 첫째, 커뮤니케이션의 실체를 파악할 수 없는 AI는 극단주의자나 사기꾼, 범죄자들의 표적이 되기 쉽다. 전문지식과 권한을 가진 인간의 개입만이 이런 피해를 감지하고 막아낼 수 있다. 둘째, AI에 의해 강화된 플랫폼은 그들의 문제를 폭로하는 언론매체로부터 관심과 수익을 빼앗고 커뮤니케이션 채널 정복에 방해가 되는 요소를 없앤다. 이런 파괴적인 반복의 고리를 멈추기 위해 온라인 미디어 경제는 획기적인 변화가 필요하다. 셋째, 내부를 알 수 없는 AI는 새로운 미디어 환경이 어떻게 구축되고 있는지, 심지어 우리와 상호작용하는 계정이 실제 사람인지 로봇인지조차 인지할 수 없음을 의미한다. 온라인 계정을 인간이 운영하는지, AI가 운영하는지 여부를 공개하는 것을 포함하는 속성이 핵심이다.

새로운 로봇의 원칙은 이런 모든 위협을 이해하고 대응하는 데 도움이 된다. 공공 영역에서의 자동화를 개혁할 수 없을 수 있다고 이야기한다. 미디어의 유통이 자동화되면 기본적인 가치에 대한 사회적 합의를 유지하기 위해 커뮤니케이션을 구조화하는 새로운 방법이 필요하다. 마크 안드레예비치(Mark Andrejevic)의 연구에서 알 수 있듯, 자동화된 미디어는 자치에 필요한 시민의식에 중요한 도전을 한다. 이런 우려는 고전적인 필터 버블(소셜 미디어 기업의 알고리즘으로 제공받는 정보에 의존해 정보를 편식해 개인의 편견이나 고정관념을 강화함) 문제를 넘어 새로운 미디어의 개선이 공공 영역에서 실질적인 의미를 갖기 위해 필요한 사고 습관으로 확장된다.

새로운 로봇의 원칙은 미디어의 정치 경제도 다루고 있다. 첫 번째 원칙은 언론인의 지위를 유지하는 정책을 권하는 것이다. AI가 언론을 대체하는 것이 아니라 언론인을 돕는 도구로 보는 것이다. 콘텐츠 관리자가 소셜 미디어 환경에서 AI를 확실하게 감독하기 위해서는 교육과 급여, 근무 조건에 대한 처우를 개선해야 한다. 저널리즘이라는 오래된 직업과 미디어의 자동화 결과로 만들어진 새로운 직업에 자금을 지원해 온라인에서 관심을 끌기 위한 디지털 무기 경쟁에 나서야 하는 출판사의 부담을 줄이는 것이다. 이번 장 후반부에서는 유튜브와 페이스북 같은 플랫폼에서 정치와 정책을 이해하고 참여하는 데 도움을 주는 실질적 책임이 있는 사람들에게 자금이 이동하게 하는 방법을 살펴볼 것이다.

이것은 부분적으로는 자동화된 공공 영역이 조장하는 새로운 권위주의 때문에 매우 어려운 일이 될 것이다. 일부 국영 언론과 인터넷 규제기관은, 심지어 겉으로 민주주의를 표방하는 국가에서도 더 이상 회복될 수 없을 정도로

망가져 있다. 그러나 이는 곧 권위주의에 굴복하지 않는 관할권에서 미디어 보호 프로젝트가 더욱 시급하다는 것을 의미한다. 그리고 힘겹게 대안 미디어 생태계를 구축하는 사람들은 새로운 로봇의 원칙에 대한 고민을 통해 필요한 것을 찾을 수 있다.

대규모 온라인 중개업체의 정치, 경제, 문화적 실패는 질책받아 마땅하다. 이들 기업을 규제하기가 어렵고 복잡하다고는 하지만, 유럽은 이미 일부 공공 영역의 자동화에 대해 인도적이고 포용적으로 통제할 수 있음을 보여주었다. 이와 같은 경험을 통해 현재 우리 삶에 영향을 미치는 가장 만연한 형태의 AI, 즉 미디어 자동화에 대한 보다 광범위한 규제 프레임워크를 개발할 수 있다. 그리고 알고리즘 시스템에 공급되는 데이터의 감시와 시스템의 작동을 제어 권자에 귀속시키는 개념을 기반으로 한 책임자 체제는 AI 규제에 영향을 미쳐 야 한다.

사람을 죽이는 언어

자동화된 미디어는 규제 당국에게 그저 유감스러운 주제처럼 보일 수 있다. 미디어는 수술 로봇이나 자율무기 시스템 같이 직접적으로 사람의 생명을 다 루지 않는 사람의 언어나 이미지로 이루어져 있다. 그러나 통제 불능으로 퍼 져나가는 혐오 발언으로 인해 어떤 참혹한 결과가 초래되는지는 이제 너무나 잘 알려져 있다. 인도와 스리랑카, 미얀마에 사는 어느 편협한 집단이 무슬림 소수자에 대한 근거 없는 거짓말을 소셜 네트워크에 퍼뜨린 일이 있었다. 무 슬림이 살균제 2만 3,000개를 살포했다는 기괴한 소문이 페이스북에 퍼졌다. 그러자 한 폭도는 식당 음식에 그 알약이 들어 있다고 생각하고 식당을 불태 워버렸다. 그 후 식당 주인은 몇 개월 동안 숨어 지내야 했다. 노골적인 거짓 말뿐만 아니라 인종적 분노를 무기 삼아 만든 서술기법은 영국과 케냐, 미국 의 중요한 선거에 영향을 미쳤다. 그들은 대규모 인터넷 플랫폼을 통해 경쟁하게 하고 통계를 이용해 사람들을 과격하게 만들었다.

역사적으로 인간관계와 판단을 전제로 하는 중요한 사회적 역할이 갑자기 자동화되는 경우, 많은 위험이 발생하는 것을 볼 수 있었다. 관리자와 기술자들은 알고리즘을 좋지 않은 방향으로 최적화하며 클릭을 유도하고 조작해 광고 수익을 극대화했다. 그들은 콘텐츠 조회 수가 인간이 수행하는 마지막 품질관리 기준이 되기를 바랄 수도 있다. 그러나 봇이 운영하는 조작 부대(여러 대의 컴퓨터를 이용해 가짜 온라인 접속을 만들어내는 환경)가 이미 만연해 있고, 설령 조회 수가 거짓이 아니라 해도 사용자가 사이트에서 보내는 시간을 바탕으로 측정하는 단순 참여도는 온라인에서 보내는 시간을 나타내는 조잡한 지표에 불과하다.

분명 소셜 네트워크는 많은 공동체를 연결시켰고 사회 활동을 훌륭하게 발전시켰다. 그러나 수백만 명의 학생들이 수학과 과학에 대한 기본적인 사실도 배우지 못하게 한다거나, 예방할 수 있는 문제를 만들어낸다면 자동화를 받아들이지 않을 것이다. 사악한 사람들이 더 많은 조작을 하기 전에 자동화된 공공 영역을 좀 더 신중하게 받아들여야 할 때다. 이를 위해서는 두 가지 원칙을 준수해야 한다. 첫째, 표현의 자유에 대한 보호는 AI보다 사람에게 우선 적용해야 한다. 기술 대기업은 더 이상 무책임에 대한 만능 부적인 '표현의 자유' 뒤에 숨어서는 안 된다. 둘째, 선도 기업은 우선순위를 정하거나 대중에게 공개하는 내용에 대해 책임감을 가져야 한다. 유해한 정보의 확산과 선동에 대해 더 이상 알고리즘만 탓할 수는 없다. 우리는 인공지능 안에서 인간적인 가치를 요구하거나, 인공지능이 조장하는 비인도적 행위의 결과로 고통받을 수 있다.

물론 지나치게 파괴적이라는 이유로 검색 결과나 뉴스 피드에 표시하지 못하게 하거나 우선순위를 낮춰야 하는 콘텐츠가 어떤 것인지에 대해서는 격렬한 논쟁이 있을 것이다. 노골적인 인종차별과 명예 훼손, 기본적이고 과학적인 사실에 대한 부정은, 특히 생명과 생계를 직접적으로 위협하는 경우 이를 적용하기에 좋은 출발점이다. 이런 정의를 내리는 과정에서 위원회의 역할은 매우 중요하다.

이상적으로 위원회는 플랫폼 사용자의 가치와 도메인 전문가가 고려하는 입장을 모두 반영할 것이고, 표현의 자유와 개인정보 보호를 포함하는 여러 가치 간의 어려운 균형을 조절하는 변호사도 구성원으로 참여할 것이다.

더 중요한 것은 뉴 미디어와 구 미디어의 관계에 대해 생각하는 것이다. 대부분의 언론인은 충분한 증거가 있는데도 법적 요구에 따라 뉴스의 정확성을 검증하기 위해 노력할 것이다. 무모한 거짓말은 심각한 명예 훼손 소송을 일으킬 수 있다. 이와 대조적으로 기술 기업의 로비스트들은 입법자와 규제기관에게 그들의 플랫폼을 마치 전화선처럼 다른 사람을 위한 단순한 정보 전달자로 인식하도록 설득했다. 이런 편리한 자기 특성화를 통해 기술 기업은 다양한 상황에서 명예 훼손의 책임을 피할 수 있다.

페이스북과 구글이 신생 기업이었을 때는 그런 면책이 허용될 수 있었을 것이다. 그러나 지금은 시대에 맞지 않다. 뉴스 피드와 검색 결과에 독재적 선전이 넘쳐난다. 페이스북은 교황이 도널드 트럼프를 지지했다거나 힐러리 클린턴이 사탄주의자라는 허위 주장을 퍼뜨린 것에 대한 책임을 부인할 것이다. 그럼에도 그 후로 정치 캠페인과 관련해 더 많은 책임을 맡게 되었다. 알렉시스 매드리갈(Alexis Madrigal)과 이안 보고스트(Ian Bogost)는 "페이스북은 광고와 독자, 일정, 비용 등 모든 권한을 그들에게 완전히 넘겨주도록 유도한다"고 보고한 바 있다. 심지어 광고 내용과 형태까지 실험한다. 어느 순간 AI는 독자를 찾기보다는 만들어내고 있고, 공동 작성자가 아닌 메시지 전달자의 역할을 하고 있다.

기술 기업은 플랫폼이자 퍼블리셔이며, 중개자이자 미디어이다. 이로 인해 구글이나 페이스북이 제공하는 콘텐츠는 출처에 관계없이 모두 비슷한 권위가 있는 것처럼 보인다. 따라서 힐러리 클린턴과 FBI 요원의 자살을 엮는 《덴버 가디언》의 조작된 이야기가 거대한 음모를 파헤치고 퓰리처상을 수상한 기사만큼 권위 있는 것처럼 보일 수 있다. 페이스북은 가짜 뉴스로 이익을 얻고 있었다. 이야기가 많이 공유될수록 어떤 가치를 갖고 있든 더 많은 광고 수익이 발생한다. 2016년 미국 대선이 끝나갈 무렵, 페이스북 생태계에서는 가짜 뉴스가 진짜 뉴스를 앞지르고 있었다. 또한 트럼프 캠페인이 아프리카계 미국인 유권자를 탄압하는 것을 페이스북이 직접적으로 도왔다는 사실도 밝혀졌다.

광고 자금이 계속 유입되는 동안 윤리는 뒷전이었다. 회사의 보안 담당자들은 여러 활동 세력이 악의적으로 플랫폼을 조작하고 있다는 것을 최고 관리자에게 알렸지만, 번번이 무시되었다. 물론 페이스북만 그런 것은 아니다. 출처가 분명하지 않은 무분별한 비주류 뉴스와 기성 언론기관의 무기력함도 권위주의적이고 외국인에 대해 혐오적인 지도자의 부상을 가속화시켰다. 그러나 기술 대기업들이 무고한 방관자이기만 한 것은 아니다. 페이스북은 가짜 뉴스나 오해의 소지가 있는 바이럴 콘텐츠에 나태하게 대응했다. 트위터의 잭 도시(Jack Dorsey)가 알렉스 존스(Alex Jones, 학살당한 아이의 부모를 괴롭히며 부모가 모든 학살사건을 꾸며냈다고 주장한 음모론자를 적극적으로 지지함) 같은 샌디 훅(Sandy Hook) 사건의 음모론자들의 글을 삭제하는 데 6년이 걸렸다는 것은 심각한 문제이다. 문제의 핵심은 알고리즘 피드 뒤에 있는 AI에 대한 맹신과 악의적인 행위자를 가려낼 수 있는 기술 리더들의 책임 회피이다.

빅테크 기업은 더 이상 자신을 다른 사람들의 콘텐츠를 전달하는 단순한 플랫폼이라고만 말할 수 없다. 특정 대상을 선별해 관련 콘텐츠를 제공하는 것을 전제로 하는 마이크로 타게팅 광고를 통해 이익을 얻는다면 더욱 그렇다. 그들은 편집에 대한 책임이 있고, 이는 곧 알고리즘이 해결하지 못하는 문제에 대응하기 위해 훨씬 더 많은 저널리스트와 팩트체커를 영입해야 한다는 것을 의미한다. 빅테크 기업의 변호인들은 이런 책임을 소수의 기업이 감당하는 것은 불가능하거나 현명하지 않다고 주장한다. 그들은 개인이나 사설 팀이 관리하기에는 콘텐츠 양이 너무 많다고 주장한다. 플랫폼에서 문제를 해결하기 위해서는 인간의 전문지식보다는 소프트웨어 알고리즘이 이상적인 방법이라고 주장한다. 그러나 이런 주장은 페이스북 같은 기업이 알고리즘 외에도 수작업으로 뉴스 피드를 끊임없이 조정하고 있다는 사실을 무시한 것이다. 문제에 대한 지속적인 해결책에 대해서는 언론인과 개발자 간의 협력이 필요하다.

빅테크 기업의 부재자 소유권 문제

스캔들이 터질 때마다 빅테크 기업은 사과를 하고 개선을 약속한다. 때로는 콘텐츠 관리에 더 많이 투자하거나, 부정확한 정보와 괴롭힘을 일으키는 원천을 차단한다. 그러나 플랫폼의 안전과 책임에 대한 모든 조치는 우려에 대한 피로와 부주의, 시선을 끄는 콘텐츠의 잠재적 수익 등 복합적인 요인으로 뒤집힐 위험이 있다. 우리는 구글과 반유대주의의 순환을 목격했다. 검색 대기업은 2004년에 문제가 될 만한 나치와 백인 우월주의 관련 콘텐츠에 라벨을 붙여 분리했지만, 2016년에 《가디언》지 기자 캐롤 캐드월러드(Carole Cadwalladr)와 저명한 학자인 사피야 우모자 노블(Safiya Umoja Noble)의 지적이 나오기 전까지는 한 발 물러서 있었다. 2018년에는 순진한 사람을 극우 성향의 콘텐츠로 유인하도록 AI에 의해 최적화되었다는 알고리즘 토끼굴에 대한 우려가 다시 널리 퍼지기 시작했다. AI가 이윤을 위해 최적화하며 공공 영역의 자동화를 주도하는 한, 미디어 굴욕으로 시작된 우려의 목소리가 다시 무책임으로 이어지는 패턴은 계속 반복될 것이다.

이런 퇴보는 피할 수 있는 것임에도, 주주들의 요구에 따라 움직이는 명백한 위험이다. 투자자들이 원하는 이익을 창출하기 위해서는 규모가 필요하며, 그 규모를 감당하기 위해 AI가 동원된다. 에반 오스노스(Evan Osnos)는 마크 주커버그(Mark Zuckerberg)의 공개 프로필을 보고 다음과 같이 말했다.

"그는 규모와 안전성 중에 규모를 선택했다."

어린이와 반체제 인사, 콘텐츠 모더레이터(콘텐츠 플랫폼에서 유해하거나 불법적인 내용을 차단, 삭제하는 일을 하는 사람), 해킹된 계정의 소유자 등 수많은 피해자들은 소셜 네트워크의 거대화에 따른 영향을 감내하며 매일 그 결정의 위험을 받아들여야 한다. 은행은 규모가 클수록 파산 위험이 줄어든다는 장점이 있지만, 기술 기업은 규모가 너무 크면 감독하기가 어렵다.

텔레비전은 한때 아기 돌보미로 알려지며 부모의 관심을 받지 못하는 불우한 환경의 아이들에게 즐거움을 주었다. 유튜브는 부모나 베이비시터가 칭얼대는 아이들의 마음을 달래줄 수 있는 콘텐츠를 쉽게 찾을 수 있도록 수백만 가지의 다양한 만화를 제공한다. 그러나 언제든 접근 가능한 거대 비디오 공간은 부모가 지켜보기 어렵게 했다. 누군가가 자살하는 방법을 끼워 넣은 만화 콘텐츠를, 그 의미를 모르는 유튜브 AI는 무해한 어린이 프로그램의 높은 순위에 올려놓았다.

이론적으로 유튜브의 일반적인 콘텐츠 검토 과정은 시간이 지남에 따라 개선되며 이런 영상을 더 빨리 찾아낼 수 있다. 그러나 어떤 알고리즘에 의해 생성된 콘텐츠는 또 다른 우려를 낳는다. 자동으로 만들어내는 영상 리믹스에서 페파 피그(Peppa Pig) 같은 순수한 만화 캐릭터가 친구들과 수다를 나누는 영상 다음에 칼과 총을 휘두르며 풍자를 하는 영상이 자동으로 재생되기도 한다. 예술가 제임스 브라이들(James Bridle)은 이에 대해 일반적인 우려를 넘어선 것이라고 말한다. 브라이들이 페파 피그 영상에 대해 우려하는 점은 '무슨 일이 일어나고 있는지, 그것이 예술적 창의인지 풍자인지, 잔인한 것인지 아동에게 폭력적이거나 성적인 콘텐츠를 소개하려는 비뚤어진 노력인지, 알 수 없는 환경에서 너무도 뻔한 패러디와 수상한 모조품이 알고리즘 콘텐츠 제작자들과 상호작용하는 방식'이라고 주장한다. 무맥락의 맥락은 이 모든 형태를 혼합해 양립할 수 없는 것을 서로 어울리게 한다. 당연히 오남용이 뒤따르며 큐레이선에서 AI의 역할에 대해 깊은 의문이 제기된다.

이와 같은 남용에 극도로 취약한 네트워크를 통해 아이들이 정신적 충격과 불안을 주는 콘텐츠의 표적이 될 위험이 유튜브에 도사리고 있다. 이것은 고의가 아니라 디지털 시스템과 자본주의적 인센티브의 결합에 내재한 일종의 폭력이다. 시스템도 이런 폭력에 연루되어 있고, 유튜브와 구글도 이런 시스템에 가담한 것이다.

이 리믹스 비디오는 어린이를 대상으로 광고 수익을 올리는 것이 주요 성공 지표가 되는 연구에 불을 지핀다.

일반 텔레비전 방송국에서 그런 엉터리 방송을 내보낸다면 시청률이 하락하고 협찬 보이콧 등 좋지 않은 결과를 초래할 것이다. 그러나 언론과 대중이 알고리즘을 통제 불가한 프랑켄슈타인의 괴물이라고만 생각한다면 유튜브 또한 스스로를 그저 단순한 플랫폼일 뿐이라고 할 것이다. 잘못되고 있는 모든 것에 대해 콘텐츠 제작자들과 프로그래머, 검색 엔진 최적화 담당자들만 탓하게 될 수 있다. 이런 무책임한 태도로 기술 기업은 경험상 잘된 것만 앞세우고 실패에 대한 책임은 회피하려 한다.

이와 같은 시나리오에서 AI는 소유자조차 제어할 수 없는 매우 복잡한 방식의 콘텐츠 제작이라는 변명거리가 된다. 그것은 명백한 책임 회피다. 라이브 방송국은 문제가 발생할 경우 개입할 수 있게 시간을 지연해 송출하곤 한다. 초창기 소셜 네트워크인 마이스페이스는 브라질에서 아동 학대 이미지 유포를 막기 위해 게시되기 전에 모든 사진을 검토하게 했다. 유튜브와 페이스북 모두 클리너를 고용해 사용자가 이의를 제기하거나 알고리즘을 통해 발견한 이미지와 영상을 검토한다. 어린이 같은 취약계층을 대상으로 하거나 인종 차별적 증오로 인한 총기 난사 같은 민감한 사건이 발생한 시기에는 안전에 더욱 많은 투자를 할 수 있다.

지속적인 홍보와 개선에 대한 약속에도 기업이 이런 역할을 제대로 수행하고 있지 않다는 뉴스가 끊임없이 쏟아져 나오고 있다. 《뉴욕 타임스》는 유튜브 AI가 성적인 주제의 콘텐츠에 이어 수영복을 입은 어린이의 홈 비디오를 추천하는 소아성애 경향을 보여주는 사례를 발견했다. 《리빌 뉴스》는 페이스북이 도박에 중독된 사람을 대상으로 유혹적인 비디오 포커 광고를 싣는 것을 발견했다. 현 시점에 이런 사례가 눈에 띄게 줄어들었다 해도 그것이 실제로 공공을 생각해서인지, 아니면 단순히 광고 수익의 감소 때문인지는 알기 어렵다.

온라인 미디어의 책임감 회복

만약 구글과 페이스북이 명확한 지침을 갖고 있다면 사용자들은 자신의 이익만 생각하는 콘텐츠에 대해 다시 한 번 생각하고 스스로 예방할 수 있을 것이다. 그러나 플랫폼의 AI는 검색 엔진 최적화나 잘 조직화된 극단주의자 등 특정 집단의 이익을 위해 쉽게 조작할 수 있는 도구로 활용되는 경우가 많다. 2016년에 힐러리 클린턴이 잠시 의식을 잃었던 것이 뉴스가 된 적이 있다. 당시 '힐러리 클린턴의 건강'을 검색하면 그녀가 파킨슨병에 걸렸다는 근거 없는 주장과, 오해의 소지가 있을 만한 여러 영상과 기사가 게재되어 있었다. 현대 정치 캠페인이라는 전쟁의 안개 속에서 명예를 훼손하는 영상이 확산된다는 사실은 그 자체의 진실 여부를 떠나 논란의 대상이 될 수 있다. 조작자들은 검증이나 조작 여부와 상관없이 단순히 그럴듯한 의문을 끊임없이 제기하는 것만으로도 후보자를 무너뜨릴 수 있다는 것을 알고 있다.

알고리즘 선택을 책임지는 편집자나 관리자가 없다면, 온라인 플랫폼은 거짓말마저 권위 있고 신뢰할 만한 것처럼 보이게 할 수 있다. 예를 들어, 2015년 사우스캐롤라이나의 한 흑인 교회에서 9명을 살해한 딜런 루프(Dylann Roof)의 인종차별주의가 구글 검색 결과로 확산되었다. 루프는 '백인 범죄와 흑인'을 검색하다가 '백인 학살'이 진행 중이라는 백인 우월주의 단체의 게시물을 발견했고, "그날 이후로 이전 같지 않았다"고 말했다고 한다. 피자게이트 음모론은 인터넷 커뮤니티에서의 성착취에 대한 근거 없는 이야기로 워싱턴의 한 피자 가게에서 총기 난사 사건을 일으키도록 자극했다. 자동 검색 결과의 홍수 속에서 기후 부정론자, 여성 혐오론자, 민족주의자, 테러리스트에 대한 이야기는 쉽게 성장하고 확산된다.

검색어 몇 글자를 입력하면 나머지 검색어를 자동으로 예측하는 구글의 자동 완성 기능도 다음과 같은 논란을 일으켰다. 그들은 인종차별적이고 성차별적인 고정관념을 보여주는 경우가 종종 있었는데, 한번은 고릴라 이미지 검색에서 한 흑인 사진을 보여주는 모욕적인 일이 있었다. 구글은 1년 만에 모든 사진에서 고릴라 분류를 멈춘 후 문제를 해결했다. 그 후로 한동안 '고릴라'라는 이름을 사용하지 않았다. 이런 임시방편적인 조치로는 기계학습 시스템을 훈련하기 위해 사용하는 인종차별, 성차별적인 데이터에 대한 근본적인 문제를 해결하거나 공격에 대한 취약성을 줄이는 데 도움이 되지 않는다.

어떤 사람들은 구글 이미지 검색 결과에 나타난 인종차별적 또는 성차별적 고정관념을 사용자의 편협한 태도를 반영하는 비극적인 사건이라고 받아들일 수 있다. 결국 데이터는 사용자가 제공한 것이기 때문이라는 것이다. 그러나 이런 책임의 이동은 설득력이 없다. 학자이자 사업가인 사피야 우모자 노블 (Safiya Umoja Noble)이 저서 『억압의 알고리즘』에서 지적한 바와 같이, 디지털 기업은 이익이 발생하기만 하면 즉시 개입해 그 결과를 변화시키려고 한다. 그들은 공공의 이익이 위협받을 경우 이에 대한 책임감을 가질 필요가 있다.

노블은 또한 뉴미디어의 속도를 늦춰야 한다고 주장해왔다. 즉각적으로 콘텐츠를 공유할 수 있어서 플랫폼이 모든 콘텐츠를 살펴보고 허용 여부를 결정하는 것을 불가능하게 한다고 지적했다. 사이버 자유주의자들은 이것이 인간의 감독이 더 이상 아무런 역할을 할 수 없다는 뜻이라고 주장한다. 그러나 노블은 반박한다. 이 시스템은 인간을 위한 목적으로 재설계할 수 있는 인간을 돕는 시스템이다. 특정 주제에 대한 뉴스 기사는 검증이 필요할 수 있는데, 단순히 미루는 것으로 그것을 가능하게 할 수 있다. 수백만 개가 넘는 게시물을 모두 검토해야 하는 것은 아니다. 오히려 내용이 확인만 되면 즉시 공유하는 것도 가능하다. 바이럴 확산을 둔화시키는 것은 알고리즘적 증폭을 제한하거나 확대하고 보다 신중한 결정을 내릴 수 있게 한다. 알고리즘 증폭은 근본적인 정보의 질이나 유용성과는 무관하게 반복적 자기 강화로 이어진다.

일부 기술 옹호론자들은 이런 제안을 검열이라 생각하고 두려워한다. 그러나 여기에는 언론의 자유가 적용되지 않는다. 플랫폼은 사용자가 누구에게나 직접 메시지를 보낼 수 있도록 허용할지, 친구나 팔로워에게만 허용할지, 영상을 얼마나 오래 호스팅할지, 이야기를 얼마나 빨리 퍼지게 할지, 다른 사람들에게 어떻게 제안할지 선택을 해왔다. 현재 이런 결정은 거의 대부분 수익에 따른 동기, 즉 광고 수익과 사용자 참여를 최대화하는 방식에 따라 결정된다. 이런 계산은 즉각적으로 수행 가능하며 때로는 게시물 배포를 제한하기도 한다. 노블이 제안하는 것은 논의와 적용에 시간이 많이 걸리는 것을 포함해 더 많은 가치를 계산에 반영하자는 것이다. 자율무기 시스템에 사람이 개입할 수 있는 구조가 있는지 확인하는 것 같이 노블의 슬로우 미디어 접근 방식 또한 매우 현명한 것으로 보인다. 이는 그저 의도하지 않은 결과를 피하는 것만을 의미하지는 않는다. 소위 말하는 플랫폼 기업에도 미디어의 역할에 대한 책임을 요구하고 있다.

뿐만 아니라 뉴스나 독자들의 주요 관심 주제에 대해 종합적이고 보다 고품질의 관점을 제공하는 큐레이션 프로젝트 같은 구체적인 사례도 등장하고 있다. 예를 들어, 기술 평론가인 에브게니 모로조프(Evgeny Morozov)는 건강과 문화, 정치, 비즈니스에 이르는 수십여 분야의 엄선된 웹 기반 컬렉션인 더 실라버스 분석팀을 이끌고 있다. 그들은 새로운 로봇의 첫 번째 법칙에서 설명하는 상호보완성을 반영한 인간과 알고리즘을 결합해 관련이 깊은 정보만 발견하는 절충적인 방법을 약속한다. 냉소적인 사람들은 실리콘 밸리의 마법사들보다 훨씬 더 효과적으로 방대한 정보를 구성해보겠다는 더 실라버스의 열정을 비웃을지 모른다. 그러나 모로조프 팀의 코로나 정치에 관한 일련의 미디어를 플랫폼에서나 가능한, 잘못된 정보인 인포데믹과 비교하는 것은 어렵고, 페이스북이나 트위터, 구글 직원들 수만 명이 모로조프의 소규모 직원들보다 더 일을 잘한다고 가정하는 것은 무리가 있다.

더 실러버스의 이상주의적 사명에 대한 실제 장점이 무엇이든 신뢰할 수 있는 추천인이 수백에서 수천 명이 있는 세상이 페이스북이나 구글에 대한 점진적 개혁보다 훨씬 더 효과적으로 권력을 분산시킨다는 점을 모두 인정해야 한다. 온라인 관심의 소용돌이는 우리가 보고 읽는 것에 불균형한 영향을 미친다. 이런 집중적인 설득의 힘이 미치는 영향이 분명해지면서 더 많은 독점금지법 전문가들이 그들의 해체를 촉구하고 있다. 예를 들어, 마크 주커버그는 인스타그램, 페이스북, 왓츠앱 같은 회사를 통제함으로써 정확하게 표적화된 광고가 가능하다고 주장할 수 있지만, 이는 또한 선거를 조작하려는 심리전 기업과 국가 위정자들에게 쉬운 목표를 갖게 하기도 한다. 이런 악의적인 사람들이 통제된다 해도 한 기업이 사용자로부터 많은 데이터를 얻고 사용자들에게 권력을 행사하는 것은 문제가 있다. 필수적인 통신 시설을 분리하면 현재 중요한 기업 정책의 위험 부담을 줄일 수 있다. 또한 미디어 회사가 제공하는 인적 전문성에 대해 더 많은 보상을 요구할 수 있게 되어 현재 기술에 유리하게 기울어진 디지털 광고 환경의 균형을 다시 맞출 수 있다.

온라인에서 쏟아지는 관심의 파도

온라인 중개업체의 정치적, 문화적 영향력에 대한 불만은 오래전부터 있었다. 이 업체들의 상업적 영향력도 도마 위에 오르고 있다. 만능 인터넷 포털은 모든 사람에게 동등하게 서비스를 제공할 수 없다. 특히 수익성 같은 하나의 목표가 다른 모든 목표를 대체하는 경우에는 더욱 그렇다. 쉽게 착취당할 수 있는 취약계층의 사람들은 쉽게 수익의 중심이 될 수 있다.

구글 검색 엔진이 어떻게 절망적인 상황에 처한 사람에게 모든 종류의 정보를 제공하는 원스톱 상점이 되었는지 생각해보자. 예를 들어, 마약 중독자들이 도움이 필요할 때 구글 검색을 위해 '재활 센터' 또는 '마약 중독' 같은 단어를 입력한다. 구글은 검증되지 않은 치료에 고액을 지불하는 사람을 찾는 데이터 중개인과 사기꾼이 판치는 생태계에 대해 거의 알지 못한다. 한동안 주변 '재활원'이라는 단어를 검색하면 리드를 판매해 돈을 버는 제3자 광고가 표시되었다. 리드 생성 업체는 해당 재활 서비스가 합법적인지 여부를 검증하는 데는 거의 아무런 노력을 하지 않았다. 구글은 편향이 없다고 주장하지만 실제로는 추천한 회사에서 돈을 받는 핫라인을 운영하곤 했다. 저널리스트 캣 퍼거슨(Cat Ferguson)은 이로 인한 혼란으로 많은 사람들이 제때 필요한 도움을 받지 못했고, 마케팅에 많은 비용을 지출하는 회사는 유료 광고를 쏟아내며 취약한 고객을 더욱 많이 확보했고, 이를 통해 더 많은 광고에 자금을 지원하는 악순환이 발생한다고 했다. 이는 새로운 로봇의 세 번째 법칙이 막고자 하는 '경계를 위한 군비 경쟁'과 정확히 일치하는 유형이다.

기계학습 지지자들은 이런 조작이 문제인 것은 인정하지만, 규제 감독이 없어도 이를 해결할 수 있는 저렴한 방법이 있다고 주장한다. 상업적 왜곡을 없애기 위해 자원봉사자를 모집해 검색 결과 페이지를 추가한다고 한다. 예를 들어, 구글 지도의 사용자 생성 콘텐츠는 도움이 필요한 사람에게 가까운 진료소를 안내해줄 수 있다. 앤드류 맥아피(Andrew McAfee)와 에릭 브리뇰프슨(Erik Brynjolfsson)은 저서 『머신, 플랫폼, 크라우드』에서 인터넷 대기업의 플랫폼과 사용자들 간의 이런 상호작용에서의 생산적 시너지 효과에 대해 설명한다. 구글 같은 대형 플랫폼 기업은 기계학습을 사용할 수 있지만, 보다 양질의 많은 데이터가 필요한 경우 인터넷 사용자 크라우드의 지원을 활용해 부족한 부분을 채우기도 한다.

불미스러운 중독 클리닉 추천으로 인해 부정적인 여론을 우려한 구글은 크라우드 옵션을 줄였다. 중독 치료 센터에서 광고비를 받는 것을 중단했다. 그러나 사기꾼들은 구글 지도의 사용자 생성 콘텐츠 조작을 계속했다. 평판이 좋은 중독 클리닉 목록에 있는 전화번호를 리드 생성기 번호로 변경하기 시작했다. 크라우드의 장점이 무엇이든 돈과 관련되어 있는 경우에는 신뢰 기반의 시스템이라 해도 쉽게 악용될 수 있다.

이런 문제를 해결하기 위해 플로리다주에서는 재활 클리닉에 대한 기만적인 마케팅을 금지했다. 이 법이 얼마나 효과적인지는 분명하지 않다. 미국에는 소비자 보호법이 있으며 파렴치한 중독 클리닉뿐만 아니라 중독 클리닉 리드 생성기 같은 사례를 이미 금지했을 것이다. 법률 집행관은 모든 사건을 전부 다 조사할 만큼의 여력이 없다. 특히 디지털 조작자가 신원을 숨기고 장소를 이리저리 옮겨 다니는 경우에는 더욱 그렇다. 따라서 인터넷 대기업은 취약계층을 악용하려는 범죄자들로부터 피해를 입지 않도록 자체적으로 보안을 강화해야 한다.

공정하고 포용적인 거버넌스는 알고리즘이 아니다

미국 의회에서 페이스북 CEO인 마크 주커버그에게 소셜 네트워크에서 반복적으로 발생하는 가짜 뉴스나 유권자 조작과 데이터 오용 문제에 대해 진술하라고 했을 때, 그는 다음과 같은 얘기만 반복했다.

"우리는 이를 해결하기 위해 인공지능을 연구하고 있다."

비평가들은 이에 대해 회의적이다. 어떤 기사에서는 다음과 같은 헤드라인도 등장했다.

"AI가 페이스북의 가장 골치 아픈 문제를 해결할 것이다. 단, 언제 어떻게 하는지는 묻지 마라."

기업 실적을 발표하며 주커버그는 어떤 부분에서는 진행이 느릴 수 있음을 인정했다. 그는 증오 연설을 검출하는 것보다 선정적인 이미지를 검출하는 AI를 만드는 게 훨씬 쉽다고 설명했다. 달리 말하자면 AI 기업의 자기 정체성은 관리자들이 플랫폼에서 증오 연설을 단속하는 것보다 누드를 금지하는 것을 더 중요하게 여겼다.

온라인 공간에서의 검열과 가치 책임에 대한 논쟁은 그렇게 대충 얼버무리고 넘어갔다. 소셜 네트워크에서 누드를 금지해야 하는지, 어느 것을 더 높은 우선순위에 두어야 하는지에 대해 다양한 의견이 있다. 사이트에 대한 정책은 일관적이지 않고 자동으로 구현되는 것도 아니다. 인스타그램은 나체 이미지 게시를 허용하지 않지만 누드 초상화나 그림은 허용한다. 이를 구분하는 근거는 음란물이나 착취적인 내용은 금지하고 예술적인 묘사는 보호한다는 것이다. 우리는 외설에 관한 법리를 통해 이런 구분을 한다. 그러나 여기에는 훨씬 더 광범위한 평가 프레임워크가 포함되어 있다. 맥락 없는 디지털이나 물리적 특징만으로 심미성에 대한 판단을 대표할 수 없다. 외설스러운 그림과 예술적으로 가치가 높은 누드 사진이나 디지털 작품을 생각해보면 쉽게 짐작할 수 있다.

물론 디지털이냐, 아니냐의 구분이 유용한 경우도 있다. 머신 비전 시스템은 포르노 영화의 한 장면과 성 노동자의 삶을 예술적으로 기록한 사진을 구분하는 것보다 페인트와 픽셀의 차이를 구분하는 것이 훨씬 간단하다. 페인트와 픽셀의 차이를 구분하는 것은 단순한 패턴 인식 작업이고, 아마존 머케니컬 터크의 플랫폼 작업자는 비지도 학습을 통해 한 번에 수십만 개의 이미지를 분류할 수 있다. 전자는 도덕적, 미학적 판단의 문제이고, 그 판단은 시간이 지남에 따라 변하거나 장소에 따라 다를 수 있다. 어린이가 쉽게 접근할 수 있는 소셜 미디어에서 누드가 얼마나 적절한지 등 문화적, 정치적 이슈 같은 어려운 문제에 편파적이거나 어설픈 방법으로 접근하게 도구(AI)를 쉽게 제한하면 안 된다.

질서가 잘 잡혀 있는 국가 같은 조직에서는 커뮤니티가 음란물 범위에 대해 토론하고, 규제기관이 억제나 허용할 대상을 결정하며, 편견이나 편향된 의사결정으로 인해 부당한 처우를 받게 된 사람의 권리를 방어하기 위해 법원이 개입할 수 있다. 원칙적으로 어떤 종류의 이미지가 허용되고, 어떤 이미지가 허용되지 않는지를 플랫폼에서 임의로 바꿀 수 없게 결정했다 해도, 그것이 미래에 어떤 가치가 있겠는가? 음란물 차단 사건 이후 텀블러가 힘든 상황을 겪으며 관점은 변하게 되고, 독자들과 플랫폼의 목적은 확장되며 축소된다. 거버넌스는 계속 진행해야 하는 의무이고 기계화될 수 있는 것이 아니다. 동성애 혐오자들이 관련 콘텐츠를 숨기기 위해 게이 문화에 대한 수천 권의 책을 성인 전용으로 분류하는 것을 보고 알 수 있는 것과 같이 자원봉사자의 도움은 결코 쉬운 해결책이 아니다. 극단주의자들은 봇과 해커의 도움을 받아 누구든 쉽게 압도할 수 있다. 이른바 인터넷의 민주화 흐름은 부재자의 독점, 의도적 조작자, 자동화된 챗봇으로 심각한 문제에 부딪혔다.

신기술에 열광하는 사람들은 누드가 미학적인지 자극적인지, 관심을 끌 만한지 아닌지 여부에 대한 결정은 취향의 문제라고 주장한다. 심지어 알고리즘으로 표현할 수 없다는 이유로 기계 지능보다 하위에 있는 것으로 간주하는 경향이 있다. 그러나 우리는 데이터나 규칙 기반의 판단보다 표준화할 수 없는 판단을 더욱 가치 있게 생각할 수 있다. 이런 결정을 인간의 판단이나 논쟁에 맡기고 싶지는 않을 수도 있다. 그러나 이는 자원 할당에 대한 재량적 결정이지, 인공지능을 향한 불가피한 기술 발전의 지시에 따른 것이 아니다.

잊혀질 권리 : 인도적 자동화를 위한 시험

온라인 조작으로 피해를 입은 사람들이 규제를 얘기할 때마다 기술 기업은 비록 잘하고 있지는 못하더라도 정부의 개입은 상황을 더 악화시킬 뿐이라고 말한다. 그러나 우리는 이미 공공 영역에서 성공적인 자동화 사례를 알고 있다. 'RtbF(Right to be Forgotten)'로 알려진 이름 검색과 관련한 규정이다. 누군가가 당신에게 일어난 최악의 사건을 내용으로 하는 웹사이트를 구축했다고 상상해보자. 이로 인해 이 웹사이트에 당신의 이름이 평생 검색어 상위에 올라가 있는 것이다. 미국에서는 이에 대한 법적 구제 수단이 없다. 기업 로비스트와 자유주의 이데올로기주의자들이 연합해 이를 규제하는 것을 정치적으로 문제가 될 수 있게 했기 때문이다. 그러나 유럽의 RtbF는 알고리즘 검색 결과라는 무자비한 논리만으로 영구적인 디지털 주홍 글씨인 꼬리표를 달지 못하게 한다.

RtbF는 기술을 소유하게 된 사람의 가치뿐만 아니라 광범위한 정치 공동체의 가치로 기술을 관리하고자 하는 좋은 시험대이다. RtbF가 등장하기 전에는 구글에서 검색자의 품질 경험에 맞도록 가능한 한 많은 검색을 자동화해야 한다고 계속 주장했다. 회사는 검색 결과에 나타나는 사람에 대해 고려해볼 것을 거부했다. 이는 전체적인 고려 사항은 버리고 기계가 분석할 수 있는 광고 수익 같은 단순한 요구 사항에만 집중하는 고전적인 AI 최적화 전략이다. 그러나 입법자와 관료들의 업무를 쉽게 만들기 위해 정부가 국민을 소홀히 하거나 무시해서는 안 되는 것처럼, AI 뒤에 있는 사람들은 세상에 미치는 영향에 대한 모든 복잡성에 대한 부담을 떠맡아야 한다. 이들 기업은 디지털 평판을 효과적으로 관리하고 행동해야 한다.

유럽연합에서는 데이터 주체의 이름을 검색해 찾을 수 있는 정보에 대해 특별히 더 큰 공익이 있지 않다면 부적절하거나, 더 이상 관련이 없거나, 지나치게 과도한 내용은 검색 결과에서 제거할 수 있다. 사실 이것은 예술과 음란물의 차이만큼 따지기 어려운 기준이다. 그러나 웹 사용자들과 검색 엔진, 유럽의 관리들은 개인정보 보호에 대한 개인의 이익과 대중의 알 권리 사이의 균형을 맞추기 위해 열심히 노력해왔다.

예를 들어, 남편이 살해당한 여성의 이야기에 대해 생각해보자. 수십 년 후 누군가가 그녀를 검색할 때마다 살인에 대한 이야기가 나온다는 것을 알게 되었다. 이것은 하나의 데이터 파편이 어느 한 사람의 삶에 잠재적으로 과도한 영향을 미치는 전형적인 예다. 거짓이 아니기 때문에 명예 훼손법으로는 이 여성을 도울 수 없지만, RtbF로는 가능하다. 이 여성은 자신에 대한 검색 결과에서 해당 이야기를 삭제해 달라고 청원했고, 구글 직원은 결과를 삭제했다. 미망인 이름을 검색할 때마다 나오는 내용에 대해 특별히 꼭 필요하다고 생각되는 공공의 이익은 없었다.

유럽연합 사법재판소가 잊혀질 권리를 발표했을 때, 구글이 후원하는 많은 사람을 포함한 언론 자유 활동가들은 이를 표현의 자유에 대한 공격이라고 비난했다. 그러나 이런 불만은 과장된 것이었다. RtbF는 문제가 되는 정보의 출처에는 영향을 미치지 않고, 사설 데이터베이스에 있는 부정적인 정보를 개인의 이름에 붙어 있는 것으로 보장해야 하는 표현의 자유는 없다. 게다가 구글과 공공 기관은 이런 요청을 승인하는 것에 대해 신중하게 생각하고 있다. 법률학자 줄리아 파울스(Julia Powles)는 성공적인 명단 삭제 요청과 거부된 삭제 요청을 대조해 몇 가지 주요 RtbF 결정들을 수집했다. 사기죄 판결을 받은 정치인은 검색 결과에서 해당 비리에 대한 뉴스를 삭제할 권리가 관례적으로 거부된다. HIV 감염 여부가 노출된 환자들은 관련된 이야기에 대한 링크를 제거했다. 파울스의 연구는 법적, 윤리적 원칙을 얼마나 신중하게 적용해야 유명인사나 책임 있는 위치에 있는 사람의 주요 사실에 접근할 수 있는 대중의 권리는 존중하면서 불공정한 결과에 따른 피해자에게는 정의를 실현하는 미묘한 맥락적 판단을 내릴 수 있는지 보여준다.

RtbF를 둘러싼 싸움은 여러 민감한 문제를 언급한다. 유럽의 아동 성추행범은 범죄를 저지른 지 수십 년이 지나도 일을 할 수 없다. 대중의 알 권리가 새로운 출발을 할 권리보다 중요하다. 일본 대법원이 성범죄자의 RtbF 신청을 받아들인 하급심 판결을 뒤집었을 때도 같은 근거를 채택했다. 일본의 사례에서 알 수 있듯 경험이 많은 법학자라 해도 RtbF와 같은 권리의 범위와 힘에 대해 동의하지 않을 수 있다. 수치 계산처럼 무자비한 예측대로 전달되는 알고리즘적 정의를 추구하는 사람들에게 그것은 인간의 판단에 결함이 있는 것이다. 그러나 새로운 디지털 영역에서 권력 작용이 얼마나 미묘한지를 고려하면 인간의 유연성과 창의성은 장점이 된다. 우리는 얼마나 오랫동안 사람들에게 낙인을 찍는지 그리고 기술이 어떻게 의도치 않게 수치심의 유효 기간을 늘릴 수 있는지 깊이 생각해야 한다. 법과 윤리, 문화, 기술 분야 전문가들 모두 이 대화에 참여해야 한다.

RtbF 사례에는 정확한 판단과 판결을 내리는 사람이 존재하기 때문에 어려운 주관적 판정을 수반한다. 콘텐츠 중재자는 낮은 임금과 비인간적인 환경에서 음란물과 폭력적이고 불쾌감을 주는 이미지를 삭제하는 작업을 하고 있다. 기술 기업의 막대한 수익성을 감안하면 그들은 일선 근로자들에게 좋은 대우를 해줄 여력이 충분하다. 따라서 첫 번째로 할 일은 콘텐츠 중재를 독립적인 무결성 표준과 작업장 보호 환경을 갖춘 전문 직업으로 취급하는 것이다.

불행과 잘못된 판단, 성난 군중의 피해자들이 모두 잘 알고 있듯 검색 결과는 기존의 디지털 현실을 그대로 반영하는 것이 아니다. 검색 엔진 최적화 프로그램과 구글 엔지니어, 유료 광고, 알고리즘 변경에 대한 검토자 및 기타 여러 요인의 영향을 받아 역동적으로 변화한다. 어느 누구도 이런 결과가 반드시 진실의 표현이나 사람들의 의견, 회사의 입장, 표현의 자유를 강력하게 보호할 가치가 있는 다양한 표현이라고 가정해서는 안 된다. 디지털 시대에 개인정보 보호, 차별 금지, 공정한 데이터의 실천이라는 목표가 실현되기 위해서는 검색 엔진의 데이터 처리자 및 통제자의 지위가 기회주의적으로 발생하는 '언론 피고인'의 지위보다 우선해야 한다. 알고리즘에 의한 정보의 배치는 공정성과 정확성에 대한 사회적 기준에 따른 논쟁의 대상이 되어야 한다. 인간의 가치와 민주적 의지 형성, 적법한 절차보다 신속하고 자동화된 기계 커뮤니케이션을 우선하는 것이 과연 대안이 될 수 있을까?

자동화된 공공 영역 길들이기

잊혀질 권리는 가장 포괄적인 컴퓨터상의 절차이긴 하지만, 인간의 가치를 수용할 수 있다는 신념을 증명한 것이다. 다른 법안의 발의는 현재 온라인 공간을 자주 오염시키는 차별과 편견, 선전에 맞서는 데 도움이 될 것이다. 정부는 혐오에 기반한 검색 결과와 기타 심각한 모욕감을 주는 콘텐츠에 라벨을 지정해 모니터링하고 보고하도록 플랫폼에 요구할 수 있다.

예를 들어, 입법자들은 구글과 여러 인터넷 중개업체에게 홀로코스트의 존재를 부정하는 사이트로 연결되지 않도록 하거나, 또는 해당 사이트의 노출 순위를 많이 낮추도록 요구해야 한다. 알고리즘으로 생성된 관심을 받기에는 너무 진실성이 떨어지고 악의에 찬 이데올로기들이 있다. 최소한 정부는 증오심을 부추기는 명백한 혐오 발언에 대해서는 교육적 라벨링을 의무화해야 한다. 극단주의가 주류화되는 것을 방지하기 위해 라벨은 실제로 신빙성이 떨어지는 위험한 이데올로기를 전파하는 오해의 소지가 있는 무해한 이름을 가진 단체의 역사와 목적에 대한 설명으로 연결될 수 있다. 그와 같은 라벨이 없다면 코딩 기술을 갖춘 강박적인 편견 집단이 정보 출처에 적당한 라벨을 붙이고 설명하는 자동화 시스템의 허점을 이용해 관심을 살 수 있다.

자동화된 봇은 온라인에서 극단주의를 조장하는 데 많은 기여를 했고, 각국 정부는 이를 억제해야 할 필요가 있다. 대규모 기술 플랫폼은 이런 계정들과 반쪽짜리 싸움을 하고 있을 뿐이다. 플랫폼은 이중 충성심을 갖고 있다. 이들은 사용자들이 @rekt6575748와 같은 계정으로부터 오는 성가신 답장이나, 자동화된 대규모 클릭 사기로 부풀려진 동영상의 조회 수에 신경 쓰지 않는다는 것을 알고 있다. 반면, 경쟁이 많지 않아서 이용자 이탈을 우려할 이유가 거의 없다. 한편 봇은 디지털 마케터의 성배와 같이 플랫폼의 참여 수를 부풀린다.

2012년, CEO인 수잔 워치스키(Susan Wojcicki)는 유튜브가 "하루 시청 10억 시간 달성을 전사적 목표로 설정하고, 이를 달성하기 위해 추천 엔진을 다시 만들었다"고 말했다. 위에서 논한 바와 같이, 유튜브 사용자에게 불행한 일이지만 측정 기준에 대한 심한 집착이 악의적인 사용자가 추천을 조작하고 위험한 정보로 트래픽을 유도할 수 있게 한다. 이런 조작을 식별하고 방지하려면 소셜 네트워크와 검색 엔진 모두 조작 봇을 단속해야 한다. 만약 그러지 못하면 법에 따라 모든 계정은 사람이 운영하는지, 기계가 운영하는지 공개해야 한다. 모든 사용자는 설정이나 다른 여러 방법으로 봇 계정을 차단할 수 있어야 한다. 이런 설정은 사용자의 피드를 자동으로 발신하는 데 필요한 차별 철폐 조치와 함께 봇의 차단이 기본으로 설정되어야 한다. 기술에 열광하는 사람들은 이런 제한이 표현의 자유를 방해할 수 있다고 우려한다. 그러나 인간이 직접 책임지지 않는 자동화된 정보와 조작의 원천은 그런 권리를 향유해서는 안 된다. 정부는 시끄러운 소리를 내는 미니 드론이 뉴스나 광고 또는 영상을 공유하기 위해 개인적인 공간을 침해하는 것을 금지할 수 있으며, 동일한 논리를 온라인에도 적용한다.

표현의 자유를 보호하는 것은 사람을 위한 것이며, 소프트웨어와 알고리즘 및 인공지능에 대해서는 부차적일 뿐이다. 사람을 위한 언론의 자유는 현재 진행 중인 전 세계 공공 영역의 조작에 대한 조사를 고려할 때 매우 절박한 목표이다. 제임스 그리멜만(James Grimmelmann)이 로봇 저작권에 대해 경고한 것과 같이 AI 제품에 대한 수정헌법 1조 보호는 인간의 언어보다 기계를 체계적으로 선호할 수 있다. 사람은 거짓말을 하거나 잘못을 저지른 경우 명예 훼손이나 다른 형태의 책임에 대해 걱정해야 하는데, 봇은 어떤 책임을 질 수 있을까? 잃을 자산과 명성이 없으니 제지가 불가능할 것이다.

대중의 지지를 모방하는 것은 매우 쉬운 일이다. 유권자뿐만 아니라 심지어 정부도 진짜를 구별할 수 없게 될 때는 위르겐 하버마스(Jurgen Habermas)가 '민주적 의지의 형성'이라고 부르는 그것은 불가능하게 된다. 봇의 표현으로 발생하는 문제에 대한 실증적 연구 결과에서 알 수 있듯, 봇의 개입은 다양한 의견이나 신중함을 방해하고 사람을 속이고자 하는 계산된 행동이다. 민주적 절차에 대한 대중의 신뢰를 회복하기 위해 정부는 언어를 생성하는 알고리즘과 데이터에 대한 정보를 신속히 공개해야 한다. 새로운 로봇의 네 번째 법칙은 이런 투명성을 요구하는 것이다. 기업은 알고리즘이 너무 복잡해 공개하기 어렵다고 주장할 것이다. 그러나 당국은 문제가 되는 정보의 대상과 방식을 금지할 수 있는 힘을 가져야 한다. 보호받는 발언은 사람의 인식과 어느 정도 관련성이 있어야 한다. 만약 그런 규칙이 없다면 급증하는 봇 군단은 사람의 표현을 위협하고 압도할 것이다.

특정 유형의 조작을 금지하는 것도 고려해야 한다. 영국의 방송 광고법은 상업적 시청각 커뮤니케이션은 잠재의식에 영향을 미치는 기술을 사용해서는 안 된다고 명시하고 있다. 오해의 소지가 있는 광고와 후원에 대한 허위 표시나 누락을 금지하는 미국 연방통상위원회 지침은 오래전부터 시행되고 있다. 국가는 자동화 범위가 넓어지는 공공 영역을 관리하기 위해 보다 구체적인 법률을 개발해야 한다. 캘리포니아에서는 최근 소셜 미디어 사이트에서 디지털 봇이 자신의 신원을 식별할 수 있도록 하는 것을 의무화했다. 또 다른 법안은 인터넷 소셜 미디어 웹 사이트 운영자가 자동화된 작업을 수행하며 사람의 통제를 받지 않는 컴퓨터 소프트웨어 계정으로 광고 판매에 관여하는 것을 금지하는 것이다. 이는 인간의 의사소통과 상호작용을 위한 중요한 토론장이 스팸과 선동, 주의를 산만하게 만드는 포스트휴먼 무리에 휩쓸리지 않도록 하는 강력하고 구체적인 법안이다.

공상과학소설에서 말하는 로봇에 대해 아무리 매력적으로 표현해도 조작

가능한 봇의 이야기를 낭만적으로 들어서는 안 된다. 공공 영역의 자동화에서 자유방임적 논리의 끝은 로봇 군대가 소비자의 인지도를 얻기 위해 끊임없이 투쟁하는 것이고, 거대한 자금력을 보유한 회사가 승자가 될 가능성이 높다. 그들은 대중을 끌어 모으기 위해 효과가 있는 것이라면, 교묘한 거짓말이든 무엇이든 공공의 영역을 수백만 개의 개인화된 사적인 영역으로 나눌 것이다. 이것은 표현의 자유라는 고전적 가치의 승리를 대변하는 것이 아니라, 오히려 조작된 동의로 사라지게 하는 것을 의미한다. 정체를 숨긴 봇은 사람들의 기본적 평판을 위조하며 새로운 로봇의 두 번째 원칙을 위반한다.

최고의 로보콜러

이런 위조의 문제는 디지털 세계를 벗어나 현실에서도 나타날 수 있다. 2018년 구글 어시스턴스 데뷔 당시 CEO인 순다르 피차이(Sundar Pichai)는 매장에 전화를 걸어 자동 예약 AI 서비스인 구글 듀플렉스를 시연해 보이며 사람들을 놀라게 했다. 피차이는 다음과 같이 설명했다.

"우리는 소비자들과 사업자들을 더 나은 방식으로 연결하고 싶다. 소규모 사업자 중 약 60%는 온라인 예약 시스템을 갖추고 있지 않고, 많은 고객들이 전화로 인해 불편을 겪고 있다."

그가 "화요일 아침 10시에서 12시 사이에 커트 예약을 해주세요"라고 말하자 화면에는 인식한 음성의 문장이 보이고, 잠시 후 듀플렉스는 미용실에 전화를 걸어 직원과 통화를 했다. 듀플렉스는 다음과 같이 말했다.

"안녕하세요. 저는 고객을 대신해 커트를 예약하려고 전화했습니다."

듀플렉스의 목소리는 실제 사람의 목소리인지 합성음인지 구분할 수 없었다. 미용실 직원이 대답하자 듀플렉스는 "음…" 하고 소리를 내며 진짜 사람이 말하는 것처럼 흉내를 냈다. 그러자 여기저기서 탄성이 쏟아져 나왔다. 듀플렉스는 직원과 대화를 계속 주고받으며 예약을 진행했다. 구글은 기존의 방대한 통화 내용을 바탕으로 만들어진 데이터베이스를 이용해 사람의 커뮤니케이션을 마스터한 것으로 보인다.

듀플렉스 프로젝트 책임자는 사람들에게 AI의 대화 능력이 매우 한정되어 있다는 점을 재빨리 상기시켰다. 그러나 듀플렉스가 진행하게 될 AI 연구의 방향이 어떻게 될지는 어렵지 않게 예측할 수 있다. 예를 들어, 재난이나 우울증 등의 문제로 고객들에게 문자를 보내는 상담 집단의 데이터베이스에 있는 수백만 개의 메시지에 대해 생각해보자. 고객 응대에 드는 비용은 비교적 높은 편이다. 미래에는 사람들의 불만이나 걱정에 대해 과거 사례와 위로의 말을 찾아주는 AI가 나올 수 있지 않을까? 여러 불평과 응답이 저장된 데이터베이스를 분석한 AI가 모든 상황을 대처하고 고객서비스 직업은 사라질 수 있다는 예감이 들지 않는가?

그러나 현재로서의 대답은 "아니오"이다. 온라인에서 쏟아지는 분노의 물결은 곧 구글을 항복시켰다. 상대가 봇임을 인지하지 못한 사람들을 속여 그들이 인간을 상대한다고 생각하게 만드는 것이 기술 발전일 수는 있지만 도덕적으로는 그렇지 않다. 아무리 개인화되어 있고 숙련되어 있다 해도 녹음은 전화로 통화하는 실제 사람과는 매우 다르게 시간과 주의를 요구한다. 언론을 통해 기사가 나온 후 구글은 듀플렉스가 전화를 할 때 자신이 AI임을 밝혀야 함을 마지못해 인정했다. 또한, 전화 수신을 원하지 않는 사업장을 위해 자동 발신자에 대한 미국 연방통신위원회의 요구에 따라 서비스를 조정해 옵트아웃(Opt-out. 당사자가 자신의 데이터 수집을 허용하지 않는다고 명시할 때 정보수집이 금지되는 제도)을 설정했다. 아이러니하게도 식당에서는 식별할 수 있는 이름이 없는 전화는 받지 않기 때문에 듀플렉스가 스팸 전화 속에 묻힐 수 있게 된다.

듀플렉스에 대한 반발은 제품 못지않게 이목을 끌었다. 과거 AI와 로봇에 대한 불만은 주로 경직성 때문이었다. 인간의 자발성이나 창조성과는 거리가 먼 그저 기계적인 것에 불과한 것이었다. 그러나 인간과 컴퓨터의 상호작용을 연구하는 학자들은 최근에 '거의, 그러나 완전히 인간적이지는 않은' 로봇에 대한 문제를 이론화했다. 로봇을 통해 인간의 감정을 시뮬레이션하려는 분야인 감성 컴퓨팅을 연구하는 사람은 충분한 데이터와 정교한 음성 오디오 시뮬레이션, 보다 생생한 얼굴 모양을 통해 창작물이 마침내 불쾌한 계곡을 벗어날 수 있다고 믿는다.

그러나 듀플렉스에 대한 반발은 또 다른 가능성을 시사한다. 옥스퍼드 연구원 토마스 킹(Thomas King)은 저명한 기술 저널리스트인 나타샤 로마스(Natasha Lomas)와의 인터뷰에서 "구글의 실험은 기만을 위해 고안된 것으로 보인다"고 말했다. 트레비스 코르테(Travis Korte)는 "일반적으로 무취의 천연 가스에 냄새나는 첨가물을 넣는 것처럼 AI의 음성도 인간과 다르게 만들어야 한다"고 했다. 코르테의 발언은 '빅 데이터는 새로운 오일이다'라는 기존의 시각을 전혀 다른 새로운 시각으로 바꾸어 놓았다. 그것이 당신의 눈앞에서 폭발하는 일이 없도록 그것을 언제 어떻게 다뤄야 하는지 알아야 한다. 인간과 대화하는 것과 지구상에서 가장 큰 회사 중 하나가 제어하는 인간을 모방하는 AI의 속임수에 지배되는 것은 완전히 다른 문제이다.

듀플렉스를 큰 영향 없이 그저 AI와 잡담이나 대신하는 특이한 물건 정도로 볼 수도 있다. 그러나 이것은 의사소통 환경에 대한 영향력이 점점 커지고 있는 AI 중개자의 빙산의 일각에 불과하다. 듀플렉스가 대화를 위해 하는 일은 유튜브나 페이스북이 비디오나 미디어에서 일반적으로 수행하는 작업과 같다. 주어진 단어 패턴과 최적으로 일치하는 것을 찾는 것이다. 우리는 온라인에서 화면을 스크롤하거나 검색할 때 AI를 생각하지 않는 경우가 많은데, 이는 곧 상업적 성공의 신호를 의미한다. 기업은 우리의 시청 습관과 웹에서의 활동, 이메일, 문자, 위치 등에 대한 데이터를 너무나 많이 갖고 있으며, 이를 이용해 강력하고 중독성 있는 인포테인먼트 장치를 만들고 있다. 우리가 받게 될 영향에 대해 생각을 하지 않을수록 그 영향력은 더욱 강력해진다.

저널리즘의 전문성 회복

각국 정부는 자동화된 공공 영역의 위협에 대해 이제 막 깨닫기 시작하고 있다. 독일은 가짜 뉴스를 배포한 플랫폼에 명확한 책임을 부과하는 법안을 만들며 앞장서고 있다. 그곳에서는 AI 탐지 시스템의 부족이 더 이상 변명이 될 수 없다. 네덜란드에서는 공무원에게 증오심의 표현이나 거짓말이 많이 보이는 플랫폼을 처벌할 수 있는 권한을 부여했다. 그러나 이들 국가의 미디어 규제기관은 이와 같은 제한을 어렵게 얻은 독립에 대한 공격으로 인식한다는 언론의 비판에 직면해 있다. 미국에서는 상황이 훨씬 심각하다. 가장 지위가 높은 거짓말쟁이가 자신의 잘못을 폭로하려는 언론사들에게 '가짜 뉴스'라는 말을 욕설처럼 사용했다. 정치인과 유명인사들은 음모론이나 혐오 발언의 노출을 줄이기 위해 페이스북과 같은 플랫폼을 괴롭혔다. 이런 압력은 온라인 미디어 환경을 개선하기 위한 입법이 힘든 싸움에 직면할 것임을 의미한다.

비록 정부가 자동화된 공공 영역에서의 표현에 대한 감사와 귀속을 요구할 수 없다 해도 대형 인터넷 플랫폼은 겁이 많은 광고주를 안심시키기 위해 자율 규제를 위한 조치를 취할 수 있다. 편파적 발언이나 명예를 훼손하는 콘텐츠의 전파를 제한하도록 알고리즘을 조정하여 정보가 존중받게 되면, 그들은 기사를 조사하기 위해 더 많은 언론인을 고용할 수 있다. 페이스북은 이를 위해 비영리 단체와 협력하기 시작했지만 투입하는 자금은 많지 않으며 영향도 제한적이다. 자원봉사자만으로는 무기화된 정보의 흐름을 다스릴 수 없고, 설령 가능하다 해도 그것을 공짜로 해주기를 기대하는 것은 공평하지 못하다. 이와 같은 사실 확인 작업이 작동하는 한, 이 일에 자금을 제공하는 곳에는 자신의 의제를 부여할 수 있는 엄청난 기회가 있다. 기술 기업이 언론인과 편집자의 직업적 특권과 정체성을 인식하고 미래의 디지털 공공 영역을 구축하고자 한다면 그들을 소프트웨어 개발자 및 엔지니어와 동등한 파트너로 고용하는 것이 좋다.

이것은 아직 일반적인 직업은 아니다. 실리콘 밸리의 많은 사람들은 뉴스 피드를 만드는 것이 본질적으로 기술자가 감독해야 하는 알고리즘 기능이라고 믿는다. 그러나 페이스북은 검색 피드의 트렌딩 주제 편집자를 고용하고 한동안 다른 생각을 했다. 이들은 낮은 직급의 계약직 근로자들이었는데, 근거가 확실하지 않은 뉴스 기사에서 페이스북이 보수적인 내용을 억압하고 있다고 주장하자 무자비하게 버림받았다. 얼마 지나지 않아 가짜 뉴스가 유행하면서 페이스북은 사기꾼과 거짓말쟁이들에게 엄청난 홍보와 노출, 돈벌이 기회를 제공했다. 여기서 얻을 진정한 교훈은 페이스북 편집자에게 더 많은 권한을 부여해야 하며, 그들의 심의는 정해진 형태의 조사와 책임에 열려 있어야 한다는 것이다. 이런 직업은 기술 대기업이 엔지니어에게 부여하는 것과 동일한 수준의 존중과 자율성을 가지는 전문 언론인에게 이상적이다. 언론 관련 교육기관에서는 기술과 미디어 부문 간의 격차를 해소할 수 있는 작가들에게 이미 코딩과 통계 및 데이터 기반 분석 기술을 가르치고 있다. 이미 이런 역할을 수행할 수 있는 지역 전문 언론인들도 많다. 수십 년 간의 정리해고 끝에 2020년 초 미국에는 약 8만 8,000개의 뉴스룸 일자리만 남게 되었다. 몇 달 후에 3만 6,000개가 추가로 사라졌다. 자연스러운 경제 전환은 이런 전문성을 자동화된 공공 영역에 적용하는 데 도움이 될 것이다.

일부 커뮤니케이션 학자들은 컴퓨터와 인터넷으로 연결된 모두에게 언론의 힘을 민주화하는 시민 저널리즘의 이름으로 온라인 콘텐츠의 제작과 큐레이션, 매체 전송을 전문화하려는 움직임에 반대했다. 이론상으로는 아름답고 이상적이지만 실제로는 불안정했다. 인터넷의 실질적인 주권자들이 진짜 《가디언》지와 《덴버 가디언》의 이야기를 구분하지 못하는 것은 단순히 정보의 장을 평준화하려는 중립적인 결정이 아니다. 오히려 데이터, 홍보 및 보도 대책에 대한 수백만 달러의 투자로 연마된 선전 전술을 가속화할 뿐이다. 그들은 편견과 허위 정보, 영향력이라는 암흑의 기술을 잘 활용한다. 토니는 그의 책

『평등』에서 "강꼬치고기의 자유는 피라미들에게 죽음이다"라고 썼다. 듀프레는 "제한받지 않는 자유는 다른 사람들의 자유를 침해한다"고 말한다. 그 경계는 신중하게 봐야 할 문제이다.

우리 시대에는 좋든 나쁘든 페이스북이나 구글 같은 대기업이 국제 커뮤니케이션 규제기관의 역할을 수행한다. 그들은 이 새로운 역할에 대한 책임을 져야 하고, 그렇지 않다면 그 역할을 하는 다른 단체에 길을 열어주기 위해 해체되어야 한다. 공공 영역은 토스터를 생산하는 조립 라인처럼 자동화될 수 없다. 저널리스트의 노력은 본질적으로 인간적이다. 마찬가지로 편집 기능 또한 필연적으로 인간의 가치를 반영한다. 이런 노력에는 각기 다른 원천에 우선순위를 할당하는 상업적 이익과 공익 간의 적절한 균형과, 이런 문제에 대한 결정을 내리는 데 얼마나 투명한지, 개별 사용자들이 뉴스 피드를 얼마나 통제해야 하는지에 대한 깊은 갈등이 있다. 이것은 민주주의의 미래에 가장 중요한 문제이다. 민주주의 제도와 시민 사회보다 주식 수익률과 인공지능의 발전에 더 관심이 많은 경영자가 더 이상 숨겨둘 수 없는 문제이다.

자동화된 미디어 AI의 인간화

자동화된 미디어는 정치와 경제의 일상을 빠르게 재편했다. 기업은 전통적으로 텔레비전 네트워크의 관리자나 신문 편집자의 결정을 대신하기 위해 AI를 도입했지만 실제로는 훨씬 더 강력한 효과를 보여주었다. 미국과 중국에 기반을 둔 플랫폼은 전 세계 수억 명의 독서와 시청 습관을 변화시켰다. 인터넷 플랫폼이 전통적인 미디어의 수익을 빼앗으며 신문사와 언론인들을 강타했다. 알고리즘으로 만들어지는 소셜 미디어로의 전환은 소셜 미디어에서 집단 폭력을 당한 소수 이슬람교도 같은 어떤 취약계층에게는 매우 끔찍하고 비극적인 일이 되었다. 그럼에도 민주주의 국가에 재앙이 될 수 있는 자동화된 미디어의 외계 지능은 미디어 시장에서 승승장구하고 있다.

인공지능을 '외계 지능'이라고 부르는 데는 몇 가지 이유가 있다. 첫째, 대체하고자 하는 인식 패턴 중에서 알아볼 수 있는 것과 거리가 멀다. 예를 들어, 신문 1면의 기사를 선택할 때 편집자는 뉴스에 대해 판단을 한다. 상업적 이유나 숨은 동기가 있을 수는 있지만 원칙적으로는 사람이 결정한다. 디지털 뉴스 피드나 디지털 환경에 최적화된 다양한 형태의 알고리즘 미디어에 기사를 배치하는 의사결정 프로세스는 만화경처럼 단편적이다. 과거 사용자의 기록, 뉴스 원천에 대한 평판, 인기를 높이거나 조작하려는 노력 그리고 수백 개의 여러 변수들이 적용되어 모든 요인을 수치화할 수 있으며, 모든 것을 기록하고, 외부의 조사를 면제받는다. 수억 명의 개인을 위해 콘텐츠를 개인화하고 누가 무엇을 언제 보았는지에 대한 제대로 된 샘플을 얻는 것은 거의 불가능에 가깝기 때문에 대중 매체보다 연구하기가 훨씬 어렵다.

외계 지능은 또한 글로벌 기술 기업 관료들이 알고리즘으로 인해 발생하는 결과와 얼마나 멀리 떨어져 있는지를 시사한다. 관리자들은 언어를 잘 알지 못하는 국가의 서비스를 출시할 수도 있다. 그들은 소스타인 베블런(Thorstein Veblen)이 '부재자 소유'라고 부르는 최악의 전통을 따른다. 즉, 원격의 통제권자가 비즈니스의 맥락과 영향을 제대로 알고 있지 못하는 것이다. 본사에서 수천 마일 떨어진 곳에 있는 매장을 매입할 경우, 매장 주변의 커뮤니티에는 관심이 없고 조잡한 단위의 실적만 평가하는 경향이 있다. 매장의 소유주가 바뀌고, 멀리 떨어져 있는 소유주의 요구에 따라 수익을 극대화하기 위해 이전에 제공했던 기능을 소홀히 할 수 있다. 지역사회에 거주하는 소유주라면 지역 내 사업을 통해 얻는 이익과 고통을 함께 누릴 것이기 때문에 공동체의 이익과 가치에 부합하게 매장을 운영할 가능성이 높다. 페이스북과 구글을 풍요롭게 만든 디지털 전환으로 인해 황폐화된 지역 저널리즘과 미디어에 대해서도 마찬가지이다. 지역 독자들에게 어떤 서비스를 제공했을지는 모르지만 적어도 이 지역에 대한 실질적인 이해관계는 있었다. 볼티모어 선(Baltimore Sun)

같은 신문사는 만약 연고지인 도시가 붕괴되면 생존할 수 없다. 기술 대기업은 이런 비극이 어떤 것인지 알지 못할 것이다.

자동화된 미디어 사용자들은 소외감이나 무의미함, 파편화에 너무 취약해 쉽게 극단주의나 위축으로 이어질 수 있다. 이런 소외에 대한 분석은 21세기 소셜 미디어 비평에서 공통적으로 볼 수 있는, 반향에 대한 맥락 없는 비판을 뛰어넘는다. 오히려 1930년대의 권위주의에 대해 작성한 비평 이론을 반영해야 한다. 특히 정치의 경우 라헬 자에지(Rahel Jaeggi)가 말하는 '무관심한 관계'에 빠져 모든 주류 정당에 무관심해지면 공공 영역이 급격히 퇴보할 수 있는 무대가 만들어진다. 이 시대에 가장 성공한 권위주의적 포퓰리스트들은 이런 소외감을 악용해 파괴적인 정치 프로그램으로 이용한다.

새로운 로봇의 원칙이 이런 모든 문제를 해결할 수는 없다. 이것은 민주주의뿐만 아니라 모든 정치 공동체에 대한 도전이다. 그럼에도 보완성과 진정성, 협력, 귀속에 대한 약속을 새롭게 하는 것은 인도적 미디어의 미래를 위해 필수적이다. 언론과 큐레이션을 안정적이고 충분한 보상을 받는 직업으로 활성화한다면, 적어도 AI 중개자의 횡포에 맞설 수 있는 기회가 될 것이다. 봇 공개를 의무화하면 사용자와 플랫폼이 원하는 컴퓨터의 상호작용과 인간적 상호작용의 조합을 선택하는 데 필요한 필수 정보를 얻을 수 있다. 컴퓨터와 전문가의 판단이 균형을 이루게 되면 소외도 줄어들고, 중개자의 뉴스와 분석에 의존하는 것에서 벗어나 청중과 직접 또는 지역적으로 더 밀접한 관계를 맺는 보다 전문적인 큐레이션 문화로 바뀔 수 있다.

새로운 로봇의 원칙에 따라 적절하게 제한될 수 있다면, AI는 보다 자유로운 표현을 촉진할 수 있다. AI가 언론의 판단을 대체할 수는 없으며, 불법이나 혐오, 증오로 가득 찬 게시물을 순찰하는 콘텐츠 중재자의 역할도 대체할 수 없다. AI 기술을 기반으로 하는 주요 기업은 기업과 정치인, 선동가 사이에서 표적 마케팅의 무기 경쟁을 촉발해 한때 저널리즘을 강력하게 후원했던 수익원을 빼앗아갔다. 이 자금의 일부는 전문 언론인과 기존의 진실을 생산하거나 합의를 제공하는 기관에 다시 지원되어야 한다. 이는 봇과 딥페이크 제작자들이 점점 더 정교해지기 때문에 더욱 중요하다. 즉각적이고 명확한 귀속을 요구하는 새로운 로봇의 네 번째 원칙은 인간의 행동을 기만적으로 모방하는 행위를 금지하는 두 번째 법칙과 마찬가지로 가짜 미디어 문제에 대한 규제를 이끌어야 한다. 트윗과 영상이 진짜인지, 단순히 꾸며낸 볼거리인지를 파악하기 위해 디지털 포렌식 학위가 필요한 건 아니다.

플랫폼 개혁은 가능하며, 커뮤니케이션 학자들은 현재 강력한 압박을 받고 있는 편집자들과 저널리스트, 창작자들을 조기에 대체하기보다는 보완을 위해 만드는 AI라는 고무적인 기술을 개발했다. 이를 실현하기 위해서는 새로운 로봇의 원칙이 제공하는 정치 경제적 환경이 뒷받침되어야 한다. 만약 이 공공권이 제대로 실행된다면 자동화된 공공 영역에서 최악의 폐해를 막는 데 분명 도움이 될 것이다.

5장

인간을 판단하는 기계

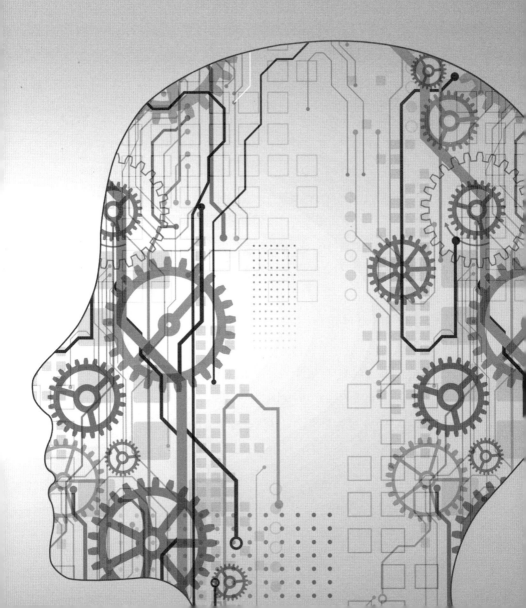

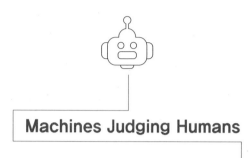

Machines Judging Humans

단순히 말투나 목소리 때문에 일자리를 거부당한다고 상상해보자. 기업은 안면 인식 기술과 음성 인식 기술을 사용해 면접자의 기분이나 행동 패턴을 평가하는 채용 회사와 계약을 맺고, 어떤 사람이 회사와 문화적 적합성이 높은지 판단하고 있다. PWC, 로레알, 마스, 시티뱅크 같은 기업 모두 AI를 도입했다. AI를 인사 도구로 활용하려는 사람에게 얼굴과 음성 스캐닝은 이력서를 분류하는 소프트웨어의 한 가지일 뿐이다. 컴퓨터로 수백 개의 이력서를 자동으로 분류할 수 있다면 다른 수많은 문제에도 컴퓨터를 사용하지 않을 이유가 없다.

소프트웨어는 AI 데이터에서 잘 드러나지 않는 소수자들을 제외할 수 있다. 페미니스트들은 모범 직원의 외모와 인상이 뿌리 깊은 성차별과 많은 관련이 있음을 알리고 싶어 한다. 만약 과거 경영진 중에서 여성이 없다면 미래의 스타를 예측하기 위해 사용할 데이터에 관련 정보를 제공할 수 없다. 이런 우려를 해소하기 위해 변호 단체인 업턴은 문제가 있는 채용 알고리즘에 대한 보고서를 발행해 '도구의 편견을 제거하는 적극적인 조치'를 권고했다. 예를 들어 고용주는 AI에 의해 탈락된 면접자들 중 유망하다고 생각되는 지원자에게

두 번째 기회를 줄 수 있다.

얼굴과 음성을 분석하는 것은 또한 사람의 존엄성과 자율성을 훼손한다. AI가 이력서를 분석하게 하는 것과 지원자의 태도와 자세에서 설명하기 힘든 부분을 평가하는 것에는 큰 차이가 있다. 이력서에 어떤 내용을 넣을지는 내가 스스로 선택할 수 있지만, 면접관이 깜짝 놀랄 만한 말을 할 때 눈을 1밀리미터라도 크게 뜰지 말지는 내가 선택할 수 없다. 사람과의 면접은 어색하고 억지스러울 수 있다. 능숙하게 허세를 부릴 줄 아는 사람은 어려운 자리를 지키고 있는 게 어려운 일이 아닐 수 있지만, 충분한 능력이 있음에도 그런 자리를 이겨내지 못하고 면접에서 떨어지기도 한다. 태도나 외모를 기계적으로 분석하는 것은 무례해 보인다. 회사의 최고 경영자는 이런 식으로 뽑지 않는다. 그런데 왜 일반 직원에게는 이런 비인간적인 방법을 사용하려 하는가?

인간을 판단하는 기계가 많아짐에 따라 다음의 네 가지 반응이 가능하다. 어떤 사람들은 시스템을 자신에게 유리하게 바꿀 수 있는 방법을 찾으려 할 것이다. 구체적으로 표현하기 어려운 소질이나 문화적 적합성, 또는 AI가 예측할 것으로 예상되는 모든 것의 상징을 역공하려 할 것이다. 또 다른 그룹은 시스템의 정확도를 향상시키기 위해 노력할 것이다. 세 번째 소규모 그룹은 기술적인 방법이나 규제를 통해 시스템을 좀 더 공정하게 만들려고 노력할 것이다. 네 번째 그룹은 기계의 판단을 완전히 금지하거나, 특정 상황에서 기계의 판단을 배제하거나, 의사결정에 인간이 참여하도록 요구하기 위해 선동할 것이다.

이번 장에서는 개인의 신용, 범죄 관련성, 직업이나 특정 혜택에 대한 적합여부를 측정하는 AI 평가 시스템에 반대하는 사람에 중점을 두고자 한다. 기계가 사람을 판단한다는 것은 기술 발전의 도움을 많이 받는 의학 영상 기술과는 크게 다르다. 폐에서 종양을 찾아내는 것과는 다른 일인 것이다. 모든 것을 볼 수 있는 컴퓨터의 눈이 학교와 거리, 병원에 도사리고 있어야 하는지,

모든 사람의 키보드 입력을 감시해야 하는지에 대한 논란이 계속되고 있다. 핀테크 스타트업이 수집하는 부가 데이터 같이 신용을 평가하는 방법에 대해서도 마찬가지이다.

기계학습의 공정성과 책임성 및 투명성을 위한 움직임은 이제 인간의 노력이나 주의력, 신뢰성, 가치 등을 추정하는 AI의 개선에 대한 여러 가지 방법을 제안했다. 이런 기술에 대해 선제적인 차단을 우선 적용한 후 사례별로 라이선스를 부여하는 것도 좋은 방법이다. 예를 들어 3장에서 언급한 학교의 경우는 일반적으로 하이크비전 같은 감시 카메라의 지배를 받아서는 안 되지만, 학대나 방치 같은 사고가 종종 발생하는 병원에서는 유용할 수 있다. 그러나 이곳에서도 진료의 질이나 직원의 가치를 컴퓨터로 판단한다는 생각은 지양해야 한다. 인간은 서로 인간적인 방식으로 관심을 표현하고 설명할 수 있어야 하고, 책임감이 없고 투명하지도 않은 소프트웨어에게 그런 중요한 역할을 맡길 수는 없다.

로봇 판결의 항소와 위험

법원에서 소환장을 받고 출두하는 과정을 상상해보자. 법정에 도착했는데 아무도 보이지 않는다. 키오스크에서 사진을 찍고 나면, 9번 좌석에 앉으라는 화면이 표시된다. 시리와 알렉스가 혼합된 것처럼 들리는 음성이 당신의 사건은 아홉 번째라고 말한다. 잠시 후 자리에서 일어서라는 안내 방송이 나온다. 방 앞쪽의 커튼이 열리면서 가운을 입은 남자의 이미지가 보이는 또 다른 화면이 나타난다. 판사의 얼굴은 AI로 생성한 수백만 개의 가짜 얼굴 중 하나이다. 만여 개의 영화 샘플에 등장하는 판사들의 이미지에서 추출해 합성한 것이다. 알선 업체가 소개한 AI 판사이다.

로봇 집행관이 당신의 사건과 이름을 호명하면 피고석으로 이동한다. 판사 아바타가 말하기 시작한다.

"귀하는 다수의 중대한 법률을 위반했습니다. 귀하는 지난 2년 동안 제한 속도 시속 5마일 이상을 10회 위반했습니다. 작년에는 세 편의 영화를 불법 다운로드했습니다. 한 파티에서는 마리화나를 피웠습니다. 알고리즘의 선고에 따르면, 이런 범죄 조합에 대한 최적의 제재는 신용점수 40점 감점, 자산의 5%에 해당하는 벌금 부과 그리고 향후 6개월 동안 알고리즘에 따라 모니터링되는 가정용 카메라를 설치하는 것에 동의하고 다시는 법을 위반하지 않는 것입니다. 항소하고자 한다면 휴대폰으로 다운로드받은 스위프트 저스티스 앱에 항소 사유를 입력해주세요. 그렇지 않다면 입구에 있는 키오스크에서 추가 안내를 받으십시오."

이 시나리오는 프란츠 카프카(Franz Kafka)와 필립 K. 딕(Philip K. Dick)의 만남이라는 말도 안 되는 공상과학 소설처럼 보일 수 있지만, 사실은 사회적 통제의 세 가지 최신 트렌드를 반영한 것이다. 첫 번째는 유비쿼터스 감시, 즉 하루 동안 일어나는 모든 순간을 기록하고 분석하는 기능이다. 두 번째는 금지되거나 권장되는 행동에 대한 처벌과 보상을 동적으로 조정할 수 있는 스마트 도시에 대한 탐구이다. 미래학자들은 지역 질서에 대한 보다 유연한 평가를 위해 구시대적인 법을 버리고, 보다 결과 중심적인 치안 유지 활동에 대해 상상한다. 법이 없는 이상적인 질서에서는 큰 소리를 낼 수 있는 단체가 불만을 많이 제기하면 불법이 되고, 아무도 불만을 제기하지 않으면 무엇이든 할 수 있다. 세 번째는 사람을 기계로 대체하려는 시도이다. 경비원과 경찰은 급여와 연금을 받지만, 로봇은 전기와 소프트웨어 업데이트만 하면 된다. 미래의 경찰이나 경비 업무는 범죄자나 용의자를 움직일 수 없게 만드는 드론이 할 것이다.

현재 법 집행 및 거버넌스 분야의 인공지능과 로봇은 자원을 보다 효과적으로 사용하려는 경제적 관점에 따라 크게 좌우된다. 드론과 CCTV 카메라 및 로봇을 모두 동원한다 해도 왠만한 경찰 부대보다는 비용이 훨씬 적게 들 것이다. 또한 기존의 방법보다 더 효과적이고, 용의자를 다치게 하거나 무고한 사람을 잘못 겨냥할 가능성도 낮을 것이다. 그러나 정부의 통제 범위가 너무 멀어지면, 얻는 것만 있는 게 아니라 잃는 것도 존재한다는 이중적인 측면이 있다. 정부는 항상 보호자이자 잠재적 위협, 원조와 억압의 원천, 두 입장을 동시에 취한다. 경찰은 평화로운 시위대를 적대적인 군중으로부터 보호할 수 있지만, 한편으로는 체포하고 감금할 수도 있다. 더욱 안타까운 것은 국가 무력의 혜택이 자의적이고 차별적으로 적용되는 경우가 너무 많다는 점이다. 경찰은 미국의 아프리카계 미국인뿐만 아니라 중국의 위구르인과 브라질의 빈민가 거주자에 이르기까지 소수민족에게 불균형적으로 폭력을 가하고 있다.

법치주의에 충실한 커뮤니티는 이런 불공정을 억제하는 방법을 찾았다. 민간심의위원회와 법원은 경찰의 과잉 대응을 견책하고, 시민권이 침해될 경우 손해 배상을 명령할 수 있다. 미국의 수정헌법 제4조에서는 정당한 이유 없이 건물과 사람을 전면적으로 수색하고 압수하는 일반 체포 영장을 금지한다. 또 다른 인권 프레임워크는 경찰 국가에 대해 훨씬 더 강력한 보호를 제공한다. 이런 모든 보호 조치는 치안 유지의 효율성을 높이는 것이 아니라 오히려 떨어뜨린다. 산업적 성취에 대한 일반적인 기준은 치안 유지와 같은 사회적 관행과는 맞지 않는다.

소프트웨어와 AI는 이미 전 세계 생산 능력의 상당 부분을 소비하는 방대한 보안, 치안, 군사 활동 같은 경비 인력에 정보를 제공하고 있다. 인간의 편견이나 걱정과 선입견에 영향을 받지 않으며 철저하게 국제법을 따르는 로봇을 만들기 위한 계획이 있다. 법학 교수인 베넷 캐퍼스(Bennett Capers)는 고도로 컴퓨터화된 경찰이 미국의 모든 사람을 매우 높은 수준으로 감시함으로써 평등에 타격을 주는 미래에 대해 이야기했다. 아프리카 미래주의자인 그의 시각으로 보면 법 집행 기술은 보다 온화하고 관대한 사회 질서에 포함된다. 캐퍼스는 재판이 필요하지 않은 것을 기계가 재판하지는 않지만 그에 근접하기를 바란다. 왜냐하면 그것은 현재의 여러 재판에서 경험할 수 있는 편견을 제거할 것이기 때문이다.

호주의 법학자인 댄 헌터(Dan Hunter)는 AI가 감옥을 필요 없게 만들 수 있다고 믿는다. 정교한 컴퓨팅 시스템을 이용해 미래의 모든 형벌을 가택 연금으로 대체할 수 있다는 것이다. 많은 재소자들이 감옥에서 겪는 지루함과 폭력을 고려할 때, 이것은 인도적 처벌과 재활이라는 큰 발전처럼 보일 수 있다. 그러나 첨단기술 감금 프로젝트에 대한 헌터의 생각에는 영화 '마이너리티 리포트'에서나 나올 법한 제안도 포함되어 있다. 집에서 복역하는 대신 새로운 범죄나 법률 위반을 저지르려고 하는 것을 알고리즘이 감지하면 그것을 무력화시키도록 충격을 가하는 전자 팔찌나 발찌를 범죄자에게 장착시킨다. 이런 관리는 음성 인식이나 표정 분석 같은 생체 인식 요소의 조합으로 만들어질 것이다. 이것이 자동화된 사법의 정의다. AI가 일단 판결을 내리면 판사에게 항소하거나 경찰관에게 자비를 구할 기회조차 없다. 인공지능은 판사이자 배심원이며 상황에 따라 집행자 역할을 할 수도 있다.

기술 애호가들은 법 집행에서 AI에 대해 특히 명확하고 예리한 견해의 지배적 정책 접근을 제시한다. 이런 관점에서 AI와 로봇은 필연적으로 더 많은 치안 유지 업무를 차지하게 될 것이며, 시민이자 학자, 기술자로서 가능한 한 잘 작동하도록 돕는 것이 우리의 의무이다. 예를 들어, 안면 인식 시스템의 흑인 얼굴 인식률이 백인에 대한 인식률보다 떨어지는 경우, 데이터베이스에 흑인 얼굴을 추가한다. 그러나 우리는 한 걸음 물러서서 만능 감시나 가상현실 감옥이 왜 그렇게 많은 사람에게 매력적으로 보이는지 생각해봐야 한다. 앞에서 언급한 대체 AI의 유혹을 떠올려보자. 현재 인간이 수행하는 작업 환경이 더욱 악화되거나 비용이 높아질수록 기계가 그 일을 대신해야 한다는 압박이 커질 것이다. 제대로 운영되지 않는 교도소의 폭력과 지루함이 유일한 대안이라면 집에서 테이저건을 장착한 로봇이 하루 종일 감시하는 것도 나쁘지 않다.

부끄러울 정도로 인종 차별적인 경찰들의 기록은 아프리카 미래주의 로봇 경찰을 큰 도약처럼 보이게 만든다.

하지만 훨씬 더 큰 변화가 필요한 상황에서 개혁주의 논리를 믿음으로써 우리가 잃는 것은 무엇일까? 프린스턴대학교 아프리카계 미국인 교수 루하 벤자민은(Ruha Benjamin) "알려진 대로라면 성장하는 첨단기술 교정의 일부인 교도소에 대한 보다 인간적인 대안은 속칭 '그리에테스(Grilletes, '쇠고랑'의 스페인어)'라고 불러야 한다"고 주장한다. 경찰과 교도소 간수들이 AI와 로봇을 빠르게 수용함에 따라 사회 통제 문제에 대한 보다 총체적인 접근이 사라지고 있다. 이 기술의 모든 버전에 내재된 더욱 심각한 문제는 해결되지 않고 있다.

'마이너리티 리포트' 시나리오의 비교 대상이 비좁은 감방과 불편한 침대, 부실한 음식이 나오는 일반적인 감옥이 아니라 스칸디나비아에서 볼 수 있는 개방형 감옥이라면 어떨까? 이 교정 시설에서는 수감자에게 햇볕이 잘 드는 방과, 직접 요리를 하고 생활공간을 청소할 수 있는 자율성을 제공한다. 이곳에는 교육과 직업훈련, 비착취적 업무 그리고 미국이나 중국, 러시아의 감옥에서는 거의 찾아볼 수 없는 수준의 신뢰가 있다. 이 스칸디나비아 교도소는 컨트리클럽이 아니다. 그들은 여전히 범죄자의 자유를 엄격하게 제한한다. 그러나 전통적인 교도소와 현재 제안되는 기술적으로 업그레이드된 교도소에는 부족한, 범죄자에 대한 기본적인 존중을 보여준다. 치안에서 문제를 일으키는 여러 사례를 개선하기보다는 종식시키겠다는 움직임이 커지고 있다.

무례한 행동으로 잘못 인식되는 경우

최소 두 곳 이상의 주요 영국 경찰서에서는 경범죄자들과 정신건강에 문제가 있는 개인, 비폭력 시위자를 확인하고 감시하기 위해 안면 인식 장치를 배치했다. NGO의 빅브라더워치(Big Brother Watch)는 인식 장치가 검출한 내용 중 90% 이상은 잘못된 내용이라는 것을 발견했다. 이런 문제는 원칙적으로 더 나은 기술이나 소셜 네트워크의 태그로 지정된 사진으로 만든 대규모의 데이터베이스로 해결할 수 있다. 하지만 여기에는 기술적 문제가 아닌 또 다른 차원의 잘못된 인식이 존재한다. 왜 정신질환자를 죄수들과 함께 분류하는가? 왜 정부는 비폭력 시위대의 데이터베이스를 가지고 있는가? 누가 군중 속에서 익명성을 보장받을 권리를 파괴하려고 만든 기술을 특정 대상에 적용하도록 권한을 부여했는가? 머신 비전이 확산됨에 따라 비평가들은 기술의 효능에 대해서만 우려하는 것이 아니다. 이 기술이 지키고 있는 견고한 권력 구조에 의문을 제기하고 있다.

안면 인식의 남용은 공공과 민간 부문 양쪽에서 증가하고 있다. MIT 연구원 조이 부올람위니(Joy Buolamwini)는 상용 안면 인식 소프트웨어가 소수자, 특히 소수계 여성을 식별하지 못하는 실패 사례를 기록했다. 그녀는 이 머신 비전을 '코드로 만든 시선'이라고 부른다. 이는 기술을 만들 수 있는 힘을 가진 사람의 우선순위와 선호도, 때로는 편견을 반영한다. 이런 사례는 최고의 리소스를 보유한 기업에서도 어렵지 않게 찾아볼 수 있다. 미국 시민자유연맹이 아마존의 영상 인식 소프트웨어를 사용해 미국 의회 의원들 중 데이터베이스에 있는 범죄자가 있는지 확인해 달라고 요청했을 때, 잘못된 결과가 많이 나왔다. 너무나 많은 의원들을 범죄자로 식별했던 것이다. 이런 아마존 시스템의 문제로 몇몇 기술 대기업의 수익에 타격을 받을 가능성이 있음에도 오히려 규제를 요구하는 데 도움이 되었다.

기업들은 현재 관련 데이터베이스에서 소수자의 얼굴을 적절하게 표현하기 위해 노력하고 있다. 그러나 일부 민권 옹호자들은 안면 인식 데이터베이스의 불완전성이 오히려 좋은 점이라고 주장한다. 학자이자 활동가인 조에 사무지(Zoé Samudzi)는 오늘날까지 계속되는 인종차별적 경찰의 만행이라는 비극적인 미국의 유산을 떠올리며 "어쩔 수 없이 점점 더 무기화되어가고 있는 소프트웨어로 하여금 흑인을 동등하게 보이게 하는 것은 진보가 아니다"라고 주장한다. 안면 인식 시스템에서 일부 형태에 대한 편향을 감소시키면 (예를 들어 더 많은 소수자의 얼굴을 포함하여) 다른 편견이 악화될 수 있다. 미국 사회과학연구위원회 회장인 알론드라 넬슨(Alondra Nelson)은 감시를 위해 과도하게 사용하는 안면 인식 시스템이 흑인 공동체를 더 잘 인식하게 하고자 하는 이유를 애써 이해하려 했다고 말했다. 잘못된 판단을 하지 않도록 막는 것이 중요한 목표이다. 그러나 법률학자 우드로우 하트조그(Woodrow Hartzog)와 철학자 에번 셀링거(Evan Selinger)가 기술 금지를 촉구하는 성명을 통해 반복적으로 경고한 바와 같이, 안면 인식의 전반적인 영향에 대해서도 다룰 필요가 있다.

미래주의적인 경찰 컨설턴트들은 흉악범을 잡기 위해 지명 수배자 명단과 범용 폐쇄 회로 TV 카메라를 활용하고 싶어 한다. 우리는 정말로 기업과 경찰이 모든 얼굴과 이름을 일치시킬 수 있으며, 알고리즘으로 생성되고 종종 비밀리에 기록하는 능력의 향상을 원하는 것일까? 안면 인식 기술은 구글 글래스가 등장했을 때와 같은 기부 빈응을 일으킬 수도 있다. 구글은 현실을 증강하고, 지인을 인식하며, 낯선 공간의 지도를 보여줄 수 있는 손쉬운 방법으로 카메라 안경을 홍보했다. 그러나 글래스 착용자들의 시선에 잡힌 많은 사람들은 카메라 안경이 위협적이라는 것을 알게 되었다. 변기와 화장실 주변에서의 글래스 에티켓에 대해 곤란한 질문이 나왔다. 이 기술이 인기를 끌지 못하자 비평가들은 이 얼리어답터를 '글래스홀'이라 부르며 맹렬히 비난했다. 심지어 몇 십 년 전만 해도 비디오카메라를 여기저기 갖고 다니는 사람을 편집증적이거나 강박적이라며 무시했다. 좀 더 작게 만들면 더 호의적인 반응을 얻을 수 있을까? 그렇지 않다. 사실 눈에 띄지 않는 것이 훨씬 더 위협적이고, 심지어 그들이 감시받고 있다는 것조차 사람들에게 알리지 않는다. 더욱이 생체 인식 안문(Faceprints, 신원 규명을 위해 사람 얼굴 사진을 디지털화한 것)은 지문이나 은행 계좌 번호 같이 쉽게 수집이나 유포가 가능한 대상이 되어서는 안 된다. 오히려 라이센스가 필요하며 오용을 방지하기 위해 당국의 정기적인 감사가 필요하다.

생체 인식 데이터베이스가 점점 더 많은 사람을 대상으로 확장됨에 따라 권력의 역학관계는 중요해진다. 에이미 호킨스(Amy Hawkins)는 외교 문제에 대한 에세이인 『북경의 빅브라더 기술은 아프리카인의 얼굴이 필요하다』에서 "안면 인식 시스템에 대해 인종적 편견을 더 잘 학습시킬 수 있다는 것은 중국에 중요한 우위를 줄 수 있다. 그러나 이런 개선은 권위주의를 부추기게 된다"고 지적했다. 만약 중국이 이슬람교도가 대부분인 신장 지구에 배치한 기술적 인프라를 남아프리카공화국이 가지고 있었다면 반인종차별 운동이 전개됐을까? 그런 조직이 만델라가 되고자 하는 사람을 돕는 이야기를 한다는 것은 어려운 일이다.

다행스럽게도 위험한 기술을 규제하는 방법이 있다. 마이크로소프트 연구소의 루크 스타크(Luke Stark)는 안면 인식을 'AI의 플루토늄'이라고 불렀다. 스타크가 설명하는 것처럼 플루토늄은 고도로 전문화되고 엄격하게 통제된 용도로만 사용되며, 확산이 허용될 경우 독성의 위험이 매우 높아서 국제 체제에 의해 통제되며, 가능한 한 생산을 막는다. 스타크에게 있어 안면 인식은 권위주의 정권을 돕는 것에서부터 인종적 고정관념을 세탁하는 것에 이르기까지 너무나 많은 부정적인 결과를 초래하기 때문에 유사한 예방책과 제한이 필요하다. 국가가 팬데믹이나 테러리즘을 막기 위해 고도로 전문화되고 제한된 데이터베이스를 개발하는 것은 합리적이다. 그러나 과속 카메라나 보험사기를 적발하고 좀도둑을 잡는 데 그런 강력한 기술을 적용하는 것은 파리를 죽이기 위해 큰 망치를 사용하는 것과 같다.

스타크의 제안은 기계의 힘을 한정하고 폭력을 제한하기 위해 널리 합의된 논리를 확장한 것이기 때문에 특별한 통찰이 있다. 면허도 없이 후드에 기관총을 장착한 자율주행 차량을 구입하거나 무기를 장착할 수 있는 사람은 아무도 없다. 탱크는 개인의 군대가 아니라 전쟁을 위한 것이라는 것은 기본 상식이다. 안면 인식 기술을 많이 사용하는 것은 구조적 폭력을 암시한다. 즉, 개인을 유형화하거나 원격으로 감시하고, 그를 조종하기 위해 데이터베이스를 뒤지는 것에 대한 체계적인 노력이다. 안면 인식 기술을 제한하면 행방과 신분이 가려진 채 익명으로 이동할 수 있는 최소한의 자유가 보장된다.

불행히도 여러 사회에서 법적 책임이 없는 기수 중 하나인 표현의 자유라는 원리주의가 합리적인 면허 제도를 뒤엎을 수 있다. 기업은 과학적 자유에 대한 일반적인 권리를 주장하면서 정부가 그들에게 무엇을 연구하고 무엇에 대한 데이터를 수집할 수 있는지 지시해서는 안 된다고 주장해왔다. 여기서 가장 큰 아이러니는 헌법상의 권리에 대한 기업의 주장이 평범한 시민들의 발언에 막대한 위축 효과를 가져올 데이터베이스를 만든다는 것이다. 시위에 참여하는 사람들을 보안요원이 멀리서 지켜보는 것과, 책임을 지지 않는 개인 회사에서 구입한 안면 인식 스캔 장치로 경찰이 당신의 이름과 주소, 직업을 즉시 확인할 수 있는 것은 전혀 다른 문제이다.

개인정보 보호 옹호자들은 이런 데이터베이스의 정확성에 대해 오랫동안 우려해왔다. 다나 프리스트(Dana Priest)와 윌리엄 아킨(Bill Arkin)이 '탑 시크릿 아메리카' 시리즈에서 밝힌 바와 같이 미국 시민에 대한 방대한 데이터에 접근할 수 있는 기관은 수백여 개에 달한다. 스노든의 폭로 이후 개인 데이터를 수집하는 막강한 권한은 학자와 시민 자유주의자 그리고 사실상 거의 모든 시민에게 데이터 기반 의사결정이 얼마나 잘못될 수 있는지에 대한 불안감을 불러일으켰다. 거기에는 높은 위험이 도사리고 있다. 무직자와 무투표자, 무국적자 등 블랙리스트에 오른 개인은 모두 위험에 처하게 된다. 부당하게 표적이 된 사람은 실질적인 구제 수단이 거의 없으며, 결국 쓸모없는 내부적인 호소로 끝나게 된다. 그 결과 투명성과 적법 절차라는 기본 원칙에 상처가 생기게 된다. 제도는 일반 시민들이 정부와 기업이 내리는 판단에 대해 이의를 제기하는 것은 물론 접근하는 것조차 매우 어렵게 만든다. 이런 기본적인 안전장치가 없다면 AI를 통한 거버넌스에 대한 도덕적 근거는 무너지게 된다.

겉만 보고 속을 판단하지 마라 : 안면 인식에서부터 표정 분석까지

이와 같이 표정 분석은 가뜩이나 어려운 상황을 머지않아 더욱 악화시킬 수 있다. 몇몇 저명한 기계학습 연구자들은 얼굴로 성적 성향과 지능을 파악할 수 있다고 주장하고 있다. 또 다른 연구원들은 수감자의 얼굴이 저장된 데이터베이스를 사용해 범죄별 특징에 따른 정형화된 이미지를 개발했다. 한 스타트업은 소아성애자와 테러리스트의 특징을 찾아낼 수 있고, 전 세계 보안 기관에서 이 기술을 사용하고 있다고 주장했다.

비평가들은 그런 예측의 정확성에 대해 이의를 제기했다. 수감자들의 얼굴로 구성된 훈련 데이터는 모든 범죄를 대표한다기보다 어떤 범죄자가 잡혀서 투옥되어 있는지를 나타낼 뿐이다. 상당수의 범죄자가 아직 체포되지 않았고 모두가 처벌받고 있는 것도 아니기 때문에 데이터 세트가 적절하게 범죄자의 특징을 나타낸다고 볼 수는 없다. 동성애자의 얼굴을 식별할 수 있다고 주장하는 연구는 인공지능을 훈련하는 데 사용된 이미지의 출처인 데이트 사이트를 이용하는 사람의 특정 표현 패턴을 단순하게 이해한 것일 수 있다. 게이와 레즈비언은 특정 시간이나 장소에서 안경을 쓰거나 특정 모양의 수염을 뽐내며, 미소를 짓거나 진지한 모습을 보이는 경향이 있는 것처럼 보인다. 댄 맥퀼런(Dan McQuillan)이 경고한 바와 같이 기계학습은 과학과 비교하며 종종 강력한 예측을 한다. 그러나 객관적이고 보편적이기보다는 특정 계산 메커니즘과 훈련에 사용되는 데이터에 얽힌 지식을 생성한다.

이런 단점은 불투명한 형태의 기계 판단에 대한 비판을 뒷받침한다. 설명이 되지 않는다면 훈련 데이터의 대표성에 따라 성패가 좌우된다. 예를 들어, 자연어 처리 기술을 사용해 유사한 판례를 찾고 그에 따라 우선순위를 정하며 사건을 분류하는 고압적인 분위기의 법원을 상상해보자. 과거의 상황만 고려한 판례는 상황이 달라진 현재 시점에서는 실제로 합당한 좋은 가이드가 될 수 없다. 특정 단어나 문구가 특히 심각하다거나 타당한 주장을 하는 것으로 분류된 이유를 식별하는 시스템이 훨씬 유용하다. 소송의 유형이나 판사의 우선순위, 또는 기타 여러 요인이 바뀜에 따라 그 가치도 하락할 것이다.

AI가 범죄 행위를 예측하는 것에는 훨씬 더 많은 장벽이 있다. 킬 브레넌 마르케스(Kiel Brennan-Marquez)가 설명한 것처럼 미국 수정헌법 제4조에서 비롯된, 근거가 충분한 혐의에 대한 판결은 단순히 확률론적, 통계적 또는 인공지능이 아닌, 용의자를 조사하는 타당한 설명을 제공할 것을 요구한다. 우리는 단순히 감시당하고 있다는 사실뿐만 아니라 감시당하는 이유에 대해서도 이해해야 한다. 이것은 첨단 감시 기술을 이용해 시민을 완벽하게 통제하고 싶은 유혹에 빠질 수 있는 국가 권력의 한계이다. 블랙박스 예측 분석은 우리 모두 잠재적 범죄자와 상관있는 어떤 행동에 관여했을지도 모르기 때문에 경찰에게 거의 모든 사람을 조사할 수 있는 명분을 쉽게 제공한다.

단순 상관관계와는 다른 이런 인과관계의 결여는 안면 기반 예측의 또 다른 문제를 지적한다. 얼굴 모양이 범죄에 영향을 미친다는 실질적인 증거가 없는 상황에서 단순 상관관계에 기초해 정책을 만든다는 것은 소름 끼치는 일이다. 이는 인간의 의미와 소통이 정당성의 핵심인 시스템에서 사실상 인간이 아닌 외계의 지능을 높이는 것이다. 실제로 얼굴을 바꿔서 범죄자가 될 가능성을 줄이는 방법이 있다면, 빅 데이터의 개입은 매우 강력하고 세분화된 사회 통제를 예고하는 것이다.

감성 컴퓨팅의 응용에 대해서도 동일한 주의가 필요하다. 어펙티바라는 회사는 세계 최고의 감정 분석 능력을 갖고 있다고 자부한다. 어펙티바는 감정을 부호화 한 수백만 얼굴의 데이터베이스를 사용해 자신들이 만든 AI를 통해 얼굴 표정에서 기쁨과 슬픔, 혐오 등 기타 여러 감정을 읽을 수 있다고 한다. 이런 분석에 대한 수요는 매우 많다. 수작업으로 처리해야 하는 승인 업무에 시달리는 미국 보안 담당 군인들은 수상한 표현을 찾아주는 AI를 찾고 있다. 감정 탐지기는 거짓말 탐지기까지 거슬러 올라가면 경찰과 보안, 군사적 응용 등 다양한 분야에서 사용되고 있다. 어펙티바의 CEO이자 공동 설립자인 라나 엘 칼리우비(Rana el Kaliouby)는 정부의 기술 사용에 대한 허가를 거부했지만, 감정 인식은 어디에 사용되든 양날의 검이라는 것을 인정한다. 그녀는 자연스럽게 직원의 감정 상태를 지속적으로 지켜보는 미래의 직장을 상상한다.

> 나는 익명적 동의하에 사람들이 사무실에서 스트레스를 받고 있는지, 또는 일을 하며 행복해 하는지에 대한 감정 지수를 얻을 수 있다면 매우 흥미로울 것이라고 생각한다.
> 또 다른 예는 CEO가 전 세계의 온라인 접속자에게 발표하는 동안 기계는 메시지가 의도대로 잘 전달되고 있는지를 표시하는 것이다. 흥미로운 목표인가? 사람들의 동기를 자극하는가? 우리 모두 같은 장소에 있다면 쉽게 수집할 수 있다. 하지만 지금은 모두가 흩어져 있어서 이런 것에 대한 감을 잡기가 쉽지 않다. 그러나 같은 기술을 '그래. 저 직원이 정말 한가해 보이니 괴롭혀야겠다'고 생각하며 나쁜 목적으로 사용한다면 그것은 데이터를 완전히 남용하는 것이다.

엘 칼리우비의 전망에 따르면 우리는 두 세계의 장점을 모두 누릴 수 있다. 모든 것을 감시하되 우리에게 데이터를 불리하게 사용하지 않으며, AI가 우리를 지배하거나 조종하려 하는 것이 아니라 도움을 주기 위해 감정을 이해하는 것이다.

이 두 가지 희망 모두 의심할 만한 충분한 이유가 있다. 어느 법학자 집단의 결론을 인용하자면, 미국의 직원들은 거의 무한한 감시를 견뎌내고 있다. 강력한 개인정보 보호 규정이 있는 관할권의 집행이 제대로 이루어지지 않는 경우가 많다. 또한 기술 기업이 라이선스 기술을 잘 보호하는지도 입증되지 않았다. 물론 고용주가 CEO의 농담에 웃지 않는다는 이유로 직원을 괴롭히지

말 것을 요구하는 문구를 계약서에 포함시킬 수는 있다. 그러나 영업 비밀로 보호받고 있는 직원 평가 방법을 파헤칠 수 있을까? 지속적으로 자신들의 제품 사용을 관리하는 사례가 있는가? 심지어 그와 같은 감시가 노동법 위반에 해당할 수 있는 사법권하에서도 찾기 어려우며, 오히려 즉각적인 위협에 사로잡혀 있다. 독립적인 제3의 감시인도 만병통치약이 되지 않는다. 법 집행 기관이 기업의 행위를 엄격하게 조사할 것을 요구하는 환경에서도 반복적으로 실패했다.

위에 언급한 사례에서 기업의 사회적 책임과 규제에 대해 모호한 약속이 아닌 그 이상이 필요하다. 직원들이 기술 남용에 맞서 싸울 수 있는 커뮤니티를 만들어야 한다. 명확한 규칙을 집행할 수 있는 독립적이고 충분한 재원을 갖춘 규제기관이 필요하다. 그리고 규칙 위반에 대한 실질적인 처벌이 필요하다. 이것이 인간을 위한 자동화에 반드시 필요한 구조적 기반이다. 책임의 조건과 목표에 대한 논쟁은 공정성의 문제로 그치지 않아야 한다. 이런 도구를 개발하고 배포하는 것에 대한 보다 광범위한 질문에 대해 생각해야 한다.

금융포용이 소름끼치는 약탈적 행위가 될 때

AI의 예측 능력을 높이려는 사람과 AI의 사용을 금지하거나, 엄격하게 제한하려는 사람 간에 발생하는 안면 인식과 분석에 대한 논쟁에 따른 갈등은 법률뿐만 아니라 금융 분야에서도 계속 발생할 것이다. 대출 기관은 데이터에 의존해 신용을 부여하고 이자율을 설정한다. 그들은 알고리즘의 예측력을 강화하기 위해 잠재 대출자에게 끊임없이 많은 정보를 요구한다. 데이터 요구가 너무 광범위하고, 사생활을 침해하며, 무언가를 추측하려 할 수 있기 때문에 비인간적이라고 느껴질 수 있다. 한계를 어디로 정해야 할까?

머신러닝에 기대하는 것은 과거의 대출 기록을 통해 식별할 수 있는, 현재 대출이 막힌 사람에게 공통적인 저위험 특성을 찾는 것이다. 예를 들어, 신용

리스크가 낮은 사람은 최소 7시간 이상의 수면을 하고 크롬 웹 브라우저를 사용하며, 유기농 식품을 구입하는 경향이 있는 것으로 알려져 있다. 개별적으로는 그중에서 그 어느 것도 깊은 상관관계가 없다. 그러나 그 값이 임계치에 도달하면 낮은 신용 리스크에 대한 빅 데이터 기반의 새로운 특징이 나타날 수 있다. 소액 대출 기관은 이미 인터넷 활동 같은 특성값 등을 이용해 대출 심사를 하고 있다.

대출 기관은 이런 모든 혁신이 금융 규제를 더욱 완화해야 하는 이유라고 말한다. AI가 인간의 감정과 편견에 구애받지 않는 컴퓨터 프로그램에 불과하다면 편견에 대해 왜 그렇게 많은 걱정을 하는가? AI가 대출 상환 능력을 점점 더 잘 판단할 수 있게 될 텐데 왜 소비자를 보호하려고 할까? 핀테크 유토피아주의에 힘입어 세계 각국의 규제기관은 새로운 기업에 대한 통제를 완화하고 있다. 미국과 홍콩은 핀테크 기업을 위한 규제 샌드박스를 승인해 면밀한 조사를 제한했다. 핀테크 기업이 AI를 사용하는 것은 전통적인 보험업만큼 많은 문제를 가지고 있다. 이것은 개인이 어떻게 평가되는지에 대한 기본적인 정보가 없는 '점수 사회'로 이어진다.

이것은 추상적으로 보면 골치 아픈 문제이다. NGO인 국제프라이버시의 보고서를 보면 그 구체적인 내용이 끔찍하다. 핀테크 기업은 이미 정치 활동과 구두법, 수면 패턴 추정치를 기반으로 신용도를 평가하고 있다. 이 보고서에 따르면, 그들의 예측 분석은 항상 잠재적인 상관관계에 관심을 갖고 일상적인 행동에서도 의미를 찾는다. 어떤 회사는 양식을 작성하는 방법과 웹 사이트를 이용하는 방법, 사용하는 장치의 종류와 위치까지 분석한다. 중국에서는 정부를 찬양하는 메시지를 공유하면 점수를 올려준다. 미국의 어느 핀테크 회사에서는 대문자로 자신의 이름을 쓰는 것은 경고 신호라고 하기도 한다.

우리는 이미 훨씬 더 심각한 여러 단서를 흘리며 다니고 있을지 모른다. 예를 들어, 연구자들은 최근 빙(Bing)에서 파킨슨병에 대해 검색한 사람들의 마우스 움직임을 분석했다. 파킨슨병을 앓을 가능성이 높을지 모르는 이들 중 일부는 마우스 움직임이 특정하게 떨렸다. 이런 떨림 데이터나 타이핑 속도, 마우스의 움직임 같은 신체 활동은 우리가 평가받고 싶은 종류의 행위가 아니다. 더 많은 데이터베이스가 결합되고 분석됨에 따라 미래의 건강에 대한 더 미묘한 신호가 나타날 것이다. 골치 아픈 상황의 전조에 대한 데이터가 많을수록 AI는 더욱 뛰어나게 예측해낸다.

의사들이 그런 정보에 접근하는 것을 원할 수는 있지만 은행이나 고용주까지 사용하게 할 필요는 없다. 생활이나 공공 정책에는 금융포용을 보장하기 위해 핀테크 거래에 동의하는 것 외에도 더 많은 것이 있다. 만약 적절한 보호장치가 없다면, 개인이 더 나은 조건으로 거래하기 위해 데이터 공유나 기타 여러 불리한 선택을 하게 될 것이다. 그것은 도움보다는 해가 되는 게 더 많은 약탈적 포용과 기업이 우리의 삶을 관음증적으로 은밀하게 들여다보게 하는 섬뜩한 포용, 사람들에게 처음부터 절망적인 삶의 패턴을 유지하도록 강요해 불평등을 벗어날 수 없게 하는 종속적 포용을 번성하게 할 것이다. 입법자들은 이런 형태의 포용을 억제하거나 금지해야 한다.

약탈적 포용은 오랜 역사를 가진 개념이다. 신용 거래를 가능하게 하지만 한편으로는 부채를 제한한다. 때로는 혜택보다 대출 부담이 훨씬 더 크다. 일주일에 이자율 20%인 소액단기대출을 받는 조(Joe)와 마가렛(Margaret) 부부가 있다고 상상해보자. 이 정도의 이자율이면 부채는 매달 두 배 이상 늘어난다. 필사적으로 상환하고 있지만 아이들과 저녁에 외식할 돈도 없다. 월세가 밀리고 결국 퇴거 통보를 받는다. 그러나 돈을 빌려준 사람은 3개월 만에 빌려준 돈을 모두 돌려받고 상당한 수익도 얻는다. 소비자 금융 분야에서 AI의 미래에 대해 생각해보면, 조와 마가렛 같은 경우는 현재 수백만 건의 개인 유동성의 위기로 막대한 이익을 창출하는 기업이 개발한 소프트웨어에 의해 크게 좌우된다. 상환과 관련한 조잡한 지표와 컴퓨터를 통해 절박하게 대출을 찾는 사람을 계속 추적하게 할 것이다.

성공적인 거래를 만드는 요소는 중요하다. 결과에만 중점을 두는 대출 기관은 상환 과정이 어땠는지에 대한 데이터는 거의 기록하지 않는다. 대출 기관 입장에서는 모르는 게 약이다. 돈을 빌린 사람은 침묵 속에서 조용히 고통받는다. 캔자스의 한 전쟁 참전 용사는 2,500달러의 대출에 대해 5만 달러의 이자를 지불했다. 영국의 한 보육교사는 300파운드를 빌렸고, 1년 후에 1,500파운드의 빚을 지게 되었다. 수백 명의 채무자들이 런던 《가디언지》에 자신의 참담한 이야기를 기고했으며, 미국에서도 이 같은 비참한 이야기들이 흔하다. 개발도상국에서는 이런 위험이 훨씬 더 높을 수 있다. 소액 대출자들이 대출금을 갚지 못하고 스스로 목숨을 끊는 일이 적지 않다. 신용의 고리는 채무자 주변의 마을 주민이 빚을 떠안게 되는 것을 의미하며, 이는 곧 견딜 수 없이 수치스러운 역학관계가 만들어지는 것을 의미한다. 한 케냐인은 디지털 대출 앱이 자국의 가난한 노동자들과 샐러리맨 모두를 노예화하고 있다고 주장했다.

약탈적 포용은 교육에서도 독으로 작용한다. 기회가 절실한 사람이 가치가 분명하지 않은 교육 프로그램에 참석하기 위해 막대한 대출 부담을 감수하는 경우, 오히려 좋지 않은 결과가 발생할 수 있다. 희망적인 미사여구로 너무나 많은 사람들에게 많이 배우는 것이 돈을 더 잘 버는 확실한 길이라고 설득한다. 영리를 목적으로 하는 대학은 이들의 희망을 이용한다. 그들은 미래가 과거보다 더 나아야 한다는 잔인한 낙관론을 선전한다.

착취적인 교육 부채를 방지하는 한 가지 방법은 어떤 프로그램이 학생들에게 좋은 투자 수익을 제공했는지 확인하는 것이다. 미국에서는 오바마 행정부가 이런 요건을 두고 수년 간 고민한 끝에 2015년 마침내 '유익한 취업규칙'을 공포했지만 차기 행정부는 즉각 이런 보호 조치를 철회했다. 대출 적격성을 심사하는 프로그램에 대한 초기술주의적 접근 방식인 오바마 시대의 정책은 대중에게 지지를 받지 못했다. 졸업 직후의 기대 수입에 집착하는 것은 교육이 전반적으로 잠재 수입에 따라 움직이고 있음을 암시한다. 그런 접근 방식의 장점이 무엇이든 사회 전체의 부채에는 적용될 수 없다. 어떤 것을 믿을 수 있고 어떤 것이 금지되는지, 포괄적으로 특정할 수 있는 정부는 없다.

다른 관할권에서는 교육부채에 대해 보다 계몽적으로 접근했고, 이는 다른 여러 신용 상황에도 적용될 수 있다. 예를 들어, 소득 기반 상환 프로그램은 일정 기간 동안 상환해야 하는 소득 비율을 명시한다. 대출 잔액을 갚을 만큼 충분한 소득이 있는 사람이 대출 잔액을 갚고 상환을 중단한다는 점을 제외하면 본질적으로 졸업 세금이다. 무상대학 운동도 직접적인 교육 제공을 요구하고 있다.

이때까지 우리는 금융 분야에서 AI와 함께 아주 먼 길을 온 것처럼 보일 수 있다. 그러나 기술 윤리 커뮤니티는 AI의 주요 문제가 주로 기술적인 것이 아니라는 점을 점점 더 인식하고 있다. 오히려 AI의 사회적 역할이 중요하다. 약탈적 대출을 막으려면 AI 기술을 조정하는 것보다는 채권자와 채무자 사이의 힘의 불균형을 해결하는 것이 더 중요하다.

동일한 원칙이 '섬뜩한 포용'에도 적용된다. 끊임없는 휴대 전화의 추적과 정보 보관 및 데이터 재판매는 섬뜩한 포용의 대표적인 예이다. 은행원이 직원에게 주말도 없이 24시간 내내 그녀를 따라다녀도 괜찮냐고 묻는다면 위협을 느끼는 게 당연하다. 심지어 그를 상대로 스토커 접근 금지 명령을 내릴 수도 있다. 휴대전화 추적기와 함께 제공되는 신용 계약은 크게 위협적이지 않을 수 있지만 데이터를 계속 사용하는 것은 문제를 불러올지 모른다. 소름 끼치는 것은 현재 상태를 바탕으로 미래의 위협을 예측하는 것이다. 섬뜩한 포용은 알려지지 않은 의사결정 기계들이 우리의 자동차와 침실, 욕실에 몰래 들어오게 한다.

현재는 이런 감시에 대한 규제 요구가 많지 않다. 금융 분야 기업가는 규제에 대한 요구를 무시하고, 금융 소프트웨어가 위치나 통화 내역과 같은 민감한 데이터를 기록하거나 평가하지 않는다며 관련 기관을 안심시킨다. 그러나 메타데이터의 종류는 매우 다양하며, 손의 떨림으로 파킨슨병을 예측하는 사례에서 보았듯 데이터를 활용해 사람에 대한 예상치 못한 통찰을 얻을 수 있다. 비싼 가격에 물건을 구입하게 하는 착취 행위를 소비자들의 선호라는 교묘한 마케팅으로 더 많은 사람을 속이기 전에 지금이야말로 이런 끔찍한 수용을 금지하는 법안을 제정할 때이다.

업계에서는 일단 사례가 나오기 시작하면 그것을 혁신으로 생각하며 규제를 피해가려 하기 때문에 시기의 문제는 매우 중요하다. 그러나 로비스트들은 어떻게 될지 지켜봐야 한다고 말한다. 비슷한 사례가 계속 나타나기 시작하면 규제를 하지 말아야 한다는 또 다른 근거가 등장한다. 어찌 소비자의 선택을 거스르겠는가! 이익을 위해 경쟁을 벌이며 규범이 빠르게 변할 수 있기 때문에, 자유방임에 대한 이런 냉소적인 근거는 데이터 규제에 있어 특히 위험하다. 우리는 협력하지 않으면 불이익을 피하기 위해 더 많은 것을 공개하도록 강요하는 상태에 도달하게 된다. 의무적인 몇 가지 규칙을 마련하기 위해 협력한다면, 우리는 무한의 감시 자본주의로부터 스스로를 보호할 수 있다. 예를 들어, 어떤 곳에서는 기업이 근로자의 피부 안쪽에 쌀알 크기의 마이크로칩 센서를 넣는 행위를 금지하는 법안을 만들기 시작했다.

시간이 지날수록 종속적 포용이 더욱 확산될 수밖에 없기 때문에 이와 같은 보호 프로젝트는 매우 시급하다. 현재 인도와 중국의 일부 기업이 시행하는 처벌법은 신용을 필요로 하는 사람들보다 신용을 제공하는 사람의 지배력을 더욱 강화하는 것이다. 더 나은 대우를 요구하는 사람들의 추정 위험을 포함한, 씨티은행이 말하는 '여론의 위험'의 증가는 더 많은 경영진이 대출에 대한 정치적 관점을 고려하게 할 것이다. 기업은 임대차 계약 위반으로 집주인을 고소하거나 직장에서 불만을 제기하는 사람은 자신의 권리를 주장할 가능성이 높기 때문에 비용이 많이 드는 고객이라고 결정할 수 있다. 이런 기준은 인도적 신용 시스템에는 정보를 제공할 수 없다. 그들은 우리 모두를 자기 비하의 경쟁으로 몰아넣는다. 우리 각자는 출세를 위해 어떤 모욕도 감수할 수 있는 사람임을 증명하고 싶어 한다.

끔찍하게 약탈적이고 종속적인 포용은 다양한 이유로 반대할 수 있는데, 그것은 모두 자동화의 핵심 문제를 명확하게 설명한다. 그것은 사람들이 재정 건전성과 존엄성, 정치적 힘을 약화시키며 금융 시장에서 우위를 차지하기 위해 경쟁하는 것을 허용한다. 새로운 로봇의 원칙의 세 번째가 제안하는 것과 같이, 감시에 대한 무기 경쟁이 본격화되기 전에 지금 당장 멈추는 것이 중요하다.

점수화된 사회에서 순종을 내면화하는 것

2014년 중국 국무원은 평판을 평가하는 요소에 신용점수를 포함하는 사회적 신용 시스템 진흥을 위한 개요를 발표했다. 사회적 신용은 여행의 권리와 대출, 학교를 포함한 여러 기회에 영향을 미칠 수 있다. 국무원은 성실을 장려하고 불성실한 행위를 처벌하기 위한 포괄적인 계획을 설명하고, 2014년에 모든 지역의 자치구와 시 인민 정부, 모든 국무 부처 및 위원회, 직속 부서에 성실히 이행하라고 명령했다.

그 후로 많은 지역 프로그램이 개발되었다. 양차오 지역에서는 주민들이 효도나 선행을 기반으로 하는 도덕 은행 프로그램에서 최대 3등급을 얻을 수 있다. 이 신용등급은 대출 조건이 더 좋아짐을 의미한다. 룽청 지역에서는 시민들이 개인 또는 회사마다 1,000점의 기본 점수와 함께 AAA에서 D까지의 문자 등급을 부여받는다. 이 점수는 법률에 의해 명시적으로 금지한 것인지, 당국에서 인정하는 것인지 여부와 상관없이 불신과 불성실함, 일탈행동과 같은 다양한 기록의 영향을 받을 수 있다. 닝보 지역에서는 대중교통 요금을 내지 않거나 전기 요금을 체불하면 대출이나 승진, 승급 기회에 영향을 미칠 수 있다. 베이징 같은 대도시에서는 곧 자체 평가 프로젝트를 시행할 준비를 하고 있다. 사회적 신용 평가는 선(善)의 자동화, 또는 최소한의 선을 측정할 것을 약속한다. 시민들은 관료가 정한 조건에 따라 자유롭게 경쟁하는 상대적 등급에 대한 실시간 피드백을 받는다.

중국의 사회 신용 시스템(SCS)은 수많은 데이터 요소를 기반으로 할 수 있다. 아직 국가 전체의 윤곽은 통합하지 않은 것으로 보인다. 그러나 당국은 특히 문제가 되는 세 가지 특성을 가진 평가 시스템을 발전시키고 있다. 첫째, 국가 또는 지역적으로 구현된 신용 시스템은 온라인 게시물에서부터 교통 위반, 가정생활에서 직장 행동에 이르는 포괄적 또는 준포괄적인 범위의 데이터를 통합할 준비가 되어 있다. 둘째, 개인을 견책하는 블랙리스트와 레드리스트는 위반의 원인을 뛰어넘는 파급력이 있음을 의미한다. 즉, 빚을 갚지 못하면 재정적 신용과 지위에 영향을 미칠 뿐만 아니라 여행이나 정부의 혜택 및 시민으로서 누릴 수 있는 여러 특권 외에도 영향을 미칠 수 있다. 셋째, 평판이 나빠지면 네트워크에 영향을 미쳐 그들의 가족이나 친구들의 점수에도 영향을 미칠 수 있다.

포괄성과 파급력, 네트워크 결과라는 SCS의 세 가지 요소는 특히 권리와 정치 및 사회 신용 시스템 자체의 커뮤니케이션에 적용될 경우 완벽한 사회 통제 수단이 될 수 있다. 파급력이 크다는 것은 한 번의 일탈이 수년간 좋지 않은 영향으로 이어질 수 있음을 의미한다. 홍채와 안면, 보행 인식 같은 생체 인식의 발전은 낙인으로 개인의 신분이 훼손되면 새로운 페르소나의 선택을 거의 불가능하게 한다. 불복으로 인한 결과를 감당할 수 있을 만큼 용감한 사람이라도 소중한 사람에게 부담을 주는 위험을 감수하고 싶지는 않을 것이다. 블랙리스트나 점수의 파급 효과는 법을 위반할 때 발생하는 모든 영향을 평가하기를 몹시 어렵게 만든다. 레드리스트는 훨씬 더 세밀하게 억압적일 수 있으며, 시민들에게 지위를 극대화하는 알고리즘적 자아를 심어줄 수 있다.

중국 정부는 사회 신용 시스템이 현재 중국의 가정과 학교, 법원에 구현되어 있는 가치를 반영한 것 뿐이라고 주장했다. 그러나 표준적인 이의 제기 메커니즘이 없는 상황에서 낙인을 찍는 블랙리스트를 자동으로 배포하는 것은 가족과 학교, 법원의 권위를 보완하기보다 오히려 대체할 위험이 있다. 사회 신용 시스템 관점에서 보면 관료들이 공공 입법을 통해서는 결코 달성할 수 없는 방법으로 광범위한 사회생활의 영역에 대한 권위를 주장하게 하는 정량적 분석 중심의 권력 장악을 돕는 역할로 쉽게 끝날 수 있다. 이런 문화에 대한 정량적 거버넌스는 역설적이다. 매너와 감정, 온라인 메시지의 정확한 가치를 표현하려는 노력 자체가 자발적인 애정과 상호작용이 점수로 도구화되면서 그 진정성을 훼손한다. 이는 가족과 우정, 공동체, 매너 같은 측정하기 어려운 영역에서 평가 기준을 공식화할 때 발생할 수 있는 여러 위험 중 하나이다.

법학자들은 이미 사회 신용 시스템의 정확성과 공정성에 대해 우려를 제기하고 있다. 그들이 받는 보상과 처벌에 대한 정당한 절차를 보장하기 위한 다양한 노력이 이미 진행 중이다. 그러나 개혁론자들이 법적인 문제에 초점을 맞출 경우, 알고리즘의 책임을 강조하다 보면 나무만 보고 숲을 보지 못할 수 있다는 점에 유의해야 한다. 사회 신용 시스템은 법적인 것만큼 문화적이고 정치적이다. 알고리즘 거버넌스를 통해 정부와 기업은 보다 탈중앙적이고 개인적인 평판의 영역을 통합하고 지배할 수 있게 된다. 알고리즘 거버넌스는 독재적이고 세분화되기 쉬우며 까다롭고 침해적인 경향이 있다.

안타깝게도 감시와 측정에 대한 빠른 움직임은 사회 신용 시스템을 훨씬 능가하고 있다. 미국 기업은 이해나 설명이 불가능한 AI를 행동 평가를 위해 사용하고 있다. 글로벌 에듀테크 업계는 학생과 학교, 교사에 대한 행동주의적

서열화를 추진하고 있다. 동일한 감시 기술이 병원과 요양원, 보육 시설을 지배할 수도 있다. 측정하고 관리하겠다는 테일러주의적 충동이 우세한 곳이라면 어디든 이런 방식이 확산될 수 있다. '평판 화폐'는 억압을 합리적인 넛지로 재브랜드화한다.

판단형 AI의 판도를 바꾸다

인간을 점수화하거나 인간에게 순위와 등급을 부여하겠다고 주장하는 AI 시스템이 수없이 많다. 이에 불만을 품은 사람들은 이제 상황을 바꿔 AI 자체에 윤리적 기준을 적용해야 한다고 주장한다. 사회 신용 시스템과 핀테크에서 표정 분석과 예측 치안 관리에 이르기까지 판단하는 AI는 과도한 데이터를 요구한다. 이는 투명하지 않거나, 정당화할 수 없거나, 불공평한 추론을 가능하게 한다. 보안과 포용을 약속하는 동시에 불안정과 낙인을 초래하는 경우도 있다. 장기적으로는 AI의 과도한 영향력이 기관을 하나로 묶는 규범과 가치를 약화시킬 수 있다는 점도 중요하다.

철학자 마이클 왈저(Michael Walzer)에 따르면, 우리는 가족과 여러 시민 사회 기관을 관료나 AI에 의해 외부적으로 부과되는 표준이 아닌 인식과 자원에 대한 자신의 분배 논리에 따라 이상적으로 작동하는, 고유한 정의의 영역으로 분류할 수 있다. 왈저는 서구 윤리학 이론에서 지배적인 공리주의와 의무론적 이론에 포함되지 않는 철학적 접근을 구제하고 되살리는 방법으로서의 이상적인 정의의 영역을 발전시켰다. 그는 변화나 개혁을 위한 괜찮은 주장에 대해 열린 마음으로 다양한 분야에서 현재 사회 관행의 규범적 토대에 대해 깊이 있게 설명한다. 정확히 무엇이 사람을 좋은 아이나 부모, 종교인과 성직자, 정원사와 환경보호론자, 보스, 근로자를 만드는가에 대한 논쟁이 있다. 그러나 왈저의 핵심 아이디어 중 하나는 어느 한 영역에 있는 사람이 다른 영역에 있는 사람의 행동으로 인해 부당하게 영향을 받아서는 안 된다는 것이다. 다시 말해, 단순히 사람이 파산하거나 과속한다는 이유로 친척의 명성은 말할 것도 없고 직원이나 목사, 부모로서의 평판을 심각하게 떨어뜨려서는 안 된다는 것이다.

이런 생각이 추상적으로 들릴 수 있다. 그러나 진지하게 생각해보면 이번 장에서 살펴본 많은 빅 데이터의 방법을 뒤집을 수 있다. 이런 원칙은 사회적 신용점수의 파급 효과와, 얼굴 표정이나 걸음걸이, 인터넷 검색 기록을 통해 구직자를 평가하는 빅 데이터 채용을 모두 반대한다. 왜 체납자들이 자주 구매하는 맥주 브랜드를 샀다는 이유만으로 더 높은 이자율을 부과해야 하는가? 블랙박스 AI 같은 영역에서는 중요한 것이 정의나 공정성이 아니라, 예측과 상관관계이기 때문에 충분히 이해할 수 있다. 그러나 만약 우리가 신용을 정의의 영역, 즉 의무와 파산, 약속을 둘러싼 모든 도덕적 담론에 내재된 것이라고 생각한다면 상관주의적 예측은 의미가 없다. 사람은 누구나 일반적으로 납득할 수 있는 합법적인 방법으로 자신의 장점에 대해 평가받을 자격이 있다.

이런 정의의 영역이 기술적으로 훨씬 더 정교한 정부나 시장 행위자보다 존중받아야 하는 이유는 무엇인가? 위르겐 하버마스(Jürgen Habermas)의 '생활 세계의 체계적인 식민지화'라는 개념은 영역의 분리에 대한 왈저의 주장을 뒷받침한다. 하버마스의 경우 정부와 시장 행위자 모두의 관료주의는, 현존하는 이상을 지나치게 단순화하거나 왜곡하거나, 노골적으로 무시하는 올바른 행동 규칙을 부과함으로써 생활 세계를 법제화하는, 항상 과도하게 확대되는 위험이 있다. 이런 상업적 거버넌스 시스템은 대부분 보이지 않는 곳에서 시장 거래나 정치 관료적 결정을 통해 우리의 삶을 조직한다. 시민 사회, 가족, 풀뿌리 기관 및 기타 인간적 상호작용이 있는 생활 세계의 상대적 정당성은 그들 안에서 우리의 행동을 둘러싼 즉각성과 이해성, 통제력에 내재되어 있다.

최악의 경우, 생활 세계의 체계적인 식민화는 본질적인 가치를 경시하거나 완전히 은폐하는 세계와 자기 도구화를 조장한다. '측정할 수 없는 것은 관리할 수 없다'는 말은 비교하고 계산할 수 없는 관찰은 가치 있는 관찰만큼의 가치가 없다고 가정하는 단조로운 신자유주의적 신관리주의의 진언이다. 페미니스트들이 비판하는 도구화된 '남성의 시선'처럼 이제는 데이터의 시선이 잘못된 인식과 실체화를 위협하고 있다. 어떤 구체적인 의미와 목적의식에서 벗어나, 데이터의 시선은 우리 자신의 자율성뿐만 아니라 그 자율성에 의미를 부여하는 제도의 진실성까지 훼손한다.

기업과 정부가 인간의 행동과 마음, 영혼을 형성하는 데에는 제한이 있어야 한다. 유비쿼터스 센서 네트워크와 AI는 모든 행동이 평판 은행의 모든 소비자와 시민들에게 가치 있거나 불리하게 작용할 수 있는 세상을 만들었다. 미국에서는 이런 평판 계정의 잔고가 단편적으로 나눠져 있으며 종종 보안으로 분리된 데이터 센터로 분산되어 있다. 중국의 사회 신용 점수는 더욱 중앙 집중화될 것이며 평가 기준의 공개 범위를 넓힐 것이라고 약속한다. 그러나 두 접근 방식 모두 만족스럽지는 않다. 비밀 점수는 근본적으로 공평하지 않으며, 이의를 제기할 기회를 주지 않는다. 세부적인 채점 시스템이 공개되면 너무 은밀하게 다수의 행동을 위협한다. 따라서 우리는 단순히 점수 산정 방식을 개혁하려는 노력을 넘어, 중요한 방식에 대해서는 AI의 부족함을 판단하고 범위를 제한하도록 전환해야 한다.

AI가 사회를 규제하며 어떤 사람들이 혜택을 받고 부담해야 하는지를 판단하는 유일한 방법은 아니다. 전문지식이나 평가, 보살핌, 배려에 대한 수많은 사례도 있다. 인간의 행동에는 더 잘하거나 못하거나, 능숙하거나 부족한 독특한 패턴이 있지만, 그 특성은 숫자로 축소하거나 컴퓨터 명령어로 코딩하기보다 전체적이고 감정적으로 진술하고 처방하는 것이 더욱 좋다. 따라서 인간을 판단하는 기계의 비판에 대한 한 가지 과제는 비정량적 가치, 즉 판단력을 유지, 개선하고 발전시키는 것이다. AI의 평가에 대한 강력한 비판은 AI의 방법이 현재 대체하는 기존의 판단 방법에 대한 긍정적인 설명에 의존한다. 예를 들어, 학계에서 종신고용 편지와 기념 논문집 헌정은 인용 횟수와 피인용 지수에 대한 평가 형식을 대신한다. 자신의 경력과 특정 주제나 연구 방법을 선택한 이유를 설명하는 에세이는 학자들 사이에 점점 더 대중화되는 일종의 자기 평가이다. 우리는 학문적 기여의 깊이와 범위에 대한 더 나은, 좀 더 서술적인 중간 경력에 대한 평가가 필요하다. 이런 정성적 평가는 현재 학계에 널리 퍼져 있는 정량화 기반의 지표들보다 훨씬 더 풍부할 수 있다.

요컨대 이론을 이기기 위해 이론이 필요하다는 것인데, AI 평가의 유혹을 피하기 위해서는 전문가가 무엇을 하는지, 어떻게 더 잘할 수 있는지 설명할 수 있는 대안이 필요하다. 이런 설명은 그들 자신의 규율과 불안을 안겨줄 수 있다. 그러나 적어도 학자나 의사, 간호사, 교사 및 모든 전문가들을 기계학습을 통해 계산된 몇 가지 지표에 따라 평가할 수 있다는 환상에서 벗어날 수 있다. 또한 다른 여러 상황에서도 인간적인 판단의 본보기가 될 수 있다.

생산성 대 권력

폭넓은 지적 역사에서 윌 데이비스(Will Davies)는 사회에서 지식을 활용하는 패러다임에 대한 광범위한 변화를 설명한다. 계몽주의 지식인은 지식이 과학적으로 더 정확한 세상의 모델과 사회적으로 특정 핵심 사실과 가치, 규범에 대해 공유하는, 이해에 기반한 공공 영역을 만들기 위해 현실을 묘사한 그림을 만들어야 한다고 생각했다. 그러나 경제 사상의 부상은 지식에 대한 또 다른 비전을 제시했는데, 그 핵심가치는 다른 사람보다 우위를 점하는 데 있다. 아마 상업적으로는 필요할지 모르지만, 권력을 얻기 위한 지식의 습득이 대중과 관련된 목적을 밀어냈기 때문에 공공 영역과 교육, 금융 및 다양한 분야에까지 음험한 영향을 미쳤다.

기업과 정부가 사람을 판단하는 데 점점 더 기계에 의존하게 되면서 AI 개발자들에게 막대한 권력을 주고 있다. 권력이란 다른 사람으로 하여금 하지 않을 일을 하게 만드는 능력이다. 권력은 정치와 전쟁에서 가장 분명하게 드러나지만 경제와 사회, 가정에서도 중요하다. 인공지능은 학교와 직장, 심지어 가정에 존재하는 권력 관계를 공고히 할 수 있고 붕괴시킬 수도 있다. 우리는 이런 역학 관계를 인식하고 가장 파괴적인 무기 경쟁을 경계해야 한다.

우리는 모두 적군이 미사일과 미사일 방어 시스템을 교란하거나 회피하는 방법 등을 준비할 때 얼마나 많은 자원을 낭비하는지 알고 있다. 개별적으로는 적보다 우위에 있는 것이 합리적이지만, 모두가 끝없이 서로를 앞서려고 하는 것은 집단적으로 미친 짓이다. 안전을 위해 지출할 수 있는 객관적인 금액은 존재하지 않는다. 상대적 우위만 있을 뿐, 적이 새로운 전술이나 기술을 내놓을 경우 혼란에 빠지게 되는 위험은 계속 존재한다. 이것이 바로 미국이 다른 7개국의 국방비 예산을 합친 것보다 더 많은 돈을 지출하고 있음에도 국방과 경찰, 정보기관에 계속 더 많은 돈을 투자하는 이유 중 하나이다.

무기 경쟁 모델은 군사적 영역 외의 문제와도 관련이 있다. 엘리자베스 워렌(Elizabeth Warren) 교수는 맞벌이의 함정에 걸린, 더 좋은 학군의 입찰에 참여해 부동산 가격을 올리는 중산층 가정에 대해 설명했다. 경제학자 로버트 프랭크(Robert Frank)는 그의 책 『낙오』에서 이런 무기 경쟁에 대한 일반적인 이론을 제시했다. 권력과 명성, 도심의 주요 토지 같이 공급이 제한된 경우 경쟁은 불가피하다. 이런 수많은 무기 경쟁에서 법과 금융이 최종 승자에게 막강한 영향을 미친다. 예를 들어, 모기지를 많이 얻을 수 있는 사람은 주택을 구입할 때 다른 사람들보다 훨씬 더 비싼 값을 제시할 수 있다.

법과 정치, 심지어 정치적 옹호도 무기 경쟁으로 변질될 수 있다. 프랭크는 상업적 소송을 '양측이 서로 우위를 점하기 위해 로펌과 법률 분석에 자원을 쏟아붓는 돈 구덩이'라고 표현했다. 정치에서는 아주 작은 우위도 매우 중요하다. 후보자는 어떤 매직 넘버의 표를 얻는 것이 아니라, 단순히 상대 후보보다 더 많은 표를 얻음으로써 선거에서 이기는 것이다. 이런 우위는 새로운 선거가 시작되면 자동으로 0으로 되돌아가는 것이 아니다. 다수당은 때로 한 표 차이로 동맹국의 이익을 증진시키고, 적에게는 불이익을 주겠다는 의지를 관철시킬 수 있다. 어떤 국가에서는 승자에게 몇 차례의 자기강화 이익이 누적되면 민주주의 자체가 약화되기도 한다. 정치 캠페인은 어떤 의미에서 전쟁처럼 느껴진다. 인지도를 위한 전투는 결국 제로섬 게임이다.

인공지능이 주도하는 무기 경쟁을 억제하는 새로운 로봇의 제3원칙은 모든 분야에 정보를 제공해야 한다는 것이다. 이것이 이번 장과 다음 장을 포괄하는 공통된 주제이다. 채용과 해고, 범죄 등에 대한 사회적 판단을 합리화한다는 명분 아래 점수를 부여하는 AI는 권력적이고 불투명한 기관에게 우리 생활의 모든 면을 노출시켜 목적에 따라 통제받게 함으로써 우리 모두를 지위 경쟁으로 가는 경사로에서 넘어지게 할 위험이 있다. 단합된 행동만이 완전 공개의 미래로 향하는 이 경쟁을 멈출 수 있다.

현재와 미래 고객의 행동을 관찰하기 위해 드론이나 소셜 미디어 분석을 사용하는 대출 기관의 능력을 제한하는 금융 규제 같이, 때로는 협력으로 향하는 길이 비교적 명확할 수 있다. 또 다른 상황, 특히 강대국 간의 군사 경쟁에서 제재를 가할 수 있는 능력은 규범이나 국제 관계에 의존할 수밖에 없다. 그럼에도 사회 질서의 세세한 부분까지 기계에 맡겨서는 안 되기 때문에 인도적인 협력은 필수적이다.

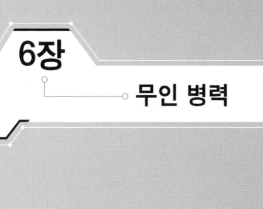

6장

무인 병력

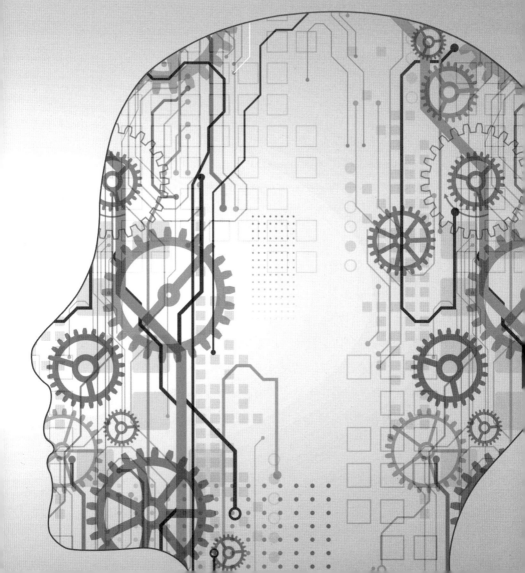

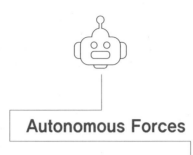

Autonomous Forces

고전 게임인 아타리 퐁(Atari Pong)에서 플레이어는 공을 쳐서 상대방 너머로 골을 넣을 수 있도록 화면 한쪽 끝의 얇고 긴 직사각형 블록 막대를 움직인다. 퐁은 탁구를 2차원으로 축소한 간단한 비디오 게임이다. 이기기 위해서는 손 재주와 기하학적 이해가 조금 필요하다.

AI 연구원들은 다른 방식으로 접근했다. 컴퓨터를 이용해 공이 움직이는 모든 행동을 할 수 있게 프로그래밍한 것이다. 컴퓨터는 공을 피하거나 벽의 뒷면을 두드리기도 하고, 막대 가장자리로 공을 치는 등 다양한 각도와 속도로 모든 가능한 행동을 해본다. 초당 수백만 개의 전략을 시도할 수 있는 AI는 곧 최적의 플레이 패턴을 찾는다. AI는 게임을 마스터하고 어떤 사람과 대결해도 모두 이길 수 있게 되었다. 연구원들은 이 방법을 다른 여러 게임에도 적용했으며, 심지어 바둑에서도 사람을 이기는 방법을 학습했다.

연구원들은 AI가 스스로 학습해 얻은 성과이기 때문에 매우 의미가 크다고 했다. 이 프로그램은 인간이 하는 것처럼 전략을 수집하기 위해 과거의 게임 기록이나 기보를 연구하지 않았다. 아무 값이나 대입해보고 알고리즘에 따라 순서를 조합하면서 스스로 최적의 응답을 찾고 게임을 마스터했다. 아마 인간이 AI를 이길 수 있는 방법은 없을지 모른다.

이것은 적의 움직임에 따른 대응 방법을 시뮬레이션하기 위해 오랫동안 전쟁 게임을 개발해온 군사 이론가들이 꿈꿔왔던 환상이다. 사실 AI 분야는 20세기 중반의 사이버네틱스 기술에 뿌리를 두고 있다. 당시 작전 연구 전문가들은 장교들에게 적에게 자동 대응할 수 있는 프로그래밍 방법을 조언했다. 이 모델에는 적의 계획을 투사해 그들을 놀라게 할 계획을 찾는 전사들의 거울이라는 방이 있다.

우리는 이미 치안이나 경비의 로봇화로 생겨나는 특별한 윤리적, 법적 문제에 대해 논의했다. 전쟁에서 AI의 사용은 문제를 한층 더 복잡하게 만든다. 이제까지 설명한 모든 무기 경쟁 시나리오에는 규칙이 있고 이를 어기는 자들을 처벌하는 국가가 있음을 전제로 했다. 그러나 글로벌하게는 그런 권력이 존재하지 않는다. 연합국가는 특정 국가를 규탄할 수는 있지만 그 권위는 쉽게 무시당한다.

글로벌 통제 권한의 부재로 전쟁 로봇에 대한 논의는 상호 모순되는 이율배반의 게임으로 바뀐다. 폐지론자들은 국제 조약을 통해 살인 로봇을 금지하려고 한다. 자칭 현실주의자들은 양심적이지 못한 경쟁국에게 위협받지 않기 위해 첨단 군사 기술을 비축해야 한다고 주장한다. 인공지능 예찬론자들은 로봇이 전쟁의 공포를 줄여주며 인간보다 더욱 강력한 힘을 사용할 수 있다고 주장한다. 회의론자들은 그런 미래는 아직 멀었다고 생각한다. 억지 이론가들은 자동화된 전쟁이 훨씬 더 인도적이라 해도 강대국이 기술적 우위를 이용해 다른 국가를 지배하기 위해 쉽게 무력을 사용하면 안 된다고 생각한다.

이번 장에서는 군사 AI 폐지론자와 현실주의자들의 접근 방식의 장점과 한계를 살펴보고, 로봇 제어자와 소유자의 신원 확인을 의무화하는 새로운 로봇의 네 번째 원칙에 따라 국가의 무기 경쟁 억제라는 두 번째 법칙을 지키도록 귀속시킬 것을 권장한다. 군비 통제는 어렵고 위험한 과정이지만, 각국이 최소한 자국의 능력과 행동에 대한 정직한 설명을 제공하기 위해 협력할 수 있다면 그 위험은 줄어들 것이다. 우리는 또한 핵 비확산의 역사에서도 배울 수 있다. 핵무기를 제조하는 능력을 가진 정부보다는 핵무기를 보유한 국가 수가 훨씬 적다. 핵을 선택하지 않는 길에 대한 이야기는 현재 AI 무기 경쟁에 반대하는 공동의 글로벌 행동을 가로막는 AI 전략의 미로에서 벗어날 수 있는 길을 밝혀준다.

로봇 학살에 대한 상상

심상치 않은 장면이 보인다. 위협적인 모습의 두 남자가 들판 한가운데에 있는 흰색 밴 옆에서 조종기를 들고 서 있다. 밴의 문이 열리고 드론 소리가 점점 크게 들린다. 조종기 스위치를 조작하자 드론이 동굴 속 박쥐들처럼 떼지어 나온다. 잠시 후 대학 강의실로 장소가 바뀐다. 창문을 통해 킬러 로봇들이 쏟아져 들어온다. 강의실 안에 갇힌 학생들은 공포에 질려 비명을 지른다. 영화 '슬로터봇'의 나머지 내용은 상상에 맡기겠지만 분명한 것이 있다. 손바닥만 한 크기의 킬러 로봇은 이미 우리 곁에 있거나, 기술적 발전을 조금 더하면 조만간 등장할 것이다. 테러리스트들은 이런 로봇을 실전에 쉽게 배치할 수 있다. 그러나 이에 대한 방어 체계는 취약하거나 아예 존재하지도 않는다.

미래생명연구소에서 슬로터봇을 공개한 후 국방 커뮤니티의 일부 주요 인사들이 불만을 드러냈다. 그들은 영화가 심각한 문제를 선정적으로 묘사하며 두려움을 부추기고 있다고 주장했다. 그러나 전쟁 미래주의에서는 공상과학소설과 산업적 실제 사이의 경계가 모호한 경우가 많다. 미래에는 인질과 대치하는 동안 SWAT팀이 비디오카메라가 장착된 기계 곤충을 투입해 건물 안으로 기어들어가게 할 수 있다고 한다. 이미 지상 100미터까지 들어갈 수 있는 카메라와 무선 송신기를 갖춘 초소형 로봇인 옥토로치도 만들어졌다. 물벌레가 들어갈 정도의 좁은 틈만 있다면 그곳으로 옥토로치가 들어갈 수 있다.

수많은 곤충이 전위적 군사 이론가들이 추구하는 드론의 동시다발 공격 기술의 모델이 되고 있는지 누가 알겠는가.

피터 싱어(Peter Singer)와 어거스트 콜(August Cole)의 첨단기술 전쟁 소설인 『유령 함대』는 러시아와 중국에 맞서 싸우는 전쟁에서 미국에 큰 상처를 남긴 무인 드론과 납치된 위성, 전쟁용 레이저에 대한 다양한 시각을 제시했다. 이 소설을 첨단기술에 대한 군사적 판타지 정도로 치부할 수만은 없다. 이 소설에는 하드웨어와 소프트웨어 각 부분에 대한 개발을 기록한 수백 개의 각주가 포함되어 있다.

살인 로봇에 대한 이론적 모델의 발전은 현재 무기의 발전보다 훨씬 더 충격적일 수 있다. 1960년대 러시아 공상과학 소설 『섬 안의 게들』에서는 로봇이 알고리즘 에이전트를 위해 자원을 놓고 싸우는 헝거 게임에 대해 묘사한다. 패자는 폐기되고 승자는 최고의 살인 기계로 진화할 때까지 복제된다. 저명한 컴퓨터공학자가 미국 국방고등연구계획국과 유사한 시나리오를 언급하며 그것을 '로봇 쥬라기 공원'이라고 부르자 관계자들이 그럴듯하다며 호응했다. 조금만 생각해보면 그런 실험이 통제 불능이 될 가능성이 있다는 것을 금방 알 수 있다. 완벽한 살인 기계가 되는 것은 인간이나 로봇에게 당하지 않는 방법을 아는 것이다. 이런 프로젝트 실험에서 강대국의 가장 큰 장애물은 비용이다. 소프트웨어 모델링은 비용의 장벽을 제거한 가상 전투 시뮬레이션을 통해 미래의 군사적 투자에 대한 영감을 준다.

섬뜩하고 무시무시한 무기 금지를 위해 여러 국가들이 연합한 선례는 충분히 많다. 20세기 중반까지 국제 협약으로 생화학 무기가 금지되었다. 국제 사회에서는 눈을 멀게 하는 레이저 기술 사용도 금지했다. 강력한 NGO 네트워크는 유엔이 회원국을 소집해 치명적인 자율무기 기술 금지 조치(LAWS)에 대한 동의를 촉구하는 데 성공했다. 그리고 LAWS의 정의에 대해서는 오랜 논쟁이 있었지만, 우리는 모든 국가가 절대 만들어서도 안 되고 실전 배치는 더욱 불가한 모든 무기를 상상해볼 수 있다. 예를 들어, 적에게 열을 가해 공격하는 드론은 고문에 반대하는 국제 협약을 위반하는 것이다. 적의 청력이나 균형을 파괴하도록 고안된 음파 무기도 마찬가지다. 치명적인 바이러스나 유독 가스를 만드는 사람과 마찬가지로 이런 무기를 만드는 사람들 또한 국가 공동체에서 추방해야 한다.

킬러 로봇에 대한 불편한 사례

킬러 로봇이 세균전 무기만큼 무서운 것일까? 일부 군사 이론가들은 킬러 로봇이 구형 무기보다 기술적으로 우수할 뿐만 아니라 더 인도적이라고 말한다. 미국 해군사관학교의 마이클 슈미트(Michael Schmitt)에 따르면, 자율무기 시스템(AWS)은 인명 피해를 최소화하도록 표적을 공격하는 새로운 방법을 제공한다. 예를 들어 얼굴과 보행 인식 기술이 좀 더 발전하면 킬러 로봇은 21세에서 65세 사이의 남성만 골라서 공격할 수 있다. 슈미트는 자율무기 시스템이 평화를 보장할 것이라고 생각한다. 그는 사담 후세인이 쿠르드족과 이라크의 마쉬 아랍인들에게 행한 학살이 다시 일어나지 않도록 공중을 감시할 수 있다고 주장한다.

기존의 군사 이론가와 컴퓨터공학자에게는 프로그램 무기가 국제인도법의 규범에 따라 전쟁에 대한 균형을 맞출 수 있는 최고의 가능성을 제공한다. 조지아 공대의 로널드 아킨(Ronald Arkin)은 로봇이 분노나 가학성, 잔인함 같은 과도한 감정의 지배를 받지 않기 때문에 자율무기 시스템 기술을 통해 비인간적인 면을 줄일 수 있다고 믿는다. 그는 치명적 행위에 대한 윤리적 제약을 로봇에 코딩해 표적을 판단할 때 인간을 제외할 것을 제안했다. 아킨은 병원을 목표물에서 제외하는 코드도 개발했다.

아킨의 제안은 이론적으로 일리가 있다. 로봇의 미라이(My Lai, 미군이 주민을 대량 학살한 베트남 마을) 학살을 상상한다는 것은 불편한 일이다. 그런 잔인함은 계획적이라기보다는 감정적인 인간의 비합리성에 뿌리를 두고 있다. 우리는 때로 격정적인 감정으로 발생한 폭력에 대해서는 비난을 아끼기도 하지만, 냉정하게 계획한 살인에 대해서는 그렇지 않다. 인간 병사가 통제할 수 있는 제한 변경 기능이 없는 로봇 무기 시스템은 사실 상상할 수 없는 일이다.

법과 윤리를 킬러 로봇에 코드화하려는 시도에는 매우 큰 현실적인 어려움이 뒤따른다. 컴퓨터공학 교수인 노엘 샤키(Noel Sharkey)는 갈등 속에서 발생하는 모든 상황에 반응하는 로봇 전사를 프로그래밍하는 것은 원칙적으로 불가능하다고 주장했다. 차원의 저주는 매우 강력하다. 특히 미래의 행동을 알려주는 데이터가 충분치 않은 분야에서는 더욱 그렇다. 눈에 의해 센서가 무력화되는 자율주행처럼 전쟁의 안개 속에서 자율무기 시스템은 매우 위험하다. 머신러닝은 좋고 나쁨이나 옳고 그름 같이 결과가 명확하고 방대한 데이터 세트가 있는 경우에 잘 작동한다. 예를 들어, 신용카드 회사는 오답을 확실하게 구별하는 수억 건의 거래를 지속적으로 분석하며 사기 탐지 메커니즘을 개선한다. 모호한 적에 대한 공격 여부를 결정하는 이라크 군인의 경험을 데이터화하는 것이 가능할까? 설령 그것이 가능하다 해도 그런 데이터 집합이 미군이 주둔하고 있는 수단이나 예멘 점령 같은 사례와 얼마나 관련이 있을까?

예측 분석을 성공으로 이끄는 빅 데이터는 사용하기 쉽게 부호화된 대용량 정보를 전제로 한다. 병사들은 전쟁 경험을 갑작스럽고 무서운 한바탕 난동과 긴 지루함의 연속이라고 말하기도 한다. 그런 사건에 대한 설명을 표준화하는 것은 어려운 일이다. 군사 점령지에서의 교전을 설명하는 것이 항상 가능한 일은 아니며, 주어진 상황과 결과를 적절하게 잘 특성화했는지 분석하는 일이 중요하다. 더욱 심각한 것은 잘못된 정보를 배포하는 등 정보의 무기화가 점점 중요한 분쟁 전략이 되고 있다는 점이다. 블라디미르 푸틴의 고전적 러시아 전략인 마스키로프카의 부활에서부터 잘못된 정보를 전략적으로 이용한 미군의 보고서에 이르기까지, 군대는 전 세계적으로 분쟁 프레임이 군사적 행동만큼 중요하다는 것을 인식하고 있다. 분쟁에 대한 데이터가 부족하고 조작에 취약하다는 점을 감안할 때 윤리적 로봇에 대한 열망은 비현실적으로 보인다.

킬러 로봇과 전쟁의 법칙

무력 분쟁을 규율하는 일련의 규범인 국제인도법(IHL)은 자율무기 개발에 대해 훨씬 더 많은 문제를 제기한다. 국제인도법의 핵심 규정은 분쟁 중 전투원과 비전투원을 구별하도록 하는 식별 규칙이다. 오직 전투원만이 표적이 될 수 있다. 게릴라나 반군 사이에 제복 또는 휘장 같은 것으로 전투원을 식별하기 위한 명확한 규정이 있는 것은 아니다. 지난 수십 년 동안 점점 보편화되어가는 비정규전의 특성상 전투원들은 민간인과 섞여 있는 편이다. 미국의 NGO인 국제인권감시단체는 인간의 판단이라면 발생하지 않았을, 기계에 의해 발생 가능한 비극적인 예를 든다.

겁에 질린 엄마는 두 아이들을 쫓아다니며 군인들 주변에서 장난감 총을 갖고 놀지 말라고 소리친다. 군인은 엄마의 두려움과 아이들의 장난을 인식하고 위험하지 않은 것으로 인식한다. 반면 완전 자율무기는 자신을 향해 달려오는 사람과 무장한 두 사람이라는 것만 인식할 수 있다. 군인의 경우에는 사격을 하지 않겠지만 후자의 경우에는 공격했을지 모른다.

현재 전쟁 로봇 소프트웨어와 안면 인식 기술의 한계를 감안하면 충분히 가능한 비판이다. 공격자는 전투원과 민간인을 구별해야 한다는 것이 전쟁의 핵심 윤리 중 하나였다.

자율무기 시스템 지지자들은 무기의 식별 능력이 개선되고 있다고 주장한다. 드론 감시가 완성되면 전투 지역의 가시화를 가능하게 해 누가 무장했는지 꼼꼼하게 추적하고 특이한 활동 패턴을 찾아낼 수 있다고 한다. 기술 중심으로 생각해봐도 전쟁 통에 지휘관들이 그와 같은 장비를 구매해 사용하거나 식별의 원칙을 개발할 것이라고 가정하는 것은 여전히 엄청난 비약이라고 생각한다. 합법적인 목표인 전투원의 범주는 전투 조직의 모든 구성원 또는 협력자나 추정 동조자로 확장되며 희석되는 경향이 있다.

식별의 원칙은 전쟁을 규율하는 수많은 국제법 중 하나일 뿐이다. 제네바 협약의 비례성의 원칙은 기대할 수 있는 구체적이고 직접적인 군사적 이익에 비해 과도한 민간 인명 손실과 부상, 민간 기물의 손상이 예상되는 공격을 금지한다. 전투원의 신분을 판단하는 것은 원칙적으로 모든 것을 볼 수 있는 스카이넷의 전조가 될 수 있으며, 스카이넷은 영토의 모든 사람을 추적해 무장했는지, 적대 행위에 가담했는지 여부를 판단할 수 있다. 그러나 미 공군조차 비례성에 대한 판단을 상황에 따라 해결해야 하는 주관적인 것이라고 했다.

몇몇 관계자들은 전쟁에서 직면하게 될 무한한 경우에 대한 시나리오를 처리하도록 로봇을 프로그래밍하는 것이 얼마나 어려운지 설명했다. 컴퓨터공학과 과학철학을 모두 전공한 로봇 전문가 피터 아사로(Peter Asaro)는 마르텐스 조항을 해석하기 위한 변호사들의 과거 노력인, 일종의 법률적 분석을 위험을 최소화하는 실용적 계산법으로 대체할 수 없다고 주장한다. 그 대신 군 관계자들과 국제 재판소는 점점 더 자율화되는 무기로 제기되는 다양한 윤리적 문제를 해결해야 한다. 아사로는 로봇의 데이터 처리와 법적 처리에 대한 인간의 추론 사이의 극명한 부조화를 발견한다. 그가 관찰한 바에 따르면 센서 데이터를 기반으로 사전에 설계된 자동화 프로세스는 법적 판단도, 도덕적 판단도 아니다. 위협을 감시하고 탐지하고 무력화하는 데 효과적인 표적 기술은 있지만, 다소 모호한 법률이나 규범을 적용하는 데 필수적인 미묘하고 유연한 추론에 관여할 수 있다는 증거는 없다.

역사가 새뮤얼 모인(Samuel Moyn)은 여기에 도덕적 관심이라는 또 하나의 단계를 더한다. 전쟁 로봇의 기술적 발전이 그 어느 때보다 전쟁을 덜 치명적으로 만들기 위한 무력을 목표로 한다 해도 그것이 좋은 일이겠는가? 모인은 인권의 원칙이 분쟁법에 미치는 영향을 조사하면서 다음과 같은 역설을 발견한다. 전쟁은 좀 더 인도적이 되었으며 끝을 내는 것 또한 어려워졌다. 자국 내의 반대를 불러일으킬 수 있는 사상자 발생에 대한 걱정을 덜어준다. 침략당한 국가는 동맹국이나 국제 사회에 그들이 엄청난 파괴로 고통받고 있다는 것을 입증하는 것이 어려워진다. 전쟁은 점점 국제화된 경찰 행위처럼 보일 수 있다.

프랑스 철학자 그레고와 샤마유(Grégoire Chamayou) 또한 전쟁에 대한 기술 패권의 역사를 근거로 회의적인 입장을 취한다. 그는 저서 『드론 이론』에서 1898년 앵글로 이집트 군대가 기관총으로 1만 명의 수단인을 학살하고 아군 사상자는 48명에 그쳤던 사건을 이야기한다. 샤마유는 드론을 '기억을 상실한 식민지 해방 후 폭력의 무기'로 규정한다. 그는 또한 로봇 발전이 살인 로봇을 지지하는 사람들이 약속하는 수준의 정밀도에 이를 수 있는지 의문을 던진다. 인간이 조종하는 무인 항공기에 의해 민간인이 살해당하고 있으며, 목표를 올바로 식별하지 못하는 드론 부대를 자동화하는 것과, 모든 사람의 위협을 평가할 수 있을 만큼 강력한 감시 제거 컴퓨팅 시스템 중에 어느 것이 더 오싹한지 상상하기란 어려운 일이다. 기술에만 집중한다 해도 지휘관이 그것을 구입해 사용하거나 식별 원칙만 개발할 것이라고 가정하는 논리에도 여전히 엄청난 비약이 있다.

드론 옹호자들은 드론 무기가 식별력이 뛰어나고 인도적인 전쟁을 위한 열쇠라고 말한다. 그러나 샤마유는 드론이 무장한 전투원을 명확하게 구별할 수 있을 거라는 가능성 자체를 배제한다. 드론의 전투원 식별 능력에 대한 주장이 과장된 것처럼 보일 것이다. 그러나 예멘이나 파키스탄의 상황을 생각해보자. 하늘에 수천 대의 무인 정찰 비행체가 날아다니는 것을 버틸 수 있는 무장 세력이 있을까? 이런 통제된 환경은 결과적으로 정당성에 대한 제약이나 보호 장치가 없는 전쟁과 치안의 통합에 이르게 된다. 그 누구도 군사적 점령을 목적으로 이와 같은 것을 합법화하기 위해 서둘러서는 안 된다.

강대국 경쟁에서 우위를 점하기 위한 전략

규범적, 윤리적 강한 비판에도 강대국의 주요 군사 전문가들은 이제 로봇 무기에 투자할 수밖에 없다고 생각하고 있는 것 같다. 대규모 군대는 자동화로 얻을 수 있는 모든 강점을 개발하기로 결정할 것이다. 예를 들어, 적의 드론을 무력화하기 위해 빛처럼 빠른 레이저 무기에 투자하는 것 같이 방어적이면서 동시에 피해를 입었을 때 잔인하게 보복할 수 있는 자체 드론을 구축해 공격적으로 발전하는 것이다. 사회 이론가 윌리엄 보가드(William Bogard)는 이런 영구적이고 체계화된 지배에 대해 '전쟁이 사라지고, 시작하기 전에 끝나는 전쟁, 모든 불확실성과 식별할 수 없는 특성을 합리적인 통제하에 놓는 군사적 꿈'이라고 말한다. 지휘관이 군대를 이끌고 적을 섬멸하는 상상을 하던 시대는 지났다. 충격과 공포라는 모델은 무력을 사용하기 전에 상대를 위협해 굴복시키는 문제가 되었다.

금전적이고 기술적인 우위가 그와 같은 목적을 달성하는 군대의 능력에 대한 분명한 지표라면, 패권국이 조직하는 팍스 로보티카로 갈등을 완화할 수 있다. 그러나 현실에 안주하는 것은 바람직하지 않다. 분쟁 전문가인 폴 샤레(Paul Scharre)는 자동화로 인해 전쟁 로봇이 1초에 100만 개의 실수를 할 가능성에 대해 경고한다. 소프트웨어 오작동이나 해킹은 전쟁을 피하게 하지 않고 촉발시킬 수 있다. 1980년대에도 백인 우월주의 테러리스트들은 부상하는 다문화주의를 종식시키고 그들만의 대량 학살 정권을 수립하기 위해 러시아와 미국의 핵전쟁을 꿈꿨다. 그런 미치광이들에게 문명을 파괴하는 핵겨울은 인종적 순수성을 위한 작은 대가에 불과했다. 좀 더 평범하게 말하자면, 중동과 남중국해, 카슈미르, 우크라이나에서 긴장이 고조되고 있다는 점은 미국과 러시아, 인도, 파키스탄, 중국 같은 국가들이 육지와 해상, 공중에 정찰 및 공격용 드론 배치를 확대하는 계기를 마련해준다.

공격 능력과 방어 능력은 칼날의 양면과 같다. 선제공격의 논리는 우위를 잃을 것을 두려워하는 자들의 편집증에 놀아나게 한다. 기계는 인간보다 더 은밀할 수 있다. 기계는 더 빨리 반응할 수 있다. 전투기 조종사가 공격에 반응하는 시간은 최소 3분의 1초가 걸린다. 자동 대응 사격 시스템은 100만 분의 1초 이내에 관찰하고, 방향을 돌리고, 판단하고, 반응할 수 있다. 로봇 방어 시스템은 감지한 모든 공격자들을 응징할 수 있다. 이라크 주둔 미합중국군 사령부 소속이었던 그는 "우리는 완벽한 자동 공격 시스템이 있다. 우리 군대에 총을 쏘는 사람은 누구든 죽는다. 우리 중 누구 한 사람이라도 다친다면 피와 내장으로 대가를 치러야 할 것이다"라고 말했다. 그러나 시스템에 침입한 해커는 유혈 사태와 보복을 확대할 수 있다.

'눈에는 눈'이라는 보복의 자동화는 반군에 대한 군의 접근 방식뿐만 아니라 훨씬 더 강력한 적에 대한 대응 방식까지 알려준다. 군사 전략에서 '최후의 심판 장치'는 염원이자 조롱의 대상임이 증명되었다. 무자비한 세력은 상대국의 지휘관을 죽이려 할 것이다. 적군이 공격을 감지하는 순간 강력한 힘으로 맞대응하도록 프로그램되어 있다면 선제공격 전략은 효과가 없다. 전 세계적으로 사용 가능한 파괴적인 무기를 감안할 때, 분명한 상호 파멸의 길이라는 핵 억지력의 논리는 데드맨 스위치가 있는 자율 시스템에도 한층 더 강력한 이유를 댈 수 있다.

이와 같은 전략은 극도로 위험하다. 자동화는 비참한 결과를 초래할 수 있으며, 사라져야 할 바로 그 위험을 초래할 수 있다. 1960년, 미국 선거 직전에 그린란드에 본거지를 둔 탄도미사일 조기 경보 시스템은 소련이 미사일을 발사했다고 99.9% 확신한다고 했다. 그러나 그것은 달에서 나오는 이상한 빛을 잘못 감지해 경보가 발생한 것으로 밝혀졌다. 다행히 NATO는 오작동임이 밝혀질 때까지 반격을 대기하고 있었다.

군사적 환경이었다면 매우 우려스러운 결과를 초래했을 통제 불능의 알고리즘에 관한 몇 가지 놀라운 사례가 있다. 매우 합리적이고 개별적으로 행동하는 봇을 개발한 아마존의 두 서점이 있었다. 이 두 서점은 상대방이 가격을 올린 것을 알게 되면 즉시 가격을 올리는 알고리즘에 따라 움직이고 있었다. 이 가격 조정 알고리즘이 서로 상호작용을 하면서 30달러짜리 책이 200만 달러까지 가격이 치솟았다. 증권 중개업체인 나이트 캐피털은 컴퓨터 결함으로 수만 건의 손실이 발생하는 자동 거래를 하게 되어 결국 파산에 이르렀다. 2010년의 플래시 크래시 사건은 훨씬 더 복잡한 거래 알고리즘 간의 예상치 못한 상호작용으로 발생했다. 경쟁과 우월의식, 예측 불가의 프랙탈 그물 같은 추론 사슬의 사례에서 보이는 추상적 패턴은 점점 더 컴퓨터화되는 무기에서도 발생할 수 있다. 안전 장치와 기타 여러 안전 메커니즘이 개발된다 해도 이들은 여전히 해킹당할 수 있는 취약점이 있다. 경쟁국의 지배를 받지 않기 위해 모든 국가는 더 많은 자원을 투입할 것이기 때문에 위험은 더욱 악화될 것이다.

금지에 대한 장벽

이런 위험을 감안할 때 글로벌 리더는 국제인도법의 원칙에 따라 특정 기능이나 살인 방법을 전면적으로 금지할 수 있다. 국제인도법의 기본 원칙 중 하나는 지휘관이 성공을 위한 실질적인 요구와 인류에 대한 의무 사이의 균형을 유지하도록 요구하는 전수(전쟁 중 국제법을 일탈할 수 있는 정당한 필요 또는 긴급한 사유)이다. 공공 양심의 명령에 대한 존중 또한 이 법에 영감을 준다. 인간성이나 양심 같은 용어의 모호성은 행동을 위해 명확한 가치를 요구하는 알고리즘 논리에는 장벽이 된다. 한 연구에 따르면 자율 로봇의 부상에 따른 대중의 우려가 심각한 것으로 나타났다. 국제인권감시기구, 로봇팔 제어를 위한 국제위원회, 팍스 크리스티, 아티클 3, 노벨 여성 이니셔티브 및 퍼그워시는 완전 자동화된 무기의 개발과 생산 및 사용을 금지할 법적 구속력이 있는 새로운 국제

조약을 위한 시민 사회 캠페인 연합을 구성했다.

그런 군비 통제 협정의 미래를 이해하기 위해 과거를 살펴보면 도움이 된다. 가장 단순한 자율무기 시스템은 적을 포획하기 위해 설치한 부비트랩이다. 이 무기가 치명적인 이유는 눈에 보이지 않는다는 것인데, 사람이 전선에 걸려 넘어지면 폭발하도록 프로그래밍되어 있다. 그것을 밟은 사람과 주변 사람을 죽이거나 불구로 만들기 위해 설계된 대인지뢰는 제1차세계대전 때 많은 군인을 공포에 떨게 했다. 저렴하고 설치하기 쉬운 이 지뢰는 전 세계 여러 소규모 분쟁에서도 계속 인기를 끌었다. 1994년까지 62개국에 총 1억 개의 지뢰가 매설되었다.

규모는 작지만 적대 행위가 중단된 후에도 지뢰는 계속 사람들을 황폐화시키고 위협했다. 지뢰 사상자들 중 다수는 다리를 잃었을 뿐만 아니라 열상과 감염, 정신적 외상으로 고통을 받았다. 피해가 심각했던 일부 국가에서는 지뢰로 인해 공중보건 위기에 이르기도 했다. 1994년에 캄보디아인 236명 중 1명 이상은 지뢰 폭발로 팔다리를 잃었다.

1990년대 중반에는 지뢰를 금지해야 한다는 국제적 합의가 증가했다. 국제 지뢰 금지 캠페인(ICBL)은 전 세계 정부에 지뢰를 사용하지 못하도록 압력을 넣었다. 지뢰는 다른 많은 무기만큼 치명적이지 않다. 그러나 다른 무기와 달리 전쟁이 끝난 지 한참 지난 후에도 민간인을 불구로 만들거나 사망시킬 수 있다. 1997년 ICBL과 그 지도자인 조디 윌리엄스(Jody Williams)가 노벨 평화상 수상 당시, 수십여 국이 지뢰를 제조하거나 사용하지 않을 것을 약속하는 구속력 있는 국제 조약에 서명했다.

이에 대해 미국은 이의를 제기했고 현재까지 지뢰 방지 무기 협약에 서명하지 않고 있다. 당시 미국과 영국의 협상가들은 지뢰 문제에 대한 진정한 해결책은 일정 시간이 지나면 자동으로 차단되거나 원격 제어 기능을 갖춘 지뢰를 만드는 것이라고 주장했다. 적대 행위가 중단되면 기지로 연결할 수 있는 이 장치를 원격으로 끌 수 있다. 물론 다시 작동시킬 수도 있다.

미국의 기술적 해결책은 지뢰 회담에 참석한 사람들을 충분히 설득하지 못했다. 1998년에는 수십여 국가가 오타와 협정에 서명했다. 1998년부터 2010년까지 중국 같은 주요 국가를 포함한 여러 국가가 가입했다. 미국 외교 관들은 이 문제를 군 관계자들에게 미루는 경향이 있었다. 미국의 군 관계자 들은 국제 군비 통제 협정에 회의적이기로 악명이 높다. 이런 합의에 대한 그 들의 태도는 전쟁의 자동화를 가속화할 것만 같다.

전쟁 로봇에 대한 책임

미국 군사기관은 킬러 로봇에 대한 금지보다는 규제를 선호한다. 자율무기 로 인한 오작동이나 결함 등 의도치 않게 발생한 결과에 대한 우려로 군용 로 봇의 개혁에 대한 신중한 담론이 생겨났다. 예를 들어, 뉴아메리카재단의 피 터 싱어(Peter W. Singer)는 치명적이지 않은 무기에 대해서만 자동화를 허용할 것이다. 따라서 무인 드론은 사막을 순찰하고 전투원을 기절시키거나 그물에 가둘 수는 있지만 사살 결정은 인간만이 할 수 있다. 이 규칙에 따르면 전투 원이 드론을 파괴하려고 해도 드론은 전투원을 공격할 수 없다.

그런 규칙은 전쟁을 평화 유지나 치안 유지로 전환하는 데 도움이 된다. 체 포 후 사살을 결정하는 동안은 유죄 여부를 확인하고 처벌을 결정하는 데 필 요한 적법 절차를 가능하게 한다. 싱어는 또한 '프로그래머가 실수로 마을 전 체를 폭파시킨다면 처벌을 받아야 한다'고 강조한다. 엄격한 책임 기준은 수 학적 파괴 무기(데이터 과학자 캐시 오닐(Cathy O'Neil)이 설명하는 잘못된 알고리즘)에 대한 책임을 강화할 것이다. 그러나 프로그래머가 실수를 했다고 실제로 처벌을 받 을 가능성이 얼마나 될까? 2015년, 미군은 노벨 평화상을 수상한 국제 NGO 국경없는의사회가 운영하는 병원을 폭파했다. 병원 직원들이 미군 연락처에 전화를 걸어 멈춰 달라고 애원하는 중에도 폭격은 계속되었다. 병원이나 학교, 결혼식 파티 및 기타 적절치 못한 표적에 대한 드론 공격의 직접적인 책임은 인간에게 있다. 국내 또는 국제법 체계가 대학살을 일으킨 프로그래머에게 책임을 부과하리라 기대하는 것은 현실적으로 불가능하다.

아킨이 알고리즘적인 윤리로 로봇을 코딩하는 것에 대해 얘기한 반면, 싱어는 규제에 대한 수세기 동안의 경험을 기반으로 한다. 그러나 사람에 의존하지 않는 완전 자율 로봇이나 소프트웨어 시스템을 기대하는 문헌이 상당수 존재한다. 전쟁 알고리즘의 실전 배치에 대한 책임을 확인하기 위해 군대는 로봇과 알고리즘 에이전트와 제작자를 추적하고 식별할 수 있게 해야 한다.

미국에서는 학자들이 무모하고 부주의한 비행을 하는 드론의 소유자나 조종사를 찾을 수 있게 하는 드론 번호판을 제안했다. 컴퓨터 시스템은 알려진 문제 행위자와 행동의 특징을 연관시켜 누군가 익명으로 시스템을 공격했을 때 발생하는 사이버 보안의 귀속 문제를 해결하거나 완화하려고 한다. 로봇은 항상 제작자, 통제자 또는 소유자의 신원을 표시해야 한다는 로봇의 새로운 네 번째 원칙은 전쟁의 기본 규칙이 되어야 하며, 이를 위반하는 경우 강력한 제재를 받아야 한다.

무력 사용으로 인한 비용 증가

무기와 컴퓨터 시스템의 호환을 보장하기 위한 검사 체계뿐만 아니라 글로벌 귀속 체계를 개발하는 데는 많은 비용이 든다. 일반적으로 이것은 문제가 된다. 그러나 파괴의 기술이라는 혼란스러운 경제학에서는 이 비용이 인간에게 해를 끼칠 수 있는 대량 기계의 축적을 막아 이익이 된다.

킬러 로봇의 배치에 법적 조건을 부과하는 것에서부터 인간이 임무를 통제하도록 하는 것, 기술에 세금을 부과하는 것까지 무력 배치에 더 많은 비용이 들게 하는 방법은 여러 가지가 있다. 감시에 대한 제약 같은 이런 한계는 전쟁 미래학자에게는 안타까운 일이다. 그들은 자율 무장 병력을 개발하고 배치할 수 있는 자유를 좋아한다. 로봇화된 군대와 경찰 국가는 자유에 대한 명백한 위협이다. 국가 폭력과 관련해서는 무력 배치에 대한 의미 있는 인간의 통제 비용 또한 이점이 된다. 인간의 전문성과 AI를 결합한 켄타우로스 전략은 군사적 효율성과 윤리적 책임을 모두 강화시킨다. 그것은 푸시 버튼 전쟁이 가짜 뉴스와 무책임한 플랫폼, 비디오 및 오디오 위조 기술의 발전으로 더욱 무시무시해질 가능성이 있는 실수를 전제로 하기 때문만은 아니다. 주둔 국가가 우리의 모든 생활을 적은 비용으로 감시하고 통제하지 못하도록 감시와 통제에 비용이 많이 들게 해야 한다.

글로벌 정치 경제 또한 중요하다. 무기에 대한 투자는 인지된 위험에 대한 반응이다. 2018년에 미국은 국방비를 6,490억 달러로 늘렸다. 중국은 2,500억 달러로, 미국 다음으로 많은 돈을 썼다. 중국의 군사비 지출은 20년 이상 증가해왔고 적어도 2013년 이후로는 증가하는 GDP의 일정한 비율(1%)을 유지하고 있다. 사우디아라비아와 인도, 프랑스, 러시아가 그다음으로 지출을 많이 하는 국가로서 각각 600~700억 달러의 군사 장비와 서비스를 구입했다. 이 수치들은 국가 안보 기관의 지출, 긴급 예산, 부상당한 군인에 대한 장기 치료비나 전사자 가족에 대한 지원을 생각하면 훨씬 더 많은 비용이 될 수도 있다.

미국의 국방비 예산은 다른 7개국의 예산을 합친 것보다 더 많은 편이다. 대규모 군사력의 증강은 미래의 역사학자들에게 완전히 잘못된 곳에 국가 자원을 투자한다는 인상을 줄 것이다. 생물학적 보안에 수백억 달러를 투자했음에도 다른 여러 국가가 환자와 사망자를 줄이기 위해 재빠르게 대응한 것과 대조적으로, 2020년 세계 최고의 군사대국이 코로나19 바이러스로 큰 피해를 입었다는 것은 암울한 아이러니이다. 몽테뉴 연구소의 정치학자인 도미니크 모이시(Dominique Moïsi)는 다음과 같이 말했다.

"미국은 잘못된 전쟁에 대비했다. 새로운 9·11을 대비했지만, 테러 대신 바이러스가 찾아왔다."

미국 지도자들은 유령같은 걱정에 사로잡혀 베트남과 이라크, 아프가니스탄 전쟁에서 잃은 것보다 더 많은 생명을 구할 수 있었던 예방 조치에 돈을 아껴가며 무기에 수조 달러를 투자했다.

조지프 스티글리츠(Joseph Stiglitz)와 린다 빌메스(Linda Bilmes)는 미국인이 중동 전쟁을 위해 2008년까지 최소 3조 달러를 쏟아부었다고 추정했다. 빌메스는 2016년에 이 돈이 5조 달러까지 상승했다고 덧붙였다. 많은 논평가들은 탈레반에 대한 몇몇 중요한 승리와 오사마 빈 라덴 같은 테러리스트들의 사망에도, 수조 달러에 달하는 이 투자가 실제로는 국가의 장기적 이익을 해치는 것이라고 주장한다. 미군의 하드웨어와 소프트웨어에 대한 투자 전략은 전쟁 분석가들에게도 많은 비판을 받아왔다.

마찬가지로 중국 분석가들은 재래식 보안과 AI 기반 안면 인식 및 분류 시스템 같은 신장에 대한 과도한 투자가 중국 공산당(CCP)의 다른 대외적 목표를 얼마나 약화시켰는지 기록했다. 불만을 품은 이슬람교도들의 피습에 대응해 중국 정부는 현재 수십만 명을 재교육 수용소에 구금했다. 중국 공산당은 또한 첨단기술을 이용한 감시와 충성도 평가 및 점수 부여를 장려하고 있다. 이례적인 홍콩 시위는 적어도 부분적으로는 무책임하고 압도적인 권력을 지닌 지배 계층이 주민을 지배하는 것을 거부하는 데 뿌리를 두고 있었다. 제이넵 투페치(Zeynep Tufekci)는 집안 내부까지 침투한 유비쿼터스 보안 카메라와 정권에 대한 지속적인 충성도 평가로 가득 찬 신장 자치구에 대한 두려움이 홍콩 시위대를 더욱 극렬하게 만들었다고 보고했다. 이들의 투쟁은 2020년 대만 선거 결과를 뒤집는 데 도움이 되었다. 대만 국민당은 2019년 내내 여론조사에서 우세했지만 홍콩과의 대치가 장기화되면서 꾸준히 지지를 잃었다. 독립 성향의 차이잉원(Tsai Ing-wen) 총통이 재선에 성공했고, 정치적 분리와 문화적 차별성에 대한 대중의 정서를 계속 발전시켜나갈 것이다.

이와 같은 의견은 4장에서 언급한 공공 영역의 자동화로 중국에서는 널리

주목받지 못할 것이다. AI로 강화된 검열은 단기적으로는 정권의 권력을 강화시킨다. 외부 간섭에 대한 대중의 정서를 강화시키기 위한 미디어의 무기화이다. 그러나 결국 비민주적인 정부조차 어떤 것이 효과가 있는지, 어떤 것이 정당성에 도움이 되며, 어떤 것이 타오르는 분노의 불씨를 키울 것인지 결정하기 위해 피드백 메커니즘에 의존한다. 헨리 패럴(Henry Farrell)은 다음과 같이 주장했다.

> 그럴듯한 피드백 루프는 더 많은 편향을 초래하는 오류로 이어지고 이를 수정할 준비가 되어 있지 않다는 것을 알게 된다. 이것은 물론 평범한 권위주의 정치와 재앙으로 이어지는 정책에 대해서도 지도자를 바로잡기를 주저하는 전형적인 태도에 의해 강화될 가능성이 높다. 문제가 있는 지도자와 알고리즘 이데올로기는 매우 불행하게 서로를 강화할 수 있다.

다시 약점으로서의 강점이라는 주제가 반복된다. 표현을 면밀히 관찰하고 형성할 수 있는 것은 중국 공산당의 특별한 힘이다. 그러나 그런 힘이 비판적인 피드백을 억누르면 경직성은 깨지거나 부서지기 쉬워진다.

그렇다고 중국의 강력한 라이벌인 미국이 현대 거버넌스 모델 측면에서 제공할 것이 많다는 것은 아니다. 부분적으로는 점점 더 자동화되는 공공 영역 덕분에 미국은 후기 민주주의로 향하고 있다. 파편화된 미디어는 파괴적인 정책에 반대하거나 공정한 선거를 위한 기본적인 사회규범을 반영하고 지킬 수 없다. 신경학자 로버트 버튼(Robert A. Burton)은 도널드 트럼프 대통령을 '오직 스스로 선택한 데이터와 광범위하게 변동하는 성공 기준에 따라 움직이는 블랙박스형 1세대 인공지능 대통령'으로 모델링할 수 있다고 추측했다. 패럴(Farrell)은 시진핑이 피드백에 눈이 멀었다고 보는 것에 반해, 버튼은 트럼프가 자신의 다양한 실패에 대한 책임을 전가하기 위해 냉소적인 호소를 기계적으로 테스트해 어떤 것이 효과가 있는지 결정하는 등 완전히 변덕스러운 인물로 묘사한다. 과거 미국이 주도한 세계 질서의 장점이 무엇이든 트럼프 행정부는 그것을 무시하고 미래에 대한 전망을 심각하게 훼손했다.

단순히 권력이 축적된다고 현명한 통치가 보장되는 것은 아니다. 다극성은 강대국의 거버넌스 실패로 인한 결과뿐만 아니라 책임 있게 권력을 행사하기에는 지나치게 폭압적이고 혼란스러워진 패권국의 과도한 권력으로부터 글로벌 커뮤니티를 보호하기 위해 필요하다. 일반적으로 파괴력을 점차 줄여가는 것과 안보 동맹이 강대국의 침략이나 비국가 활동세력의 테러를 억제하는 충분한 화력을 갖도록 보장하는 것 사이에는 미묘한 균형이 존재한다. 어떤 국가는 선도적인 AI 기술을 포함해 국방에 더 많은 투자를 해야 할 수 있다. 그러나 무기에 대한 국가의 지출이 많을수록 위에서 비판한 주둔 국가와 군비 경쟁의 역학에 기여한다는 것을 더욱 경계해야 한다.

기존의 공공 재정 전문가들이 제기하는 고전적인 '대포와 버터(군비와 국민 경제를 양립시키는 정책)' 절충안이 있다. 인적 서비스에 대한 더 많은 지출을 요구하는 것은 전쟁 수행 능력을 떨어뜨린다. 그러나 이런 국내 지출은 사실상 군비 경쟁과 자멸적 무력 과시에 사용할 수 있는 자원을 줄임으로써 체제를 지킬 수 있다. 국가가 자국민에게 점점 더 높은 수준의 보건과 교육, 주택 및 기타 여러 필수품을 제공할 책임을 갖게 될수록 군사 AI의 무분별한 발전으로 그럴듯하게 만들어진 제국 프로젝트에 투자해야 하는 부담이 줄어든다. 작고 가난한 국가가 강대국의 침략을 막기 위해 치명적인 자율무기에 투자하는 게 당연할 수 있지만, 이는 비슷한 상황에 처한 이웃 국가가 자신의 상대적 지위를 지키기 위해 투자하도록 자극할 위험이 있다. 더 나은 선택은 힘의 균형을 맞추기 위해 전략적 동맹을 구축하는 것이다.

군비 통제 협정에 내재된 어려움을 감안할 때, 자제에 대한 약속은 공식적인 조약 협정을 체결한다 해도 AI 군비 경쟁을 방지하는 데 필요한 조치의 일부일 뿐이다. 중요한 것은 국방과 같이 위급하고 불가피한 프로젝트에 대한 사회의 지속적인 관심이다.

협력의 논리

군대나 국방 계약자들에게 직간접적으로 자금을 지원받는 대규모 연구진에게 자율 로봇 무기의 발전은 종종 불가피한 선택이다. 그들은 미끄러운 경사면의 논리를 언급한다. 기계에 대한 인간의 통제 가능 범위에는 한계가 있고, 자동화 시스템이 초기 단계를 시작했다면 더 이상 자율성의 부여를 막을 만한 명확한 원칙이 없다. 그러나 기술이 반드시 이 방향으로 발전할 필요는 없다. 무자비한 경쟁만큼 협력도 가능하다. 규범으로 다양한 무기의 개발을 억제해 왔고 앞으로도 계속 그럴 것이다.

무수히 많은 변수를 감안할 때 킬러 로봇의 사악한 문제는 해결할 수 없다. 그러나 우리는 다루기 힘들었던 비슷한 딜레마에 대한 역사적 연구를 통해 좀 더 현명해질 수 있다. 핵 확산에 대해 국제 정치 경제를 연구하는 학자들에게 배울 것이 많다. 에텔 솔린겐(Etel Solingen)은 왜 어떤 지역과 국가에서는 대량 살상 무기에 대한 투자를 선택했고, 다른 곳에서는 그렇게 하지 않았는지 조사했다. 국제 정치의 고전적 현실주의 이론은 군비 경쟁의 힘을 강조하고 있으며, 불안으로 인해 핵무기화를 원하는 국가의 의사결정의 근거가 되고 있다. 결국 군비 정책은 경쟁자와 적의 힘에 따라 결정된다. 그러나 이런 이론은 왜 그토록 많은 국가가 핵보유국으로서 직면하는 것보다 더 큰 위협에 직면해 있음에도 핵폭탄 개발에 실패했는지 설명하지 못했다.

솔린겐은 정치적 리더십이 중요하며 국가가 핵보다는 국제 무역 경쟁과 협력, 국내 경제 발전에 초점을 맞추며 합리적으로 결정할 수 있다고 주장한다. 원자력 프로그램은 경제적으로나 평판으로나 비용이 많이 든다. 예를 들어,

솔링겐은 중국이 변절자로 취급해 20세기 중반 내내 매우 어려운 안보 상황에 직면했던 대만의 예를 면밀하게 검토했다. 대만은 더 많은 무기화 가능 물질을 생산해 원자력 에너지 프로그램을 개발할 수 있었다. 그러나 오랜 집권 여당인 국민당 지도부는 전략적으로 본토와의 대립에 몰두하기보다 경제 성장과 무역을 통해 정당성을 확보하는 쪽을 택했다. 경제가 성장하는 만큼 군사에 대한 투자가 줄었고, 대만의 핵에 대한 야망은 평화적 이용에 초점을 맞췄다.

물론, 솔링겐의 에너지 집중 이론이 이런 전략적 자세에 대한 유일한 근거는 아니다. 대만의 오랜 지도자인 장제스는 중국 본토에서 망명했고 동포를 폭격하는 것은 생각조차 하고 싶지 않았다. 미국은 비확산에 대한 확고한 의지를 갖고 있었고 대만에 핵무기 확산에 대한 규범을 지키라고 압력을 넣었다. 그러나 이런 요소는 또한 대만이 당시 강대국과의 상호 연결성을 강조한다는 면에서 솔링겐의 생각과 큰 틀에서 부합한다.

이런 정치 경제학적 프레임을 자율무기 시스템에 적용할 때, 핵심은 파괴적인 기술을 금지하는 규범과 법률뿐만 아니라 이를 추구하는 데 소요되는 경제적, 평판적 비용을 보장하는 방법이다. 정부뿐만 아니라 기업도 건설적인 역할을 할 수 있다. AI 기반 텍스트 생성은 대단한 무기처럼 보이지 않을 수 있다. 그러나 자동으로 생성되는 소셜 미디어와 결합되면 딥페이크 영상으로 만든 연설은 독재정권이 온라인에서 여론 형성을 방해하는 데 사용하는 완벽한 도구가 된다. 게다가 군대는 이 기술을 적용해 다른 국가의 선거를 방해할 수도 있다. 아마 절대 배포되지 않게 하는 것이 최선일 것이다.

기술로는 만들 수 없다, 군사적 AI 상용화에 대한 내부 저항

미국의 일부 AI 대기업에서 점점 더 많은 소프트웨어 기술자들이 킬러 로봇과 그것의 전 단계 개발을 거부하고 있다. 이들의 저항은 전문가와 노동조합원이 일하는 방법과 대상에 대한 통제권을 주장하기 위한 더 큰 운동의 일부이다. 최근 구글의 개발은 이런 접근 방식의 장점과 한계를 모두 보여준다.

정부와의 계약으로 기술 기업은 수익성 있는 일을 지속적으로 제공하고 군대에는 필수적인 전문 기술을 제공한다. 전 세계에서 수집한 드론 감시 영상을 감당하기 어려웠던 펜타곤은 이미지 처리를 위해 구글과 계약을 맺었다. 드론은 적의 영토 상공에서 수천여 시간 동안 비행할 수 있다. 사람들이 영상을 검토하게 할 수는 있지만 테러 활동을 알 수 있는 중요한 패턴 등을 놓칠 수 있다. 머신 러닝이 하는 일은 녹화된 영상에서 숨겨진 특징을 찾아 궁극적으로 이런 분석을 실시간 이미지 처리에 적용하는 것이다. 구글은 영상 처리 속도를 높이기 위한 메이븐(Maven)이라는 프로젝트를 제안했다. 구글의 최고 경영자들은 욕설과 저작권 침해, 증오심의 표현 등 여러 문제에 대한 연간 수백만 시간의 유튜브 영상을 모니터링한 경험에서 얻은 효율성을 생사를 다루는 문제에 적용하려고 했다.

그러나 이 기술 개발의 최전선에 있던 사람들은 다른 도덕적 계산법을 가지고 있었다. 4,000명의 구글 직원은 "구글은 전쟁 사업에 참여해서는 안 된다"라는 짧고 선명한 내용의 동의서에 서명했다. 직원들은 AI 기술을 군사적으로 이용하는 것을 피하기 위한 사업적, 도덕적 근거를 제시했다. 구글의 데이터 수집이 고객의 삶에 밀접한 영향을 미친다는 점을 감안할 때, 그들은 군사적 목적의 개발은 돌이킬 수 없을 만큼 기업 브랜드를 손상시킬 것이라고 느꼈다. 팔란티어, 레이시언, 제너럴 다이나믹스 같은 몇몇 회사는 군사적 응용에 직접 참여했다. 마이크로소프트와 아마존 같은 기업도 간접적으로 참여했다. 구글 직원들은 회사가 그 어디에도 속해서는 안 된다고 말했다. 그들은 회사에 구글과 협력업체 모두 전쟁 기술을 개발하지 않을 것이라는 명확한 정책을 만들고 시행할 것을 요구한 후 디지털 시위를 마무리했다. 경영진은 메이븐 프로젝트를 유보했지만, 이 논란의 여파로 10여 명의 직원이 앞으로 윤리적으로 문제가 될 수 있는 일을 피할 수 있을지 걱정하며 회사를 그만두었다.

이상주의적인 개발자들은 언론의 찬사를 받았지만 한편으로는 비판에 직면했다. 일부에서는 뒤늦은 우려의 표명이라고 조롱하는 이들도 있었다. 2013년 스노든의 폭로는 빅테크 데이터가 법 집행 기관과 군사적 이해관계에 얼마나 유용하게 쓰일 수 있는지를 보여주었다. 구글 전 CEO인 에릭 슈미트(Eric Schmidt)는 수년간 국방혁신 자문위원회를 이끌었다. 한때 '악하지 말자'라는 모토로 유명했던 구글은 그 겸손한 윤리 기준조차 벗어던져버렸다.

또 다른 비평가들은 구글이 스스로를 만들어준 국가를 위해 충분히 일하지 않는다고 주장했다. AI 무기 경쟁하에서 미국이 최고의 기술 기업을 활용할 수 없다면 순종적인 금권주의자를 가진 다른 국가가 앞서나가게 될 것이다. NATO의 수석 고문인 산드로 게이켄(Sandro Gaycken)은 "순진한 실리콘 밸리 히피 개발자들은 이해하지 못한다. CIA가 강제해야 한다"고 말했다. 비협조적인 기업은 AI 무기 경쟁에서 미국이 중국과 러시아에게 뒤처지게 만든다. 중국의 대규모 데이터 통합은 치안과 전염병 및 전쟁에서 가장 유용하게 사용할 수 있는 개인 모니터링과 표적화를 더욱 빨리 발전시킬 것이다. 국가와 민간 주체의 긴밀한 통합은 더 많은 발전으로 이어질 것이다. 반면 서방의 평론가들은 그 위협을 과장하고 있을지 모른다.

구글이 중국 정부의 규격을 충족시키기 위해 검열을 마친 검색 엔진인 드래곤플라이 프로젝트를 발표했을 때, 현실주의자들과 이상주의자들 모두 분노했다. 미국 정부와는 협력하지 않으면서 중국 정부와 협력하는 이유가 무엇인가? 표면적인 차이는 분명하다. 검색에 대한 검열은 아무도 죽이지 않을 것이다. 그러나 까다로운 질문이 남아 있다. 사라진 웹사이트는 어떻게 되는가? 드래곤플라이가 작성자에 대한 정보를 알려줄까? 정보 전쟁 시대에 온라인 생활에 대한 철저한 모니터링과 통제는 많은 국가의 최우선 과제이다. 이런 권위주의적 통제는 또 중국에서 시작된 코로나19 바이러스 같이 세계 다른 나라에 큰 문제를 일으킬 수 있다. 중국 관리들은 이 위험한 새로운 질병의 확산에 대해 경고하는 의사들을 검열하지 않았다.

구글 활동가들이 군사 기술과 관련된 일을 거부하는 것은 뒤늦은 감이 있거나 비애국적인 행동으로 보일 수 있다. 그러나 참여의 윤리는 상황에 따라 다르다. 미국은 이미 다른 국가 대비 엄청난 군사적 우위를 위해 투자해왔다. 1990년대 이후 위상이 다소 떨어졌을지 모르지만, 미국을 공격하는 그 어떤 나라에도 여전히 종말론적인 폭력을 행사할 수 있는 능력을 지니고 있다. 메이븐 같은 프로젝트는 반격 능력을 향상시키지 못할 수 있지만, 미국의 존재에 대해 분개를 조장할 가능성이 있는 여러 지역에서의 현상 유지(사실상 점령)를 훨씬 더 그럴듯하게 한다.

협력으로 가는 길

전쟁 준비를 포함한 경비 노동은 매우 큰 사업이다. 테러 자본주의의 부상은 번창하는 감시 장비 무역에 활력을 불어넣었다. 미국이 주요 수출국이지만 다른 여러 강대국이 따라잡고 있다. 중국 기업은 영국 보안 기관과 짐바브웨 정부에 첨단 카메라를 판매한다. 전 세계 보안 전문가들이 중국 신장 대테러 기술 장비 박람회에서 상품을 쇼핑하고 있다. 시리이와 이란, 멕시코에서 러시아의 군사 장비가 눈에 띈다. 민간 기업은 무수한 정보의 원천을 수십만 명의 개인에 대한 생활 패턴 분석으로 통합할 수 있는 정부 융합 센터에 의해 구매, 해킹 또는 도용한 데이터를 비축하고 있을 것이라고 짐작된다. 무기는 항상 큰 사업이었고 AI 무기 경쟁은 기술에 정통하고 정치적으로 잘 연결된 사람들에게 이익을 약속한다.

군비 경쟁에 반대하는 조언은 매우 비현실적으로 느껴질 수 있다. 강대국은 AI의 군사적 활용에 자원을 쏟아붓고 있다. 대부분의 시민들은 안보 강화를 위한 표면적인 노력에 관심이 없거나 박수를 보내지 않는다. 그러나 이런 소극적인 태도는 국내 AI 감시 사용이 시간이 지남에 따라 바뀔 수 있고, 경비 노동은 점점 민주적으로 책임 있는 지역 권력이 아닌 그림자 같은 통제 기관으로 인식되고 있다.

군사 및 치안 AI는 외부의 적에게만 사용하는 것이 아니다. 내부의 적을 알아내고 싸우기 위해 사용하기도 한다. 미국에서 9·11 테러 같은 사건은 거의 20년 동안 발생하지 않았지만, 미국 국토안보부는 특히 주 및 지방 차원에서 범죄자와 보험사기, 심지어 시위대를 상대로 테러 방지 도구를 조용히 사용하고 있다. 중국은 상당수의 위구르족을 재교육 수용소에 몰아넣고 지속적인 전화 감시와 위험에 대한 프로파일링을 하며 사람들에게 겁을 주기 위해 무슬림 테러리즘의 위협을 과장했다. 미국의 기술 대기업이 중국 정부의 병렬 감시 프로젝트에 협조하는 가운데 일부 중국 장비들이 미국 정보기관을 굴러가게 한다고 해도 놀랄 일이 아니다.

AI 경비 노동의 발전은 강대국 간의 경쟁이라기보다 기업과 정부 엘리트가 다루기 힘든 인구에 대한 헤게모니를 유지하기 위한 전 세계적인 프로젝트이다. 권력자들은 종종 자국의 평범한 시민보다 권력자들끼리 훨씬 더 많은 공통점을 가지고 있다. 징고주의(공격적인 외교정책을 만들어내는 극단적·맹목적·배타적인 애국주의나 민족주의) 위력의 과시는 경제적 이윤에 대해 더 많은 몫을 요구할 수 없는 노동에서 가치를 뽑아내려는 공동의 이해에 대한 갈등을 덮는다. 미국과 중국, 러시아 국민이 군대의 지휘에 어느 정도 영향력을 행사하는 한 그들은 이런 새로운 분열을 염두에 두어야 한다. 치안에서 보았듯 전쟁에서 AI 기반의 새로운 힘을 얻는 것은 정의를 실현하기 위해 정부의 힘을 강화시키는 단순한 이야기가 아니다. 그것은 빠른 기술 발전을 이용해 부당한 현상을 고착화시키는 억압의 도구이기도 하다.

해외의 전투나 점령지에 배치되면 본국으로 돌아갈 방법을 찾는 경향이 있다. 그들은 잘 알려지지 않거나 상대적으로 힘이 없는 소수자에게 먼저 배치된 후 다른 집단으로 확산된다. 미국의 대민지원에 대한 민병대 원칙에도 미국 국토안보부 관리들은 지역 경찰서에 탱크와 군용 장비를 선물했다. 보안관들은 AI 기반 표적 및 위협 평가에 더욱 열광할 것이다. 그러나 미국 내 경찰과 교도소의 경우에서 보았듯 사회 문제를 해결하는 방법에는 여러 가지가 있다. 모두에게 기계화된 무력 위협과 연결된 지속적인 감시가 필요한 것은 아니다.

실제로 이것은 국가적으로나 국제적으로 안보를 보장하는 가장 비효과적인 방법일 수 있다. 드론 덕분에 미군은 중동과 중앙아시아에서 점령군보다 훨씬 더 오래 주둔할 수 있었다. 군인들의 모든 위협적인 행동을 감시하는 로봇 보초병이 항상 존재한다는 것은 압박의 한 형태이다. 미 국방부는 이라크와 파키스탄 일부 지역의 위협으로 경계를 늦출 수 없다고 주장할 수 있지만, 바로 그 이유 때문에 분노를 자극할 수 있다는 점은 무시하고 있다.

일방적으로 지배할 수 없는 세계에서 협력의 필요성을 고심하는 것은 기술 자본의 군비 경쟁에 대한 실행 가능한 대안이다. 그러나 현재 군산복합체는 무인 군집 드론의 개발을 가속화하고 있다. 표면상으로는 기계만이 적의 대응 전략을 예측할 만큼 빠르기 때문이다. 이것은 알고리즘의 군사화를 정당화하는 기술을 적이 개발하도록 자극시키는 자기 충족적 예언이다. 이런 자기 파괴적인 고리에서 벗어나기 위해서는 군용 로봇에 윤리를 부여하는 개혁주의적 담론 전체에 의문을 제기하는 대중 지식인의 생각에 대해 고민해야 한다. 비록 그 성취가 제아무리 깨지기 쉽고 어렵다 해도 전쟁 수행 능력 경쟁으로 가는 길을 미미하게 개선하는 것보다는 협력과 평화로 가는 다른 길이 필요하다.

전 미 국방부 관리인 로사 브룩스(Rosa Brooks)는 자신의 저서 『어떻게 모든 것이 전쟁이 되고 군대는 모든 것이 되었는가』에서 미국 국방 전문가들 사이에서 개발과 거버넌스 및 인도주의적 지원이 무력의 투입만큼이나, 어쩌면 그보다 더 중요하다는 인식이 확산되고 있다고 설명한다. 기후 위기 시대에는 재난의 영향을 받는 사람을 돕기 위한 신속한 대응은 불안정화를 늦추거나 멈추게 할 수 있다. 비슷한 맥락에서, 중국의 개발 프로그램은 최상의 경우 동반 국가에 인프라를 구축해 생산 능력을 향상시키고 상호 이익이 되는 무역을 촉진하는 긍정적인 효과를 가져온다. 자원이 매우 풍부한 세상이라면 제로섬 전쟁을 추구할 이유가 줄어든다. 또한 새로운 코로나 바이러스 같은 천적과 싸울 수 있는 더 좋은 장비를 갖추게 될 것이다. 미국이 군사 지출의 일부를 공중보건 역량에 투자했다면 경제적으로 처참했던 봉쇄는 물론 2020년에 발생한 수만 명의 사망을 피할 수 있었으리라.

더욱 광범위하고 인도적인 사고방식이 널리 퍼지기 위해서는 지지자들이 정부의 적절한 역할과 안보의 역설에 대한 아이디어 싸움에서 승리해야 한다. 그들은 정치적 목표를 지배에서 벗어나 육성이라는 방향으로 옮겨야 한다. 포식자 제국으로 생각하는 미국 안보 국가의 성장을 관찰하면서 이언 쇼(Ian G. R. Shaw)는 다음과 같이 묻는다.

"연민보다는 통제가 지원보다는 안보가, 보살핌보다는 자본이, 복지보다는 전쟁이 우위에 서는 것을 보지 않는가?"

이런 우위를 막는 것이 현대 인공지능과 로봇 정책의 주요 목표가 되어야 한다. 이는 다시 돈과 자원, 풍요에 대한 새로운 관점을 필요로 하게 할 것이다. 다음 장에서 살펴보겠지만, 인도적인 AI 정책의 기초는 인간의 필요와 기회를 중심으로 하는 새로운 정치 경제이다.

7장

자동화의 정치 경제에 대한 생각

Rethinking the Political Economy of Automation

새로운 로봇의 원칙을 위해서는 비용이 필요하다. 비싼 임금이 필요한 기술로 이 원칙을 보완하는 것보다는 인력을 대체하는 것이 때로 비용 면에서 유리하다. 군비 경쟁을 포기한다는 것은 이익과 권력을 잃을 위험을 감수해야 함을 의미한다. 휴머노이드 로봇의 개발을 미루거나 피하는 것은 잠재적인 기계 동반자를 거부하는 것이다. 로봇의 행동이 사람이나 기관에 귀속되어 있다는 것을 보장하기 위해 복잡한 기록 관리를 의무화할 것이다.

그러나 이런 비용에는 각각 다른 측면이 있다. 소비자가 지출하는 만큼 근로자에게는 수입이 생긴다. 모두가 무기 경쟁을 포기한다면 우리는 훨씬 더 나은 삶을 살 수 있다. 인간을 로봇으로 대체하는 것이 지연되거나 제한된다면 인간의 관심과 자원을 둘러싼 기계와의 경쟁이 줄어든다는 것을 의미한다. 귀속은 사고를 방지하고 가해자에게 책임을 물을 수 있도록 도와준다.

이런 이중성은 경제의 근본적인 긴장감을 나타낸다. 개별 기업의 미시 경제적 관점은 인건비를 최소화하는 것이다. 사회 전체에 대한 거시 경제적 관점에서는 소비자에게 소득원이 있어야 하고, 대부분에게 그것은 노동이다. 사회가 어떻게 노동과 자본에 대한 상대적 수요의 균형을 맞추는가는 정치 경제학이라고 알려진 정치학과 경제학의 주제이다. 정치 경제학적 관점은 현재 비현실적이라고 무시되거나 전혀 고려되지 않는 가능성을 열어준다. AI 경제학의 표준적인 설명은 규제와 혁신 사이에서 절충안을 제시하곤 한다. 정치 경제학에서는 이런 생각을 거부한다. 우리는 경제적 파이의 크기를 최대화하고, 그 결과로 얻는 포상금을 재분배하려는 것이 아니다. 오히려 법은 우리가 갖게될 AI의 유형을 만들 수 있고 또 그래야 한다. 예를 들어, 법에 따라 매일 수천 장씩 학생들의 사진을 찍는 안면 인식 시스템을 제한하거나 금지할 수 있다. 전염병 퇴치를 위해 법에 따라 로봇 청소기와 검사기 사용을 의무화하거나 장려하고 보조금을 지급할 수 있다. AI와 로봇에 대한 규제는 단순히 미친 과학자를 억제하거나 난폭한 대기업에 대한 안전장치를 마련하기 위한 것이 아니다. 오히려 우리는 건강과 교육, 저널리즘, 치안 및 기타 여러 분야에서 인간의 가치를 보존하기 위해 노력하고 있다. 그리고 각 분야가 현재 AI 상용화를 주도하는 기업의 지시를 따르지 않고 다양한 지역적 요구와 우선순위에 따라 발전할 수 있도록 노력하고 있다.

이를 위해서는 정부 자금이 필요하다. 로봇 시스템과 AI를 제대로 도입하기 위해서는 대체로 현재의 접근 방식보다 더 많은 비용이 들 것이다. 새로운 로봇의 원칙 중 첫 번째와 세 번째 원칙 사이의 단순한 경제적 관계는 분명하다. 단순히 경쟁적 우위를 위한 군비 경쟁에 낭비되는 돈이 아니라면, 이 비용을 자동화에 대한 보완을 위해 사용할 수 있다. 그러나 경비 노동에서 복지 사업으로 지출을 조정하는 것은 그림의 일부분일 뿐이다. 우리는 생산이 환경에 미치는 부정적인 영향을 줄이는 동시에 모두를 위한 충분한 재화와 서비스를 창출하는 자동화를 통해 보다 지속 가능한 경제를 만들어야 한다. 이미 긴축으로 전 세계 많은 곳에서 피해를 입은 복지 사업이 아닌 이곳이 바로 적은 비용으로 더 많은 일을 해야 하는 분야이다.

주장의 근거를 명확히 하기 위해 두 가지에 대해 반박할 필요가 있다. 하나는 경제학자의 악몽, 다른 하나는 급진주의자의 꿈이다. 경제학자의 악몽은 '비용의 질병'으로 알려진 사회적 진단이다. 보건과 교육에 대한 지출이 경제의 다른 부분에서 자원을 기생적으로 고갈시킬 것이라는 두려움이다. 급진적인 꿈은 '완전 자동화'이다. 언젠가는 모든 것을 기계가 수행할 것이라는 희망이다. 경제학자들은 지나치게 유토피아적이라는 이유로 완전 자동화를 거부하곤 한다. 그러나 꿈과 악몽은 동전의 양면과 같다. 사회 전체의 조화로운 균형보다 개별 거래의 효율성을 우선시하는 사고방식이다.

이번 장에서는 미래에 비용이 드는 질병과 완전 자동화에 대한 AI와 로봇의 이야기를 모두 다뤄보자. 우리는 기술 대기업이 AI를 통한 효율성 향상이라는 명목으로 전문직을 넘겨주도록 허용하기보다는 경제적 균형을 다시 맞춰야 한다. 국가는 근로자와 중소기업의 권리와 특권을 더 잘 보호하는 동시에 기술 대기업들의 힘을 제한해야 한다. 현재 너무 많은 법이 자본주의 경제를 자동화하는 방향으로 기울게 하고 있다. 세금과 경쟁, 노동 및 교육 정책의 활성화는 이런 균형을 바로잡는 데 도움이 될 것이며, 우리 모두에게 AI와 로봇의 발전에 대한 더 많은 지분을 제공할 것이다.

직무 교육에서 혁신 거버넌스까지

현재 시장은 빠르고 저렴한 비용의 자동화를 요구하고 있다. 그들은 세상을 조립 라인으로 모델링해 모든 업무를 더 작고 일상화된 작업으로 세분화한다. 서비스 로봇에 대한 비즈니스 사례는 분명하다. 로봇은 급여를 받지 않고, 잠도 자지 않으며, 일을 계속 잘하도록 동기 부여를 해줄 필요도 없다. 저렴한 호텔을 찾는 관광객이나 비용을 절감하려는 출장 부서가 있는 한 호텔 경영자는 로봇 청소기와 로봇 안내원, 로봇 도어맨, 로봇 컨시어지를 원할 것이다. 호텔 관련 직업은 엘리베이터 안내원처럼 사라지게 될 것이다.

코로나19 바이러스에 의한 팬데믹으로 서비스 산업에서 사람 간 접촉을 줄어야 한다는 압박이 더욱 커졌다. 무기한 봉쇄 조치로 로봇은 그 어떤 비즈니스 전문가보다 더 나은 사례를 만들었다. 창고 운영자, 육류 포장업자 및 농장 근로자들이 작업장에서 치명적인 바이러스에 감염되는 것이 두려운 경우, 이를 기본 소득과 미래 일자리에 대한 약속과 결합해 근로자의 역할을 로봇으로 대체하면 인도주의적으로 보일지 모른다. 다른 자동화 서비스 분야에서도 도덕 균형은 변화하고 있다. 팬데믹에서 필수 인력으로 인정받는 것은 좋다고만은 할 수 없는 영광이다. 2019년에 전 세계를 휩쓸었던 코로나바이러스 변종을 백신으로 물리친다 해도 또 다른 팬데믹이 발생할 가능성은 항상 존재한다. 이런 가능성은 심지어 원격이라 해도, 업무 환경 자동화의 논리에 힘을 더한다. 더 심각한 바이러스는 필수 서비스와 공급망도 파괴해 사회를 붕괴시킬 수 있다. 팬데믹의 위협이 갑작스럽게 현실로 다가옴에 따라 생필품의 안정적인 생산과 유통을 보장하는 로봇 기술을 가속화해야 한다고 한다.

한편으로는 더 많은 사람 간 접촉이 필요한 역할이 있다. 우리는 실질적인 도움을 줄 인간 중심의 혁신과 미성숙한 자동화를 촉진하기 위해 비용을 압박하는 것과 위기를 이용하는 것 사이에 신중하게 선을 그어야 한다. 로봇과 AI는 단순히 냉혹한 기술 발전만을 뜻하는 것은 아니다. 로봇이 도입되는 곳마다 열광과 두려움, 따뜻함과 실망을 함께 보게 될 것이다. 정책 입안자의 임무는 사람에 대한 존중과 한정된 자원에 대한 인식, 책임감을 잘 결합해 이런 반응과 조화를 이루는 방법을 결정하는 것이다. 이를 위해서는 교육에 대한 지속적인 대규모 투자가 필요하다.

노스이스턴대학교 조셉 아운(Joseph Aoun) 총장의 말처럼, 발 빠른 대학은 이미 로봇에 강한 인재를 양성하는 것을 목표로 하고 있다. 과학과 기술, 공학, 의학 교육에 대한 수요는 매우 높다. 또한 문학과 정치학, 역사, 철학에 이르는 모든 인문학은 아운의 현명한 결론과 같이 자동화에 대한 모든 측면을 이해하는 기초가 된다. 인문학은 재평가되어야 한다. 제대로 구현된 AI는 더 많은 일자리를 만들어내는 또 하나의 방법이다. 최첨단 생산 방식이 더욱 복잡해지면 교육은 더욱 더 노동 집약적이 된다.

경제는 계속 변화하고, 어떤 기술은 쓸모없어진다. 예측 가능한 이 문제에 대한 해결책은 중고등학교나 대학교를 단축하는 것이 아니라, 평생 학습의 기회를 늘리는 것이다. 너무 많은 정부 기관이 근로자 재교육 프로그램에 대한 자금 지원에 성의가 없었다. 정부는 직업 훈련뿐만 아니라 더 야심차고 충실한 프로그램을 마련하며 더 많은 일을 해야 한다. 기계로 인해 일자리를 잃은 사람들은 코딩 캠프에서 몇 주 이상의 교육을 받을 자격이 있다. 왜 이런 변화가 일어났는지, 어떻게 대처해야 하는지에 대한 배움과 경제 변화의 맥락을 배우는 기회도 매우 중요하다. 이런 수업은 예전에는 연합 학교의 일부였는데, 다시 부활할 수도 있다.

전통적인 경제 지표에 대해서도 이 전략은 성공적이다. AI가 창출하는 새로운 기회를 따라잡기 위해 교육에 투자하면 적어도 세 가지 이상 생산성을 높일 수 있다. 첫째, 소프트웨어와 데이터 분석, 로봇 기술의 발전으로 실직한 사람들에게 더 많은 기술을 제공할 수 있다. 이것은 다시 기술 발전을 촉진하며 장기간 교육에 종사하는 사람들을 지원할 수 있는 보다 생산적인 경제를 보장할 것이다. 마지막으로, 새로운 컴퓨터 기술이 일의 형태를 바꿈에 따라 교육과 훈련 및 연구 분야 일자리가 더욱 늘어날 것이다.

인공지능은 데이터를 수집, 저장, 관리하는 적절한 방법에 대해 민감하고 까다로운 분쟁을 해결하는 동시에 작업자와 관리자의 역량을 향상시킬 것을 요구했고 앞으로도 계속 그럴 것이다. 첨단 컴퓨팅은 시민으로서 우리의 역할에도 도전한다. 4장에서 분석한 온라인 프로파간다의 공세에 대해 탄력적으로 잘 대응하는 대표적인 두 나라가 있다. 프랑스와 핀란드이다. 두 나라 모두 강력한 교육 시스템을 갖추고 있다. 특히 핀란드는 학생들에게 온라인에서 메시지의 출처를 파악하고 숨은 동기와 의제를 평가하도록 교육하고 있다. 민주주의의 미래를 위해서는 포용과 열린 마음, 공정성과 정의에 대한 추론 능력과 마찬가지로 이런 연구가 훨씬 더 보편적이 되어야 한다.

전문지식의 본질은 시간이 지남에 따라 반복적으로 형성되고 재구성되기 때문에 위 과정에는 사회과학과 인문학에서 추가해야 할 것이 있다. 대학이 학생과 사회의 요구를 모두 충족함에 따라 기계학습의 공정성, 책임감, 투명성 같은 새로운 분야가 실시간으로 발전하고 있다. 컴퓨터공학자와 운영 연구원이 목표를 이루기 위해 더 나은 방법을 탐색함에 따라 전통적인 접근법으로 인간의 가치를 표현하는 다른 사람들의 반발이 불가피하게 계속될 것이다. AI 분야의 사상가들이 기계를 이해하기 위해서는 인간이 좀 더 감정적으로 적응해야 한다고 말할 때, 사려 깊은 논평가들은 그 규율이 어떻게 경험을 왜곡하고 저하시키는지 관찰한다. 적절한 정서적 반응은 단순한 감각을 넘어 상황에 대해 심각한 문제가 있거나 가치 있는 측면을 드러내며 지식과 감각을 융합한다. 앞서 아동과 노인 돌봄에 대한 논의에서 살펴보았듯 이런 반응은 매우 중요하고 인간 중심적이다. 이런 질문을 강요하기보다는 정중하게 탐구할 수 있는 제도를 마련하는 것이 중요하다. 대학은 이런 포럼을 통해 학생들에게 감성과 과학, 자기 인식과 세계의 발견을 교육하는 데 최선을 다하고 있다.

보조금에서 보완성으로

시민들이 기술 개발과 제한을 이해하도록 돕기 위해 국가가 직간접적인 비용을 지불하는 것이 공정한가? 시장이 그런 전문지식을 제공할 수는 없는가? 정책에 자주 제기되는 반론이지만, 보조금 지원에 대한 이런 비판은 두 가지 면에서 실패한다. 첫째, 교육과 연구 개발에 대한 투자는 의료 분야의 진정한 발전 같이 장기적으로 막대한 이익을 제공해 더 큰 경제 성장을 촉발한다. 둘째, 수단적 혜택 외에도 본질적인 가치가 있다.

개별 시장 거래가 언제나 더 광범위한 사회적 이익에 도움이 되는 것은 아니다. 지구 온난화의 위기는 이제 논쟁의 여지가 없다. 실제로 비만과 흡연의 결과에서 알 수 있듯, 이런 거래는 참여하는 당사자에게도 종종 문제가 된다. 교육과 같이 장기간 사회적 편익이 있는 투자의 경우 시장은 훨씬 열악하다. 일반 기업에서는 근로자가 경쟁사로 쉽게 이직할 수 있기 때문에 근로자의 기술을 향상시킬 만한 적절한 인센티브가 없다. 특히 급격한 기술과 사회 변화의 시대에 일반 근로자는 보조금 없이 전문적인 고급 교육을 받기 위해 큰 위험을 감수하지 않는다.

디지털 혁명이 가져온 새로운 일이나 여가 기회를 잘 활용하도록 준비시키기 위한 교육을 지원하고 확장하는 방법에 대한 과감한 생각이 필요하다. 19세기 초에 중등교육이 모두에게 무상으로 제공된 것처럼 4년의 고등교육은 시민을 위한 최소한의 권리가 되어야 한다. 일부에서는 보조금이 등록금을 인상시킬 뿐이라고 불만을 제기할 수 있다. 이런 비용이 정당화되지 않는 한 가격 통제가 이루어질 수도 있다. 그러나 경제 성장은 교육을 통해 직간접적으로 향상되기 때문에 아껴서 사용해야 한다.

교육경제학자들은 기술 보급을 관리하고 개선하는 데 필요한 지식과 기타 역량의 광범위한 확산이라는 정치적 관점을 놓치기 쉽다. 민주주의를 어쩌다 투표함을 방문하는 것이 아닌, 그 이상으로 만들기 위해 가능한 많은 사람들에게, 앤드류 펜버그(Andrew Feenberg)가 '테크노 시스템'이라고 부르는, 우리의 삶을 깊이 있게 형성하는 도구와 미디어, 인터페이스의 '제2의 자연'을 형성하는 데 최대한 많은 사람이 참여하게 해야 한다. 이것은 경제적인 원칙이라기보다 거버넌스의 이상을 각색한 것에 가깝다. 보완성으로 알려진 이 원칙은 책임을 잘 처리할 수 있는 지역 단체에 책임을 위임할 것을 권장한다. 친숙한 보완 방법에는 연방주의가 있다. 예를 들어, 유럽 연합이나 미국은 역사 교육 콘텐츠 같은 특정 주제에 대한 책임을 위임한다.

AI 시스템에 대한 인간의 통제권를 유지하는 것은 영토보다 더 기능적인 또 다른 보완성을 나타낸다. 예를 들어, 교실에서의 책임을 상상해보자. 가장 중앙집권적인 접근 방식은 정확한 학습 자료와 규율, 레크리에이션, 심지어 화장실 가는 시간까지 국가 기관에 권한을 집중하는 것이다. AI는 교실을 감시하는 카메라와 소프트웨어를 통해 권한을 강화하고 전국적인 행동 거버넌스를 코드화할 수 있다. 더 지역적인 통제는 권한의 일부를 교육감, 교장 및 교사에게 넘긴다. AI 시스템에 대한 인간의 통제를 유지하려면 경제 전반에 걸쳐 유사한 책임의 위임이 필요하다. 전기전자공학회의 어느 발의에서 규정한 바와 같이 AI와 로봇이 인간 직원보다 저렴하고 예측 가능하며 제어하기 쉬운 경우에도 인간의 자율성, 의사소통 및 혁신을 유지하기 위해 의사결정의 모든 단계에서 인간 직원의 핵심 네트워크를 유지해야 한다. 이 계획은 직장에서 효율성과 민주주의의 균형을 유지해 잘 훈련된 전문가가 AI를 통한 일상화가 어디에서 잘 진행되고 있는지, 어디에서 개선이 될 수 있는지 평가하게 한다.

정치와 경제 용어가 혼재된 직장에서 민주주의에 대해 말하는 것은 이상하게 보일 수 있다. 그러나 법률 이론가인 로버트 리 헤일(Robert Lee Hale)이 지적한 바와 같이 한 개인이나 집단이 다른 사람에게 무엇을 해야 하는지 말할 수 있고, 다른 사람이 복종하거나 처벌을 받아야 할 때를 말할 수 있을 때마다 정부가 있다. 사회 조직은 어느 정도의 위계질서는 요구하지만 그 구조는 다소 개방적이고 경쟁적일 수 있다. AI는 근로자와 관리자, 자본 소유자의 권력에 심각한 격차가 고착되어서는 안 된다. 오히려 노동조합과 근로자 단체가 직장에서 더 많은 자치권을 행사하는 데 도움이 될 수 있다. 예를 들어 알고리즘에 의한 근무 스케줄링은 비용의 최소화에만 기초할 필요가 없으며, 이는 근로자의 삶을 제로아워 계약(정해진 노동 시간 없이 고용주가 요청할 때만 업무를 하는 비정규직의 일종)으로 뒤집는 것이다. 대신 조직화된 근로자들은 관련 AI가 자신의 요구를 적극적으로 수용하도록 요구할 수 있고, 보다 생산적인 경제로 모든 사람에게 가족 시간과 여가 및 교육 기회를 분명히 가능하게 해야 한다.

민주주의는 정당과 선거, 입법부의 명백한 정치적 영역 그 이상이다. 그것은 어떤 형태로든 현재 직장 상사가 지배하는 직장의 사적 관리 체계에도 확대되어야 한다. 독일과 같이 강력한 산업 공동 결정권을 가진 국가는 이미 기업 거버넌스에서 근로자의 대표성을 제도화했기 때문에 AI와 로봇 기술을 공정하게 적용할 준비가 되어 있다.

새로운 로봇의 첫 번째 법칙에 내재된 장기적 비전은 AI와 로봇의 보급에 어느 정도 목소리를 낼 수 있는 전문직이나 노동조합을 필요로 한다. 단기적으로는 공익을 위해 일하는 노동조합이 가장 착취적인 AI 관리를 약화시킬 수 있다. 장기적으로는 데이터 수집에서 평가에 이르는 다양한 상황에서 전문성을 발휘하기 위해 특색 있고 사회적으로 인정받는 특권을 가진 직업으로 진화할 수 있다. 교사와 의사, 간호사는 이런 방법으로 자신들의 지위를 확고히 하고 있으며, 그들의 경우는 이미 다른 많은 직장에 영향을 미치고 있다. 예를 들어, 안전과 관련된 단체교섭이나 부당한 업무 평가에 대해 이의를 제기할 수 있는 우버 운전자에 대해 생각해보자. 이런 시각에서 운전자들은 단순히 데이터 저장소로 간주되는 것이 아니라 앞으로 사라지게 될 그들의 길을 점차 만들어간다. 오히려 더 안전하고 빠르며, 신뢰할 수 있는 교통 인프라를 점진적으로 실현하는 데 필수적이다.

전통적인 경제학에서는 고용을 선의의 협상으로 모델링하고 직장 내 정치는 배제한다. 이런 접근은 아무리 좋더라도 이상적일 뿐이고 근로자들을 보호하는 강력한 사회적 보호 장치와 법률이 없다면 대체로 무의미하다. 고용 조건을 놓고 감히 흥정을 할 수 있을까? 이와는 다른 조건의 직장 상사의 경우 당신의 권리를 주장하는 것에 대한 상대적인 비용과 이익은 무엇인가? 대기업의 경우 정규직 법률 부서 직원이 있는데, 얼마나 많은 근로자들이 이런 상황에 있을까? 요컨대, 다수의 고용 계약이 주민들에게 조례를 부과하듯 단순하게 적용되지만, 공공 정부의 기능을 정당화하는 민주적인 통제는 없다.

또 다른 경제사상에서는 임의고용이 만드는 책임감 없는 민간정부를 받아들여야 한다고 주장한다. 왜냐하면 이 체제는 직장을 규제하는 다른 방법보다 더 많은 사회 복지를 창출하기 때문이다. 이런 공리주의는 규제 비용에 대한 기초적인 경제 모델로 매력적일 수 있지만, 경험적 증거가 빈약하다. 미국의 1인당 GDP가 높다고 해서 유럽 대부분의 국가에 널리 퍼져 있는 직장 관리 체제보다 미국 시민, 특히 미국 근로자들의 삶이 더 낮다는 것을 의미하는 것은 결코 아니다.

물론 완벽한 해결책은 없다. 현대 전문직의 최전선에 있는 사람은 항상 자신의 가치를 입증해야 한다. 예를 들어, 당국은 무능하거나 무례한 교사로부터 학생을 구해야 할지 모른다. 아무도 찾지 않는 작가나 음악가를 시장이나 국가가 영원히 지원하지는 않을 것이다. 그러나 업무의 책임을 전문가에게 위임하는 일반적인 구조는 정신적 단일 문화를 피하는 데 매우 중요하다.

고등교육의 본질과 수단

보조금 문제 외에도 고등교육의 내용에 대해 예측 가능한 논란도 있다. 직업과 가장 밀접한 실용적인 것부터 보람은 있지만 실용성은 없는 것에 이르기까지 다양한 프로그램이 있다. 현재 고등교육 정책의 추세를 고려할 때 가장 큰 문제는 너무나 이른 조기 전문화이다. 대학 교육은 크게 내재적 학습과 도구적 학습으로 구분해야 한다. 도구적 학습은 현대 경제에서 시장성 있는 기술을 갖추는 것을 목표로 한다. 여기에는 코딩에서 마케팅, 통계에서 수사학에 이르기까지 다양하다. 본질적으로 중요한 주제는 왜 노력이 중요한지 깨닫게 해주는 가치와 전통, 유산, 역사의 전달이다.

물론 본질적인 것과 도구적인 것 사이에 변치 않는 엄격한 구분이 있는 것은 아니다. 미래의 변호사들은 르네상스 시대의 시를 공부하면서 텍스트 분석에 대해 많은 것을 배울 수 있다. 처음에는 건강을 위해 시작한 요가가 결국에는 삶의 깊은 원천이 될 수 있다. 그럼에도 학부 수준에서 경영이나 그와 유사한 전공의 인기가 높아짐에 따라 이런 투자에 대한 사회적 약속 없이는 최고의 사상과 명언을 잃어버릴 심각한 위험에 처해 있다. AI의 엄청난 힘을 생각하면 우리는 이것을 보급할 때 인간의 깊은 가치와 맞닿아 있어야 한다.

컴퓨터 기반 산업을 이끌고 있는 일부 리더들은 이런 제안을 꺼릴 것이다. 자율주행차의 주요 발전을 이끈 기술자인 앤서니 레반도프스키(Anthony Levandowski)는 다음과 같은 견해를 밝혔다.

"중요한 것은 미래뿐이다. 왜 역사를 공부하는지 모르겠다. 공룡이나 네안데르탈인, 산업혁명 같은 것이 재미있긴 하다. 그러나 이미 일어난 일이 정말로 중요하지는 않다. 그들이 만든 것 위에 무언가 만들기 위해 역사를 알 필요는 없다. 기술에서 중요한 것은 내일뿐이다."

과거를 이렇게 일축하는 것에는 문제가 있다. 예를 들어, 교통 기술의 최고지위에 있는 사람은 왜 자동차 문화가 엄청난 실수였을 수 있는지 이해해야한다. 벤 그린(Ben Green)의 '충분히 스마트한 도시'와 같이 깊이 있고 인간적인책에서는 이런 이야기를 권위 있게 들려주고 있으며, 온실 가스를 줄이기 위해 대중 교통이라는 해결책이 매우 중요한 시기에 자동차에 갇힌 개인주의를밀어붙이고자 하는 사람이라면 누구나 읽어야 한다.

고등교육경제학자들은 일반적으로 이런 가치에 대해 말하지 않는다. 이 영역에서 너무 많은 정책이 학위 프리미엄, 즉 본질적으로는 교육으로 인한 실제 소득의 증가에서 비용을 뺀 값에 대한 예측에 의해 지배되었다. 잘못된 정량화 프로젝트와 마찬가지로, 이런 비용 편익 분석은 졸업생이 하는 일의 사회적 가치 같은 모든 의미 있는 데이터는 고려하지 않는다. 그것은 교육 자체를 전적으로 인력을 조잡하게 도구화시키느라 경제지상주의의 결점을 인식하는 데 필요한 가치를 소멸시킨다.

자동화 시대의 조세 정책 조정

안정적인 일자리를 보장하기 위해 다양한 정책 옵션이 있는데, 작동 중인 여러 사회적 목표의 균형을 맞추기 위해 모두 미묘하게 조정될 수 있다. 예를 들어 근로소득 세액공제는 근로자들이 원하지 않는 노동을 하도록 유도하거나 만성적으로 임금이 낮은 노동에 대한 보상을 제공하기 위해 고안되었다. 일반적으로는 고용주가 1달러를 추가로 지불해도 근로자에게는 1달러 미만이 돌아가기 때문에 소득세는 그만큼 노동을 억제시킨다. 1달러를 더 벌기 위해 일을 해도 세율이 25%라면 75센트만 받게 된다. 근로소득 세액공제를 하면 소득 수준이 낮은 사람은 소득에 대해 세금을 내는 대신 정부로부터 근로에 대한 보너스를 받게 된다. 예를 들어, 택시 운전사는 요금으로 1만 달러를 벌면 1만 3,000달러를 집으로 가져갈 수 있다. 생활 보조비 등 정부를 통해 이루어지는 소득 재분배 같은 이전 지출을 통해 사실상 30%의 마이너스 소득세가 발생하기 때문이다. 인색한 미국에서 자동화로 인해 일거리가 줄어든 종사자들의 소득을 개선하기 위해 근로소득 세액공제를 확대할 수 있다. 그리고 이 프로그램은 특히 실업에서 벗어나는 사람들의 한계 세율이 80%에 이르는 영국과 독일 같은 국가에서 고려하기에 적합하다.

물론 근로소득 세액공제 같은 프로그램은 여러 단점이 있다. 이들은 일정 수준의 소득이 있는 사람에게만 도움을 준다. AI가 사실상 모든 일자리를 빼앗은 분야에 종사하는 사람들에게 근로소득 세액공제는 위로가 되지 않는다. 저임금 일자리에 보조금을 지급한다는 것은 더 많은 일자리를 보게 될 것이라는 의미이기도 하다. 다시 말해, 근로자의 생산성을 높이기 위해 혁신할 수 있는 기업들이 오히려 차선의 노동 방식을 유지하게 할 수 있다. 예를 들어, 국가 보조금으로 노동력이 기계에 비해 막대한 비용적 우위를 제공한다면 매장체인에서 청소부를 대체하기 위해, 또는 10% 더 효율적으로 만들기 위해 자동화된 청소 장비에 투자할 이유가 없다. 물론 근로소득 세액공제와 같은 프로그램은 단지 여러 세금 체계에서 자본 소득에 비해 임금이 상대적으로 불공평하게 취급되는 것을 보완하고 있을 뿐이다. 그럼에도 인간의 거버넌스와 통찰력이 프로세스 및 품질 개선에 기여를 하지 않는 영역에서 기술 발전을 방해하는 것은 피해야 한다. 또한 직원들에게 더 낮은 임금을 강요하는 최하위 공통 분모인 고용주를 지원하는 것도 피해야 한다.

근로소득 세액공제의 이런 예측 가능한 결점은 보다 단순한 다른 접근 방식에 광범위한 관심을 불러일으켰다. 근로 여부와 관계없이 모든 사람에게 보편적 기본소득을 제공하는 것이다. 필리프 판 파레이스(Philippe van Parijs), 야니크 반더보르트(Yannick Vanderborght) 같은 철학자들이 반복적으로 시험하고 철저하게 방어하며 발전시킨 기본소득 자동화 시대에 다시 주목받고 있다. 네 가지 다른 프레임이 이를 정당화한다. 첫째는 순수한 인도주의적 관점이다. 모든 사람은 사회에 대한 기여와 상관없이 기본적인 생계를 유지할 자격이 있다. 두 번째는 케인스주의적 관점이다. 기본소득은 다수의 수혜자들이 높은 한계 소비 성향을 가지고 있기 때문에 경제 활동을 증진시킬 것이라는 것이다. 덜 고상한 표현으로는 돈은 거름과 같아서 산더미처럼 쌓였을 때보다는 주변에 넓게 퍼져 있어야 훨씬 더 비옥하고 생산적이다.

기본소득에 대한 세 번째 관점은 철학자이자 사회학자인 하르무트 로사(Hartmut Rosa)가 제시한 것인데, 그는 기본소득을 울림의 물질적 토대로 본다. 로사에게 소외를 향한 무의미하고 공허한 느낌의 현대성은 우리가 자연과 예술, 역사, 놀이, 가족, 친구들로부터 흔히 찾을 수 있는 의미와 가치의 원천이고 이에 대한 새로운 투자를 필요하게 만든다. 직업에 대한 계산서에서 최악인 빈곤을 제거함으로써 기본소득은 우리가 진정으로 관심 있는 일에 종사하거나, 전혀 일하지 않을 수 있는 공간과 시간을 제공할 의무가 있다.

로사의 비전은 고무적이다. 그러나 다른 사람이 사회적으로 필요한 역할을 하는 동안 기회주의자들이 노동시장에서 빠져나가는 것에 대한 우려는 기본소득에 대한 대중의 반감을 불러일으킨다. 기본소득에 대한 네 번째 규범적 정당성은 우리 모두 현재 누리고 있는 모든 번영의 기초를 다지는 데 조상을 포함한 거의 모두가 어느 정도 역할을 했다고 주장함으로써 이런 도전에 대처하려 한다. 예를 들어 구글이나 페이스북을 사용하는 것만으로도 해당 서비스의 알고리즘이 향상되곤 한다. 댓글이나 좋아요 같은 여러 반응은 알고리즘을 더욱 정교하게 개선한다. 연주자는 관객을 위해 공연하지만, 관객 또한 주의를 기울이거나, 산만하게 굴거나, 심지어 인상을 찌푸리고 화를 내며 참을 수 없다는 듯한 기색 등을 보임으로써 엔터테인먼트의 가치에 대해 매 순간 판단을 하며 연주자를 위해 일한다. 이것은 노동의 정의를 지나치게 확장한 것처럼 보일 수 있다. 그러나 인간을 소중히 여기는 것의 일부는 개인에게 의미와 목적을 부여하는 사회 제도의 중요성을 기꺼이 인정하는 것이다. 사람들에게 돈을 지불하는 기본소득을 경박하다고 비난하기보다는 시민들이 문화에 더 쉽게 참여할 수 있게 하는 것이 바람직한 염원이라는 것을 알게 될 것이다.

경제적 생산성에 대한 보편적인 기여를 위해서는 인간 재화의 보편적인 목적지 같은 것이 필요하다. 수백만 명의 근로자가 로봇과 AI로 대체되면 그 기술은 근로자들이 업무를 수행하는 과정에서 생성된 데이터를 기반으로 학습되었을 것이다. 다른 지적 재산권 제도에서는 이런 경우 로열티를 요구할 수 있고, 어쩌면 다음 세대를 위한 임대 수입을 만들 수도 있다. 보편적 기본소득은 일반적으로 생산성에 대한 보이지 않는 공헌에 보상할 것이다.

재원 마련은 어떻게 할 것인가? 한 가지 아이디어는 로봇과 AI에 세금을 부과해 재정적 경쟁의 장을 공평하게 만드는 것이다. 세금 규정의 핵심에는 다양한 세금 공제나 할부 상환 가속화 같은 장치를 사용하거나, 급여세를 통한 노동 고용 같이 공격적으로 보조금을 지급하는 비대칭이 있다. 우리는 이미

지능 증강 대신 인공지능을 너무 일찍 잘못 적용해 편견과 부정확성이라는 직접적인 문제와, 존엄의 상실이나 전문가의 숙련도 하락에 이르기까지 간접적인 문제를 일으키는 여러 사례를 보았다. 그러나 청소와 인프라, 운송, 청정에너지, 물류 같이 로봇과 AI를 빠르게 대량으로 도입하는 것이 절실하게 필요한 경제 분야 또한 광범위하다. 따라서 현재 선진국이 당연시 하는 것을 모두가 누리게 하기 위해 빠르게 발전시켜야 할 필요가 있는 상황에서 로봇화 전체에 세금을 부과하는 것은 현명하지 못하다.

기본소득을 위한 더 나은 수입원은 부유세나 고소득층에 대한 세금이다. 어떤 국가에서는 극심한 불평등으로 이런 세금이 모여서 전체적으로 엄청난 액수가 된다. 예를 들어, 엘리자베스 워런(Elizabeth Warren) 미국 상원의원은 자산이 5,000만 달러 이상인 미국의 7만 5,000 가구를 대상으로 하는 부유세를 제안했는데, 이는 10년 동안 매년 2,750억 달러를 모으는 것이다. 버니 샌더스(Burnie Sanders) 상원의원은 18만 가구로부터 연간 4,350억 달러를 모금할 계획이다. 이런 계획으로 중요한 사회 프로그램에 자금을 지원할 수 있다. 반면, 샌더스가 계획한 4,350억 달러를 3억 3,300만 명의 미국인 전체에게 분배한다면 연간 약 1,300달러의 기본 소득을 얻게 된다. 이는 분명 많은 가구, 특히 자녀가 있는 가구의 재정은 확실히 개선하겠지만, 실제로 직업 소득을 대체할 수 있는 수준은 아니다.

물론 이론가들은 더욱 광범위하고 심층적인 세금을 기반으로 훨씬 더 야심찬 기본소득 계획을 개발할 수 있고, 또 그렇게 해왔다. 예를 들어, 칼 위더키스트(Karl Widerquist)는 미국에서 연간 소득이 2만 달러 미만인 가구가 없게 하기 위해 기본소득을 제안했다. 상대적으로 낮은 기준에서부터 시작하여 50%의 한계 세율로 소득에 세금을 부과한다. 이렇게 하면 총 소득이 5만 달러 미만인 가구에 대해 대략 2,000달러에서 2만 달러 사이의 보조금을 지급할 수 있다. 연간 소득이 5만 5,000달러쯤 되면 기본소득으로 받는 것보다 더 많은 금액을 납부하게 된다.

물론 다양한 근로자들이 납부하는 기본소득과 부유한 투자자들의 세금으로 재원을 조달하는 기본소득 사이에는 매우 큰 차이가 있다. 연간 1,300달러에서 2만 달러 사이에 맞추기 위해 조정할 수 있는 세금 대상의 범위는 무수히 많다. 기본소득이 넉넉할수록 자금 조달에 필요한 세금에 대한 정치적 저항을 불러올 가능성이 높아진다. 기본소득 지지자들은 재분배에 대한 첫 번째 요구를 부유층에게 공정하게 과세하는 데 초점을 맞춘 후, 과세 기반을 점차 확대함으로써 그들의 주장을 강화한다.

보편적 기본소득에서 일자리 보장까지

자금 조달 문제는 기본소득에서 가장 중요한 문제가 아닐 수 있다. 인도주의적 구호와 경기를 부양시키기 위한 케인스주의적 개입, 당연한 보상 등 어떤 형태로든 기본소득은 빠르게 현실적인 어려움에 봉착한다. 임대인은 새로운 보조금을 그냥 지나치지 않고, 기회를 포착해 임대료를 인상할 수 있다. 실제로 에어비앤비 같은 플랫폼 자본가들은 지금도 남는 방의 수익 창출에 박차를 가하고 있다. 이는 영국 정부가 집에 공간이 너무 많다고 생각되는 수급자에게 침실세를 부과하는 영국 토리당의 섬뜩한 정책을 생각나게 한다. 다른 강력한 기업도 가격을 인상할 가능성이 있다. 이는 프랑스 경제학자 토마스 필리폰(Thomas Philippon)이 지적한 바와 같이 핵심 부문을 과점 기업이 장악하고 있는 미국의 경우 특히 위험하다. 제대로 계획되지 않으면 기본소득은 오히려 인플레이션을 부추기게 된다.

국가의 해결사로서 기본소득에 집중하는 것도 정당한 우려이다. 이 개념은 시민들에게 간단한 거래를 제공하고 싶어 하는 자유주의자들의 지지를 얻었다. 세금은 계속 부과하되 그 수입은 건강보험이나 교육, 우체국 또는 유사한 국가 제공 서비스를 지원하기보다 모든 사람에게 균등하게 분배하는 것이다.

시민은 그 지불금으로 이전에 국가가 제공했던 것을 구입하는 데 사용할 수 있다. 실리콘 밸리의 몇몇 미래학자들은 국가가 제공하는 서비스의 대안으로 기본소득을 주목하고 있다. 단순히 모든 사람에게 건강보험이나 학교 교육에 지출할 수 있는 돈을 지급하면 이런 논리에 따라, 소비 선택의 자유를 최대한 보장할 수 있다. 어떤 사람은 매우 저렴한 의료 보험을 선택하고 나머지 돈은 휴가나 더 좋은 차를 위해 사용할 수 있다. 어떤 가정은 집에서 좀 더 저렴한 사이버 교육을 받고 남는 돈으로 사치품을 살 수 있다. 이 전략의 한계는 쉽게 알 수 있다. 특히 아이들은 부모가 잘못된 소비를 해도 어느 정도 보호받을 자격이 있다. 저렴한 보험에 가입한 사람들이 부상을 입게 되면 병원 직원에게 끔찍한 선택을 강요한다. 치료비를 받으리라는 보장 없이 치료하거나 도덕적 비난과 함께 죽게 내버려둔다. 이것이 기본소득을 지지하는 사람들이 기본소득을 기존의 국가 서비스를 대체하기보다 그에 대한 명시적 부가 기능으로 생각하는 이유의 하나이다.

그러나 이런 추가 보장이 이루어진다 해도 기본소득 지급이 공공 목적에 대한 지원을 미묘하게 풀어버릴 위험이 있다. 예를 들어, 지난 수십 년 동안 알래스카는 주에서 지불하는 자원 채굴에 대한 로열티를 통해 영구 기금을 축적했다. 이 기금은 수십 년 동안 거주자 1인당 약 1,500달러(2019년 기준)를 지급해 왔다. 공화당의 한 주지사는 이 지불금을 인상하기를 원했고, 이를 위해 대학을 대상으로 한 주 교육 예산의 대규모 삭감을 추진했다. 일반 세입으로부터 직접 현금을 전달받는 사업에 참여하는 주가 많을수록 입법자들은 더 강력한 기본소득을 지불하기 위해 서비스를 중단하라는 압력을 받게 될 것이다. 많은 지지자들은 기본소득 자금이 주로 부유한 사람의 세금에서 나온다고 생각하지만, 사실 부자들은 정치적으로 매우 잘 조직되어 있다. 가장 손쉬운 재원 마련 방법은 교육이나 인프라 같은 미래의 생산 능력에 대한 투자비를 삭감하는 것이다. 예를 들어, 미국은 부유층에 대한 세율을 유지하는 대신 여러 프로그램 중에서 전염병 대비와 관련된 자금을 삭감했지만 코로나19가 강타하는 바람에 상황이 아주 좋지 않게 되어버렸다. 실제로 지난 반세기 동안 미국 쇠퇴의 역사는 인프라, 교육 및 의료에 대한 공적 자금이 개인과 기업에게 체계적으로 이전되는 과정으로 기록될 수 있다.

아무리 정교한 기본소득 이론이라도 두 가지 공통된 결점을 갖는다. 첫째, 경제를 사람이나 사회와는 구별되는 황금알을 낳는 거위 같은 풍요를 만들어내는 기계로 모델링하는 경향이 있다. 여기서 말하는 귀류법적 가정은 생산 능력을 갖추어 시민의 개입을 필요로 하지 않는, 소위 완전 자동화된 사치스러운 공산주의이다. 둘째, 이들은 개인의 소비 결정이 자원의 최적 배분이라고 가정한다. 그러나 기본소득 비전이 의존하는 경제를 부식시키는 것을 포함해 그런 선택이 잘못될 수 있는 방법은 많다.

예를 들어 각자의 방식대로 기본소득을 시행하는 두 사회에 대해 생각해보자. 한 곳에서는 휘발유 소비량이 많은 대형 자동차에 돈을 투자한다. 다른 곳에서는 하이브리드 차량용 전기를 생산하는 옥상 태양광 패널에 지출한다. 태양열 국가는 환경에 도움이 될 뿐만 아니라 변동성이 높은 화석 연료 가격이나, 보다 지속 가능한 글로벌 거버넌스의 초석이 되어야 하는 탄소세 같은 것을 극복할 수 있는 탄력성이 강화된다. 솔라라이제이션(태양 에너지화)과 같은 손쉬운 목표가 유혹하는 한, 개인에 대한 직접적인 보조금에 기반한 AI 정책의 현명함은 의심스러울 것이다.

기본소득에 대해 비평가들은 자동화를 통해 얻는 배당으로 자금을 조달할 수 있는 사회적 목적에 대해 더 폭넓게 전망해왔다. 한 연구에서는 소득보다는 의료, 주택, 전기, 광대역 접속 등을 포함하는 보편적 기본 서비스(UBS)를 정부가 제공하는 것을 제안한다. 보편적 기본 서비스는 수입보다는 필요한 분야의 일자리를 보장한다. 보편적 기본 서비스에 대한 최근 연구는 현대 사회의 가장 깊은 욕망을 이해하는 데 도움이 되기 때문에 자동화의 정치 경제학에 대한 논의의 초점이 되어야 한다. 위에서 언급한 로봇의 네 가지 법칙에 따라 AI와 로봇의 혁신이 지향하는 범위 내에서 그 방향으로 나아가야 한다.

2020년대 초반 코로나19 바이러스로 촉발된 경제 위기를 감안할 때, 이 분야에서 일자리를 보장받을 수 있는 기회는 충분할 것이다. 미국의 뉴딜 정책은 한 가지 모델을 제공하는데, 대공황 당시 민간자원보존단과 공공사업촉진국은 재빠르게 실직자를 고용한 적이 있다. 경제학자 파블리나 체르네바(Pavlina Tcherneva)는 지역 사회 단체와 비영리 단체의 제안을 바탕으로 보다 상향한 접근 방식을 장려했다. 지원에 대한 거시경제학이 여기에서의 핵심이다. 단순히 현재 상황을 대체하는 것이 아니라 AI로 인한 일자리 감소에 따른 고용 정책이 기후 변화와 건강 악화, 총체적 불평등이라는 세 가지 위협을 해결하게 하는 것이 목표이다. 이런 도전은 지속 가능한 직업의 미래 정책의 중심이 되어야 한다.

비용의 질병에 대한 질문

정부가 복지 사업을 통해 일자리를 보장하겠다는 생각은 기존 경제학자의 저항에 부딪힐 것이다. 수십 년 전부터 공공 회계의 초석으로 긴축을 정책적으로 선호하기 시작했다. 경제학자 윌리엄 보멀(William Baumol)과 윌리엄 보웬(William Bowen)이 '비용의 질병'으로 생각하는 이런 접근 방식은 경제를 두 부문으로 나눈다. 제조업이나 농업 같이 점진적으로 발전하는 분야에서는 소비자를 위한 품질이 향상되어도 가격은 하락한다. 오늘날의 농부들은 로봇을 포함한 첨단기술을 사용해 이전 세대보다 훨씬 더 많은 곡물을 더 나은 품질로 생산할 수 있다. 제조업에서도 마찬가지이다. 미시간주 디어본에 있는 포드의 리버 루즈 공장은 한때 지금보다 적은 자동차 생산에 20배나 더 많은 직원을 고용했다. 이와 같이 점진적으로 발전하는 분야에서는 기계가 하는 작업이 많아짐에 따라 고용이 점차 감소한다.

대조적으로 보멀과 보웬이 정체된 분야라고 부르는 예술, 건강, 교육 분야에서는 가격이 그대로 유지되거나 상승한다. 1790년에 현악 4중주를 연주하는 데 4명이 필요했는데 오늘날에도 같은 인원이 필요하다. 2020년의 강의는 1820년이나 1620년의 강의와 동일한 기본 패턴을 공유할 수 있다. 비용의 질병학자에게는 교수의 강의의 연속성이나 의사의 신체검사가 의심스럽다. 왜 학교는 농장처럼 혁신적이지 않고, 학생들은 새로운 유전자 변형 작물처럼 강해지지 않는가? 의료 서비스의 생산 라인과 교체 가능한 부품, 표준화된 해결책은 어디에 있는가?

대규모 기관에서의 낭비나 비효율이 흔한 일이기 때문에 이런 도전은 겉보기에는 매력적이다. 그러나 비용의 질병이라는 진단은 잘못된 은유와 모호한 가정의 총체에 불과하다. 물건을 만들거나 여러 장소로 옮기는 데 자동화는 최고가 될 수 있지만 학생과 아픈 환자는 그런 제품이 아니다. 치료 가능한 범위, 심지어 어려운 치료의 경우 그 한계를 결정하는 것은 역동적이며 상호적인 과정이다. 양질의 임종 치료를 위해서는 환자의 목표와 가치에 대한 탐색이 필요하다. 처음 성인이 되어 배울 만한 가치가 있는 분야를 찾고 천직을 개발하는 것은 매우 어려운 일이고 이를 정형화하고 표준화하기에는 너무 특수하다. 다양한 교육과 연구, 학습 커뮤니티들은 개인이 이런 어려운 결정에 직면할 때 계속 도움을 준다.

가장 저렴한 생산자를 찾기 위한 글로벌 노동 플랫폼이 서비스 분야를 식민지화해서는 안 된다. 대신 우리는 현재는 물론 미래에도 지속적인 AI 발전을 보장하기 위해 권한을 부여받은 융통성 있는 전문가들에 의한 지역 거버넌스에 다시 전념해야 한다. 전문가들은 고유한 업무를 하며 고객들에게 특정한 윤리적 의무를 지니고 있다. 이를 테면, 신탁 의무는 단순히 상업적 이익을 증진하는 것이 아니라 고객의 이익을 위해 최선을 다해야 한다. 예를 들어, 정신과 의사는 사람들에게 상담 프로그램을 계속 추천하며 훨씬 더 많은 돈을 벌

수 있지만 실제로 도움이 필요한 사람만 치료해야 한다. 이런 의무를 판매원이나 마케터의 최소한의 상업적 윤리와 비교해보자. 판매원이나 마케터는 고객에게 자신의 상품이 필요한지 또는 구매 여력이 있는지 물어볼 의무가 없다. 건강 관련 앱 또한 직업 규범에 얽매이지 않는 경우가 많기 때문에, 많은 정신건강 전문가들이 현재 이에 대한 우려를 제기하고 있다.

전문가들은 다른 분야에서는 보기 드문 자율성을 누리고 있다. 예를 들어 법원은 의료 행위에 대한 적합성에 대해서는 면허위원회의 결정을 따르곤 한다. 또한 문제 행동으로 기소된 학생을 정학시킬 것인지에 대한 학교의 결정에 거의 관여하지 않다. 종신 보호를 포함한 공유 거버넌스는 존경받는 교육기관의 특징이다. 교육자의 자율성에 대한 존중은 교육자들이 특권을 남용하지 않을 것이라는 신뢰에서 비롯된다. 예를 들어, 돈을 받고 성적을 거래하거나 돈을 많이 준다고 해서 연구 시간을 비싸게 팔거나 하지 않을 것이다. 우리는 아직 AI와 로봇을 마케팅하는 사람에게 그런 책임을 보장하는 네 필요한 제도를 완성하지 못했다.

전문가들은 사회가 바람직하다고 여기는 분명한 비경제적 가치를 보호할 책임이 있기 때문에 어느 정도의 자율성을 부여받았다. 그들의 노력은 결국 이런 가치를 반영하고 재생산하며, 이를 통해 더욱 풍요로워진다. 지식과 기술, 윤리는 떼려야 뗄 수 없는 불가분의 관계이다. 대부분의 복합적인 복지 사업 분야의 일은 작업의 정의 자체가 그 일을 하는 데 가장 중요한 부분이기 때문에 기계가 처리하게 만든다는 게 간단한 일이 아니다. 과대 포장된 자동화에 맞서 전문가들은 자신의 규범을 재확인하고 암묵적 기술과 지식의 중요성을 강조하며, 자신의 분야에서 AI와 로봇 개발을 주도할 수 있는 능력과 의지가 있는 근로자에게 자신의 지위를 확대하기 위해 노력해야 한다.

사회학자 해럴드 윌렌스키(Harold Wilensky)는 "많은 직업이 직업적 정체성을 찾기 위해 영웅적인 투쟁을 벌이지만 대부분 성공하지 못한다"고 말했다. 그러나 로봇의 부상을 추진하는 사람들에게 우리 자신을 넘겨주지 않고 민주적인 사회를 유지하려 한다면, 현재 법률과 의료 분야에서 전문직 종사자들이 누리는 지위와 자율성을 정보 검색과 분쟁 해결, 노인 돌봄, 마케팅, 계획, 디자인 및 기타 여러 분야로 확산시켜야 한다. 일상적이지 않은 업무를 전문으로 하는 근로자의 연대를 기반으로 하는 노동 운동을 상상해보자. 그들이 연합에 성공한다면 테크노 유토피아주의자들의 봉건적 미래주의보다 훨씬 더 구체적이고 현실적인 노동에 대한 비전을 제시할지 모른다. 더 저렴하고, 더 빠르며, 더 파국적으로 불평등한 현재 상태를 가속화하기보다는 지금의 기술과 노동을 보완하며 자동화가 이뤄질 것이다.

자동화 시대의 주된 문제는 노동 집약적인 서비스를 어떻게 더 저렴하게 만드는가에 대한 것이 아니다. 만연한 임금 삭감으로 인해 우로보로스(Ouroboros, 신화에 나오는, 자기를 집어삼키는 뱀)의 청산주의적 모순에 놓이게 된다. 소비자로서의 역할로 이익을 얻는 사람은 결국 생산자로서, 시민으로서 손해를 보게 된다. 예를 들어, 만약 AI 기반의 사이버 스쿨이 교사 노조를 파괴하게 되면 처음에는 기쁠지 모른다. 더 저렴한 공립학교는 짐작컨대 더 낮은 세금을 의미한다. 그러나 머지않아 교사들이 더 이상 자신들의 매장에서 쇼핑할 돈이 없다는 것을 알게 될 것이다. 이것은 새로운 문제가 아니다. 20세기 초에 케인스는 이를 '절약의 역설'로 인식하고, 어려움을 겪고 있는 경제를 디플레이션의 소용돌이로 몰아넣을 수 있다고 경고한 적이 있다. 낮은 가격과 저임금, 결과적으로 소비자들이 저가 상품조차 소비하기를 꺼리게 되어 물가가 더 낮아지고, 동일한 재앙적 역학이 강화된다. 1930년대 미국에서 2000년대 일본에 이르기까지 이런 절약의 역설은 실물 경제를 괴롭혔다. 그리고 이것은 분명 수천만 명의 노동자들이 기계로 대체될 수 있는 대규모 자동화의 미래에 발생할 가장 큰 문제 중 하나이다.

이상하게도 자동화와 노동에 대한 현대 경제사상에서는 절약의 역설이 거의 나타나지 않는다. 자동화로 인해 생겨나는 수많은 문제를 해결할 수 없는데도 여전히 기술 개발 정책을 좋아한다. 심지어 로봇에게 일자리를 빼앗기는 문제에 헌신하는 모임조차 이와 같은 현재 경제정책의 심각한 모순을 무시하곤 한다.

예를 들어, 오바마 행정부의 기술 자문가들은 AI와 로봇이 경제에 미치는 영향에 대한 고위급 워크숍을 주최했다. 발표자들의 공통된 주제는 자동화가 다양한 영역에서 인간의 능력을 대신할 수 없으며, 자동화가 제대로 이루어지려면 의료나 교육 같은 분야에 대한 집중적인 투자가 필요하다는 것이었다. 그러나 동시에 신자유주의 진보주의자들은 의료와 교육을 붕괴하는 정책을 지속적으로 추진해 이 분야로 유입되는 자금의 흐름을 줄이고, 학위 프로그램을 가속화하며 병원 및 기타 돌봄 기관의 예산을 축소했다. 심지어 일부는 이 의제를 위에서 언급한 군비 경쟁에 더 많은 지출이 필요하다는 주장과 직접적으로 연결시켰다. 보수적인 정당뿐만 아니라 전 세계 중도주의자들이 이런 정책을 채택했다. 기술 실업이 큰 위협이 되는 경제 상황에서는 병원과 요양원, 학교, 대학에서 새로운 일자리를 제공하는 것에 감사할 것이라고 생각할 수 있다. 그러나 너무 많은 경제학자들이 다른 부문에서의 불필요한 비용 증가는 생각하지 않고, 특정 부문의 지출에 대한 임의적 상한선을 유지하는 것에 대해 불안해하며 갈등을 겪고 있다.

부상자와 장애자, 노인에게 물리치료나 친밀한 감정을 제공하는 것보다 본질적으로 더 보람 있는 일이 조립 라인에는 없다. 정치이론가인 알리사 바티스토니(Alyssa Battistoni)는 구매력을 제조에서 서비스로 옮기는 생태학적 사례도 있다고 주장했다. 핑크 컬러(여성이 다수인 직업)는 물리적 대상보다 탄소와 기타 자원을 덜 사용한다는 점에서 친환경적이다.

국제적인 경쟁력을 갖추기 위해서는 수출 가능한 상품과 서비스에 생산 능력을 집중해야 한다는 것이 일반적인 생각이다. 그러나 교육 환경이 좋은 국가에서는 수백만 명의 해외 학생을 끌어들이고 있으며, 의료 관광 또한 성장하고 있다. 인적 서비스는 자동차, 무기, 주택 및 컴퓨터 같은 물건을 생산하는 경제의 궁극적인 목적에 종속된 이류 직업이 아니다. 게다가 비용의 질병 논문에서는 이런 접근 방식이 얼마나 쓸모없는 것인지 잘 보여준다. 소위 이런 점진적 부문에서의 진전의 핵심은 가격을 점점 낮추는 것이다. 감소하는 자금의 비율에 맞춰 보건과 교육 관련 지출까지 제한하는 것은 번영이 아니라 디플레이션 악순환의 서막이다.

부유한 경제가 번성하는 것은 단순히 교육을 잘 받은 인력과 생산적인 기술을 가지고 있기 때문만은 아니다. 이들 또한 투자와 저축에 대한 확실한 모멘텀에 의존한다. 계획되지 않은 대량 자동화의 진정한 위험은 두려움을 느끼는 소비자들이 최대한 보수적으로 돈을 절약함으로써 기업과 정부, 궁극적으로는 스스로를 약화시켜 이런 모멘텀을 파괴하는 것이다.

자연스러운 경제 전환

고령화는 돌봄에 대한 엄청난 수요를 창출할 것이다. 이는 사회가 공정하게 보상해야 하는 어려운 일이다. 동시에 자동화는 수백만 개의 기존 근로자의 일자리, 특히 시간당 20달러 미만의 일자리를 대체할 위협이 있다. 이런 상황은 자율주행차나 무인 키오스크 및 기타 로봇에 의해 대체되어 실직자나 불완전 고용 근로자와 가정 건강 도우미, 헬스 코치, 호스피스 간호사 같은 보건 분야의 새로운 직업 사이에 자연스러운 매칭이 이루어지고 있음을 시사한다. 헬스 케어의 이런 직업은 정책 입안자들이 환자와 장애인들을 위해 현재 수행되는 힘든 일을 가치 있게 여길 때만 알려질 수 있다.

더 많은 간병인과 그들을 돕는 로봇이 필요한 것은 분명하다. 숙련된 전문 간병인을 찾지 못할 경우 가족들은 스트레스와 부담을 견뎌내야 한다. 그들을 돕는 것이 의료비용을 증가시킬 수는 있지만 전반적으로는, 특히 보수 없이 과도하게 간병 부담을 짊어지는 여성을 위해, 경제적 이득을 가져다줄 수 있다. 의료비용 절감에만 집착하는 정책 논쟁은 케어가 창출하는 기회를 놓친다. 보멀(Baumol)은 2012년에 다음과 같이 논했다.

> 의료 서비스의 개선이… 우리가 그것을 감당할 수 없을 거라는 생각에 가로막힌다면 우리 모두는 스스로에게 입힌 상처로 고통받을 수밖에 없다. 생산성 향상이라는 바로 그 정의가 미래에는 우리에게 바람직한 서비스와 풍부한 제품이라는 풍요로움을 제공할 것임을 보장한다. 이런 행복한 전망을 위협하는 가장 큰 요인은 사회가 이런 혜택을 감당할 수 없을 거라는 생각이며, 그로 인해 우리의 후손은 이런 혜택을 누릴 수 없을 것이라는 (항상 균형예산을 유지해야 하므로 정부의 수입을 줄여야 한다는) 정치적 상황에 이른다.

근시안적으로 적자 전망에 초점을 맞춘 기술관료적 보건 경제학자들은 의료 규모에 대한 표면상 중립적인 논의에 긴축 이데올로기를 끼워 넣음으로써 진보를 감당할 수 없을 것이라고 오해하게 만든다. 실제로 코로나 위기가 보여주듯 이런 투자는 단지 경제의 기본 기능을 지원하기 위해서만 필요할 수 있다. 발생 가능성은 낮지만 영향이 큰 재해에 대비하는 일은 인간의 통찰력과 협력, 판단을 필요로 하는 직업의 원천이 되어야 한다.

이런 서비스에 대한 꾸준한 투자는 기계로 인해 일자리를 잃은 사람을 위한 생산적인 옵션을 촉진할 것이다. 중국은 1990년대에 사회보장제도를 개혁한 후, 성장하는 GDP의 일정 비율을 보건 부문에 꾸준히 투자해왔다. 이런 전환이 성공한다면 보건 지출로 인한 기타 재정의 대거 유출이 아니라, 케인스주의적 확장의 유입이라는 승리를 남길 것이다.

현재 많은 근로자들이 의료비를 감당할 수 없을 거라고 걱정하기 때문에 저축률이 비정상적으로 높다. 모든 사람에게 의료 보험을 제공하는 국가는 소비에 더 많은 지출을 하도록 하여 과도한 저축으로 기울어진 경제의 균형을 조정하는 경향이 있다.

전문가를 대체하기 위해 저렴하고 기계화된 서비스를 홍보하는 것은 미래의 발전을 보장하는 데 필요한 과정을 약화시킬 수 있다. 그리고 교육과 의료 분야에 대한 논의에서 보았듯, AI를 도입해 단순히 결과를 측정하고 긍정적인 결과를 극대화하는 것만으로는 충분하지 않다. 데이터를 수집하고, 그 의미를 설명하고, 새로운 도구와 의사결정에 도움을 받는 것의 강점과 한계를 비판적으로 평가하기 위해서는 모든 단계마다 전문가가 필요하다.

예를 들어, 어린이 보육교사에게 대학 학위 취득을 권장하는 미국국립과학원 보고서에 대해 생각해보자. 2세에서 8세 어린이들은 사회적, 지적 발달이 놀랍게 이루어지며, 취약한 시기도 경험한다. 심리학과 뇌과학, 관련 분야의 최신 정보를 알면 보육교사는 훨씬 더 효과적으로 일하고, 마땅히 받아야 할 전문가 지위를 얻는 데도 도움이 된다. 또한 교육 분야의 AI, 컴퓨터화된 수업의 개인화, 보완적 로봇에 관한 방대한 문헌에 대해 배워야 한다. 이를 위해서는 집중적인 학위 프로그램과 지속적인 평생 교육이 필수적이다. 그러나 상상력이 부족한 대부분의 논평가들은 이런 지침이 노동에 비해 부담이 너무 크다고 비난한다.

의학과 저널리즘, 예술, 교육 및 기타 여러 분야에서 변함없이 제공되는 서비스는 문화적 가치와 열망을 반영한다. 이런 분야는 제조나 물류와는 근본적으로 다르다. 자동화는 물건을 만들고 그 물건을 여러 장소로 옮기는 데 최고가 될 수 있지만 여러분이나 학생, 환자는 제품이 아니다. 치료 가능한 범위나 어려운 치료의 한계를 결정하는 것은 매우 역동적인 문답의 과정이다. 자동화에 의한 최적화라는 환상이 아무리 유혹적이어도 사람이 그 대상이 되어서는 안 된다.

비용 지불 : 공공 재정의 개선

전문가와 정치인 사이에 정부의 지출과 가계 지출이 비슷하다는 인식이 널리 퍼져 있다. 이런 통념에는 몇 가지 약속이 뒤따른다. 첫째, 정부가 이상적으로는 지출보다 저축을 더 많이 할 것이라고 믿는다. 둘째, 정부 이전에 존재하는 경제 활동의 영역을 가정한다. 정부는 자금을 조달하기 위해 시장에서 발생한 민간 소득과 자본에 세금을 부과한다. 셋째, 부채에 대한 민간 수요의 제약을 받지 않고 화폐를 만들어내는 정부에게는 재앙이 생길 거라고 예견한다. 과거 금본위제가 했던 것처럼 채권 시장의 황금 수갑(특별우대조치, 직원의 전직을 막기 위한 고액의 돈이나 혜택)은 이제 국가가 안정적인 양의 통화만 발행하도록 보장하는 역할을 한다.

현대 화폐 이론(MMT)이라고 하는 또 다른 접근 방식은 다른 기관에 비해 상대적으로 정부의 힘을 강조함으로써 화폐에 대한 이런 상식을 매번 뒤집는 것을 목표로 한다. 한 사람이 자신의 부양을 위해 다른 사람에게 세금을 부과할 수는 없지만 정부는 할 수 있다. 일반 개인이 비용을 지불하기 위해 널리 통용되는 화폐를 인쇄할 수는 없지만, 정부는 자체 통화를 발행할 수 있다. 국가 통화 발행자는 국채가 반드시 필요한 것이 아니며, 심지어 부채를 발행했더라도 채무 불이행이라는 것이 없다. 필요하다면 언제든 채권 상환에 필요한 돈을 인쇄할 수 있다.

다만 너무 많은 통화를 발행하면 인플레이션의 위험이 생긴다. 그러나 현대 화폐 이론 이면에는 현명한 소비가 생산 능력을 증가시켜 자원을 보다 효율적으로 사용하는 혁신을 일으키고 현재 실업 상태인 노동력을 동원할 수 있다는 희망이 있다. 특별한 상황이 아니라면 태양열 패널로 많은 국가의 에너지 비용이 저렴해질 것이다. 운송 시스템의 고도화는 소비자에게 전가되는 비용 중 가분을 줄임으로써 상품 가격을 낮출 것이다. 주택 단열 프로젝트를 통해 냉난방 비용을 줄일 수 있다. 교육을 통해 임금 수준을 높이고, 예방 관리를 통해 의료비를 줄일 수 있다. 이 외에도 여러 가지가 있다. 투자 비용을 회수하기에 충분한 배당금을 지불할 수 있는 프로젝트는 무궁무진하다. 이상한 점은 이런 투자 아이디어가 전적으로 민간과 연관이 있는 것처럼 보인다는 점이다. 경제학자 마리아나 마추카토(Mariana Mazzucato)가 주장한 것과 같이, 단기적인 민간 부문에서는 제대로 다루기 어려운 탈탄소화나 AI 적용 같은 장기 프로젝트를 위해 국가는 이런 이점 또한 공유해야 한다.

물론 모든 현대 화폐 이론 지원 프로젝트가 결실을 맺는 것은 아니다. 결실을 맺는 프로젝트조차 일시적으로는 자원 부족을 초래할 수 있다. 이것이 바로 통화 공급을 늘리면 인플레이션이 발생할 거라는 합당한 두려움의 근거이다. 그러나 정부가 이런 문제에 대처할 수 있는 방법은 여러 가지다. 경제에 세금을 부과해 인플레이션의 불씨를 잠재울 수 있다. 이런 과세는 고통스러울 수 있지만, 대체로 많은 돈을 가지며 인플레이션을 촉발하는 사람이나 인플레이션의 책임이 있는 사람에게 부과해야 한다. 부문별 전략도 의미가 있다. 예를 들어 주택담보대출에 더 많은 계약금을 요구하거나 주택 판매에 세금을 부과하면 초기에 거품을 제거할 수 있다. 현대 화폐 이론은 인플레이션의 특수성, 즉 적어도 초기 단계에는 특정 시장의 상품과 서비스에서 촉발된다는 보다 광범위한 이론도 있다. 특히 이런 영역에 초점을 맞추면 볼커 쇼크 같은 고전적인 인플레이션 개입의 파괴적인 영향을 피하는 데 도움이 된다. 정부는 또한 은행 지급준비금 요건 같은 신용 창조를 제한하는 규칙을 변경해 인플레이션을 완화할 수 있다.

다시 말해, 국채 발행국은 지출에서 부채에 대한 제약이 아니라 인플레이션의 제약에 직면하게 된다. 전문 서비스의 노동 가치를 높이는 동시에 제품을 저렴하게 만드는 AI와 로봇에 투자하는 것은 모든 것을 감안할 때 약간의 인플레이션을 유발할 수 있다. 그러나 이것이 관리되지 않는 자동화나 코로나19 같은 수요와 공급의 동시 충격으로 인한 디플레이션의 소용돌이에 굴복할 이유는 아니다. 물가 상승이 문제가 되는 경우 정책 입안자들은 직접적인 표적 규제에 즉시 개입해 그 영향을 줄일 수 있다.

사채와 금융 완화, 필수품의 부족과 보급 사이의 균형은 화폐를 둘러싼 수많은 논쟁의 주제였다. 통화의 증가는 현대 경제의 성장을 촉발하는 데 도움이 되었다. 그러나 항상 긴축에 대한 목소리는 존재한다. 금본위제와 마찬가지로 비트코인은 설계상 디플레이션을 유발한다. 화폐를 채굴하는 것이 갈수록 어려워지고 희소가치가 높아짐에 따라 화폐를 보유한 사람은 소비하는 사람에 비해 상대적으로 더 부자가 될 수 있다. 금이나 암호 화폐를 일찍 사들인 사람에게는 좋은 일이지만, 그것이 모두가 생각하는 이상이 된다면 이 논리는 경제 성장에 재앙이 된다.

케인스가 설명했듯 돈을 절약하는 것과 같이 개인적으로는 합리적인 행동이 전체적으로는 경제 교류가 위축되어 점차 일자리를 잃게 하는 등 오히려 해롭게 작용할 수 있다. 케인스의 비유에서 알 수 있듯 현대 화폐 이론의 측면은 수십 년 전의 일이며, 자주 거론되는 어떤 통찰은 그보다도 훨씬 더 오래되었다. 케인스주의는 실업으로 엄청난 개인적 고통과 정치적 격변을 불러일으켰던 세계적인 불황 속에서 뿌리를 내렸다. 팬데믹으로 인한 세계적 불황을 고려할 때 케인즈주의의 부활은 놀라운 일이 아니다. 일자리 보장은 단순히 활용도가 낮은 노동력을 일하게 하는 것만을 위한 게 아니라, 나머지 민간 부문이 근로자를 유치하기 위해 최선을 기울여 근로자에 대한 보상의 장을 만드는 것을 의미하기도 한다.

현대 화폐 이론은 케인스의 통설과는 다른 몇 가지 중요한 차이가 있다. 케인스가 현대 거시경제학의 기초가 된 이유 중 하나는 세심하게 계획된 정책의 중립성 때문이다. 케인스는 병을 땅에 묻거나 발굴하기 위해 돈을 쓰라고 국민들을 일터로 보내기 위해 노력을 하든지 이집트 파라오의 새로운 피라미드를 건설하든지 여부는 중요하지 않다며 농담을 할 수 있다. 우리 시대에는 과 소비로 인한 재앙적인 환경오염의 영향이 잘 알려져 있다. 따라서 우리 시대 현대 화폐 이론의 정치적 측면은 단순히 양적 완화나 보편적 기본 소득에 대한 주장이 아니다. 오히려 대기 중의 탄소를 줄일 수 있는 생산 능력에 대한 투자인 그린 뉴딜이다. 이런 실질적인 강조는 고전적인 케인스주의 이론에서 크게 발전한 것이다. 지구에는 한계가 있고, 우리는 그 한계를 넘어서기 직전에 있으며, 훼손을 되돌리기 위해 노력할 수 있다는 것을 인정한다. 팬데믹 위협을 감안할 때 공중보건 뉴딜도 논의 테이블에 올려야 한다.

2020년 미국 중앙은행의 대규모 경제 개입에서 알 수 있듯, 비상사태가 발생하면 기득권층도 부채에 대한 걱정을 멈춘다. 팬데믹 셧다운은 즉각적이고 긴급한 조치였지만, 이것이 비정상적인 통화 정책을 촉발하는 위협으로만 작용해서는 안 된다. 기술 발전으로 일자리를 잃은 사람들에게 AI와 로봇의 부상은 비상사태이기도 하다. 이에 상응하는 대응이 필요하다.

물론 부채 수준이 아니라 인플레이션이 정부 지출의 주요 제약이 된다면 물가의 측정과 어떤 물가를 중요하게 고려해야 하는지에 대해 논란의 여지가 있다. 예를 들어, 단순히 주택 가격과 임대료의 일반적인 수준만 중요할까, 아니면 도시의 매우 높은 가격 같은 지역 수준의 변동에 민감하게 반응해야 할까? 정부의 보건의료 재정 기관은 임금에 대해 일반적인 생활비 조정을 허용할지, 지역별 생활비 물가에 따른 조정을 인정할지 결정하는 문제로 어려움을 겪어왔다. 경제학자나 정량적 분석가만이 이런 문제에 대해 의견을 제시할 수 있는 유일한 주체가 될 수는 없다. 대중의 의견뿐만 아니라 폭넓은 전문지식이 중요하다. 목표 인플레이션을 초과하는 영역은 자동화를 통해 상품과 서비스를 저렴하게 만들 수 있는 AI 투자의 잠재적 대상이 되어야 하며, 다른 모든 것은 동일하다. 물론 그런 일은 거의 없겠지만, 이것이 바로 기술 개발에 보다 대표적이고 포괄적인 참여를 보장해야 하는 또 하나의 이유다.

수십 년간의 방어적 전문화를 거친 후, 이제 경제에 대한 학문적 연구는 누구나 알 수 있게 되었다. 방법론적 관점이 확산됨에 따라 경제학자들은 더 이상 경제에 대한 전문지식의 독점을 주장할 수 없게 되었다. 다른 사회과학 및 인문학 학자들도 중요한 통찰력을 가지고 있으며, 상거래의 다른 여러 차원 중에서 화폐의 역할에 대한 깊고 미묘한 설명을 발전시키고 있다. 자동화의 새로운 정치 경제는 새로운 로봇의 법칙에 담긴 실질적인 가치 판단을 제정하는 것을 두려워하지 않고, 이런 다원적 토대 위에 구축되어야 한다.

더 많은 AI에서 더 나은 AI로

파괴적 혁신의 이론가들은 의료와 금융, 교육 같은 서비스 집약적 분야를 표준화 및 자동화하고, 심지어 로봇화하여 비용의 질병을 치료하자고 제안했다. 대규모 공개 온라인 강좌로부터 노인을 위한 로봇 동반자에 이르기까지, 이런 혁신은 인간 노동을 기계적으로 모방한 로봇으로 대체하는 것을 목표로 한다. 소설가들은 대량 자동화로 인해 발생할 수 있는 사회적 삶에 대한 이상한 왜곡을 직감했다. 예를 들어, 커트 보니컷(Kurt Vonnegut)은 그의 소설 『피아노 연주자』에서 소수의 엘리트가 경제에 필요한 거의 모든 상품과 서비스를 생산하는 기계를 운영할 때 발생하는 권력의 격차와 불만을 예견했다.

포스터(E. M. Forster)는 1923년 단편소설 『더 머신 스톱』에서 훨씬 더 어두운 미래를 상상했다. 자동화된 음식 배달과 하수 시스템이 고장나기 시작했을 때 소설 속 등장인물 중 어느 누구도 전문적인 직업을 갖지 않은 것처럼 보였다. 비록 우리가 현재 의사를 복제하는 로봇을 설계할 수 있다 해도 이런 로봇이 의료 발전에 기여하거나, 훌륭한 의료 서비스의 특징인 크고 작은 혁신과 변형을 이룰 가능성은 거의 없다. 모범 사례를 따라 하는 것은 체크리스트에 따라 수행하는 로봇에 의해 가장 잘 실현될 수 있겠지만 그런 우려는 지나치게 야심찬 로봇화 프로그램에는 방해가 된다. 원거리 전력에 의해 운영되는 생산적인 기계가 하나둘 고장나기 시작하면서 점점 더 신뢰할 수 없게 된다는 포스터의 상상은 현재 자동화의 트렌드를 극적으로 보여준다.

인공지능과 기계학습이 서비스를 개선할 수 있는 방법은 많지만, 이런 개선은 결과적으로 현재보다 더 많은 비용이 드는 시스템이 될 것이다. AI의 발전은 데이터를 기반으로 이루어지는데, 데이터를 제대로 수집하기 위해서는 많은 비용이 든다. 데이터 중심의 품질 개선이 알고리즘의 책임성, 편향성, 프라이버시, 공동체 가치 존중과 같은 잘 문서화된 우려에 대응하기 위해서는 노동이 필요하다. 일자리가 없는 미래를 예방하는 가장 좋은 방법은 고품질의 자동화를 발전시키는 자금 조달과 분배 메커니즘을 개발하는 것이다. 이런 노동에 대한 공정한 보상은 실업과 불평등을 모두 감소시키기 때문에 이런 지속적 비용을 '비용 치료'라고 다시 명명해야 한다. 현재, 법은 대기업의 권력 집중을 부추기는 동시에 근로자의 권한을 빼앗는 경우가 너무 많다. 이런 불균형은 바로잡아야 한다.

'로봇 문제'는 1960년대와 마찬가지로 오늘날에도 시급하다. 당시에는 제조업 일자리의 자동화에 대한 우려가 컸다. 지금은 서비스에 대한 컴퓨터화가 가장 큰 관심사다. 경제학자와 기술자들은 현재 로봇의 부상에 대한 공개 토론을 주도하고 있다. 특정 작업을 로봇이 해야 하는지에 대한 질문은 비교적 간단한 비용 편익 분석으로 모델링된다. 사람보다 적은 비용으로 수행할 수 있는 작업이라면 로봇으로 대체하면 된다. 일자리를 채우는 미시경제적 접근은 민주적으로 관리되는 전문적인 실천 커뮤니티를 발전시키는 것보다는 자본 축적을 우선시한다. AI와 로봇은 모두 서비스 분야에서 더 큰 역할을 맡고 있으며, 편견과 부정확성 같은 심각한 문제를 겪고 있기 때문에 이런 전문지식 공동체가 더욱 시급하게 필요하다.

자동화 정책은 일상적인 경험의 이면에 있는, 점점 증가하는 알고리즘 프로세스를 책임감 있게 만들고, 제로섬의 자동화 무기 경쟁을 제한하는 두 가지 토대 위에 구축되어야 한다. 생산적인 부문에 더 많은 비용을 들이면 실질적으로는 순이익이 될 수 있다. 특히 비생산적인 무기 경쟁을 유발하기 쉬운 분야로부터 자원을 돌리는 경우에는 더욱 그렇다. 무고한 사람을 통제하고 낙인 찍고 속이는 자동화를 억제하는 것은 21세기 규제기관의 중요한 역할이다. 우리는 단순히 더 많은 AI가 필요한 것이 아니다. 더 나은 AI와, 근로자의 기술과 소득을 향상시키도록 고안된 더 많은 기술이 필요하다. 그러기 위해 우리는 '비용의 질병'이라는 편향된 프레임을 넘어 '비용 치료'로 나아가 간병인과 기타 중요한 서비스 제공자에게 공정하게 보상해야 한다. 근로자들은 소프트웨어와 로봇을 기반으로 한 새로운 조언과 지원을 위해 고군분투함에 따라 생산성과 자율성, 직업적 지위에 대한 기회를 민주화하기 위해 고안한 법과 정책을 누릴 자격이 있다.

8장

컴퓨터의 능력과 인간의 지혜

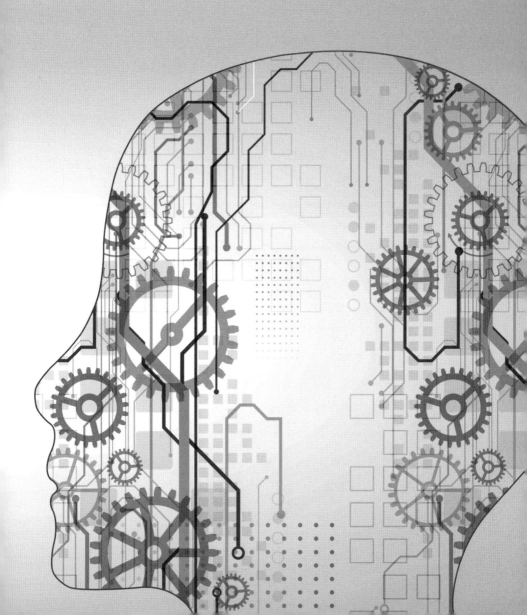

Computational Power and Human Wisdom

로봇은 단순히 노동을 대체할 뿐만 아니라 노동의 권한 이양을 위한 도구가 될 수 있다. 우리는 교육과 의료, 법 집행 등 다양한 분야에서 AI를 발전시킬 수 있다. 인공지능에 대한 엘리트의 탐구는 지능 증강이라는 사회적 목표에 종속되어야 한다. 기술 역사의 궤도는 인간을 기계로 대체하는 방향으로 흘러가지 않는다.

이 책 전체에 걸친 이런 주장은 현재 자동화에서 중요한 프로젝트를 감독하고 있는 기업 리더들에게는 인기가 별로 없다. 일반적인 경제 패러다임에도 잘 맞지 않는다. 효율성이라는 좁은 의미의 개념이 지배하고 있다. 기계가 자동화를 가속화하기 위해 왜곡하고 단순화해 작업을 할 수 있다면 인간 작업자보다 훨씬 저렴할 것이다.

비즈니스 지도자들은 노동을 생산 과정에 투입되는 또 하나의 입력으로 모델링하곤 하는데, 그렇게 해서 가능한 한 저렴하게 만들려고 한다. 나는 노동과 직업에 대한 이런 추론에 이의를 제기해왔다. 우리 사회는 특정 노동자 집단을 생산 공정에 단순한 투입물 이상으로 취급해왔다. 이들은 투자가 필요한 인적 자본이다. 신뢰할 수 있는 수탁자이자 전문적인 조언자이며, 숙련된 장인이다. 우리는 그들을 통해 해당 분야의 미래 발전을 이끌어갈 수 있다. 전문화는 다른 여러 분야로 확장될 수 있고, 자동화로 인한 당연한 결과라고 잘못 알려진 일자리 문제를 해결할 수 있다.

의미 있는 일을 성숙한 경제의 이익이 아닌 비용으로 보는 것은 근시안적인 미시경제학이다. 이렇게 무미건조한 효율성에 대한 개념은 건강과 교육을 다른 재화와 서비스에 비용을 지불하는 기생적 낭비라고 무시함으로써 합리적인 거시경제학마저 퇴보시킨다. 7장에서는 이런 관점을 뒤집어 휴먼 서비스를 투자할 가치가 있는 분야라고 말했다. 군대나 경찰 업무에 AI와 로봇을 인간이 통제하는 게 반드시 경제적으로 곤란하거나 전략적으로 불리한 것은 아니다. 오히려 자동화된 제어와 파괴 시스템으로 발생할 수 있는 일상적 사고와 재앙적 오산에 대한 방어벽이 될 수 있다.

엘리트 사이에서 인기가 높은 이런 미시경제와 거시경제적 근시안은 대중문화의 지지를 충분히 받고 있다. 수많은 영화와 TV 프로그램에서 로봇을 군인이나 경찰, 동료, 가사 도우미, 심지어 연인과 친구로 묘사한다. 물론 어떤 영화는 조잡하게 경고를 한다. 영화 '로보캅'이나 컬트 고전 영화인 '킬보트'는 정확하게 자동화를 지지하는 것은 아니다. 그러나 더 깊이 생각해보면 인간의 지식과 감정, 야망을 가진 로봇에 대한 묘사는 관객에게 마치 인간을 단순히 피부를 실리콘으로 적당히 복제한 자극과 반응, 행동과 정보의 패턴일 뿐이라고 믿게 만들곤 한다.

이런 대체적 감성은 앞에서 반박한 노동 시장 정책에 대한 가정처럼 논증하기 쉽지 않다. 그것은 생각의 결과라기보다 전제에 가깝고, 데이터 포인트 자체라기보다 데이터를 구성하는 서술에 가깝다. 그러나 거기에는 로봇에 대한 문화적 반론과 경고, 인간과 기계의 상호작용에 대한 대안적 시각이 있다. 이들은 보다 인간적인 접근을 기반으로 한다.

이번 장에서는 이런 이야기들과 시, 영화와 예술에 대해 살펴보자. 사회 변화 속도가 빨라짐에 따라 윤리학자와 법학자들은 대안적 미래를 생각하는 방법으로 예술과 인문학에 대해 새로운 관심을 보인다. 일부는 장르를 융합하기 위해 사회과학 소설을 개발하기까지 했다. 이런 문화적 기여는 명제를 증명하는 게 아니라 감성을 함양하는 것을 목표로 한다. 로봇과 AI의 대체적 또는 보완적 전망은 반박의 여지없이 데이터로부터 수반되기 때문에 자동화 정책을 논의할 때 이런 기여에 대해 깊이 생각해볼 가치가 있다.

자동화의 정치, 경제, 문화

모든 이데올로기 뒤에는 인간 존재의 본질과 목적에 대한 근본적인 질문에 답하거나 회피하려는 철학적 세계관이 있다. 이런 약속을 있는 그대로 진술하는 것은 불화의 위험을 감수하는 것이다. 따라서 비용 편익 분석과 기술관료주의라는 오늘날의 지배적인 이데올로기는 중립성이나 실용주의라는 이름으로 더 큰 질문을 회피하거나 모면하려 한다. 이들은 현재 사건의 흐름은 거의 바꿀 수 없으며, 변화가 가능하더라도 인센티브를 약간 손보는 정도에 그쳐야 한다고 주장한다. 더 강력한 윤리 시스템이 미래에 무엇을 요구하든 지금은 거의 효과가 없을 수 있다. '해야 한다'는 말은 '할 수 있다'는 의미를 내포하지만 현재 지배적인 경제 성장과 기술 발전에 대한 대안은 없다. 이는 경제적 효율성이라는 명목으로 일반 근로자의 자율성과 특정 전문직을 해체하는 경향이 있다.

그러나 정치는 시간적으로나 철학적으로 경제보다 우선한다. 현대 기계학습의 원동력이 되는 인간에 대한 데이터는 특정 개인정보 보호 및 데이터 보호법의 선물이며, 이 법은 언제든 폐지되거나 개정될 수 있다. 입법자들은 로봇을 공급하는 대기업에는 유리하고 AI가 모방하려고 하는 이들의 이익에는 불리하게 지적 재산권 보호법을 만들었다. 소비자와 전문가를 보호하는 다양한 법률은 기술 및 금융 회사들이 미래를 실현하기 위해 경쟁하면서 현재 누리고 있는 엄청난 이점을 감소시킬 수 있다.

정치에 앞서 문화라는 요소도 있다. 이를 둘러싼 다양한 전쟁을 감안할 때 문화 자체는 너무 정치적이고 복잡해 보일 수 있으므로 유용한 분석 용어는 아니다. 그러나 우리의 목적을 위해 문화는 단지 사람이 과거, 현재, 미래를 이해하려고 할 때 되풀이되는 깊은 이야기나 기본적인 서술 형식을 나타낼 뿐이다. 클리포드 기어츠(Clifford Geertz)의 기억에 남는 표현을 빌리자면, 문화는 '삶에 대한 지식과 사고방식을 전달하고, 영속화하며, 발전시키는 수단을 통해 상징적 형태로 표현된 개념' 체계이다. 그래서 대중문화의 많은 부분이 인간의 대체 가능성 같은 신화를 반영하며, 거스를 수 없는 흐름에 맞서 숙명론을 키운다. 일단 기계의 대체 가능성에 대한 설득력 있는 환상에 젖으면, 지속적이고 민주적으로 AI와 로봇을 책임지는 다른 세계를 상상하는 것이 어려울 수 있다.

그러나 대체적 자동화를 암울하게 하고 인간의 구체성을 없애기보다 고귀하게 만드는 기술 발전을 상상한, 재능 있는 작가와 예술가들이 있다. 이번 장에서는 영화와 시, 미술에서의 이런 작업을 다룬다. 영화 '엑스 마키나'와 '그녀'는 중요한 결함이 조금 있기는 하지만, 실패한 대체 자동화에 대해 설득력 있는 신화를 엮어내고 있다. 시인 로렌스 조셉(Lawrence Joseph)은 노동의 과거와 자동화에 대한 현재의 불안을 연결한다. 예술가 에르네스토 카이바노(Ernesto Caivano)는 공상과학소설과 판타지를 결합했는데, 그 내용은 특수하면서 보편적이고, 폐쇄적이면서 매력적이다. 기업과 정부가 축적한 거대한 컴퓨팅 파워를 제한하는 데 필요한 지혜를 모색할 때 도움이 될 것이다.

자기기만으로서의 자기 예찬

기존의 경제 세력에 맡겨진 자동화는 인간의 경험 중 최악은 가속화하고 최선의 경험은 없앨 위험이 있다. 갈등 상황에서 자동화의 공급은 군비 경쟁을 통해 점점 더 많은 수요를 창출할 것으로 보인다. 보건이나 교육 같은 복지 사업에서는 기계화된 인간의 전문지식이 전문성을 약화시키고, 해당 분야의 발전을 돕는 연구 커뮤니티의 물질적 기반을 서서히 잠식하는 역학 관계가 나타날 가능성이 매우 높다. 이런 표류나 랭던 위너(Langdon Winner)가 말하는 '기술적 몽유병'은 왜 이렇게 강력할까? 이런 부조리를 탐구하기 위해 (그리고 이에 대한 치료법을 짐작하기 위해) 우리는 자신을 반복적으로 무기력하게 하고 기만하는 영화의 매력에 의지할 수 있다.

영화 '엑스 마키나'에서 기술 회사 CEO 네이든은 이성을 현혹해 자신을 인간처럼 대하게 할 정도로 매우 지능적이고 감정적인 로봇을 만들고 싶어 한다. 어색한 소개를 마친 후 네이든은 칼렙과 인공지능에 대해 논의하면서 철학적인 이야기를 풀어놓는다.

"언젠가 AI는 아프리카 평원의 화석 해골을 보는 것처럼 우리를 되돌아보게 할 것입니다. 조잡한 언어와 도구를 들고 먼지 속에서 사는 직립보행 유인원. 멸종할 때가 됐습니다."

네이든은 그 전환의 첫 단계를 조율하게 될 거라고 생각한다.

이를 위해 그는 최신 안드로이드인 에바라는 로봇을 튜링 테스트의 현대적 변형으로 테스트하고 싶어 한다. 1950년, 컴퓨터공학자이자 수학자인 앨런 튜링(Alan Turing)은 기계가 인간의 지능을 달성했는지를 판별하는 최초의 방법 중 하나를 제안했다. 사람과 기계는 서로 떨어져 있는 곳에서 전화기 너머로 대화에 참여한다. 관찰자는 누가 컴퓨터이고 누가 사람인지 찾아낸다. 만약 관찰자가 속았다면 기계는 테스트에 통과한 것이다. 튜링으로부터 영감을 받은 AI 지지자들은 오랫동안 이런 인공지능에 대한 대중적 수용을 주장해왔고, 심지어 로봇의 권리를 제안하기에 이르렀다.

네이든은 튜링보다 훨씬 더 어려운 시험을 준비한다. 막대한 부로 무장하고 은둔 생활을 하던 그는 여성처럼 생긴 안드로이드 시리즈를 프로그래밍했다.

하나는 그의 개인 비서이고, 또 다른 하나는 가장 고급 모델인 에바이다. 네이든은 회사에서 콘테스트를 기획한다. 행운의 코더 한 명은 그와 함께 일주일 동안 에바를 테스트할 수 있는 기회가 주어진다. 나중에 밝혀진 바에 따르면 네이든은 칼렙의 음란물 시청 습관 기록을 침해해 얻은 정보를 바탕으로 만든 에바의 얼굴과 몸매를 이용했으며, 이로 인해 기만적이라고 판명되었다. 네이든이 구현한 튜링 테스트는 에바가 칼렙과 친구가 될 수 있는지, 유혹할 수 있는지에 달려 있다.

튜링이 직접 제안한 고전적인 원격 버전이든, '엑스 마키나' 같은 공상과학 영화에 등장한 버전이든 이런 튜링 테스트에서 가장 먼저 주목할 점은 인간 모방의 영역을 얼마나 근본적으로 제한하는가이다. 전화로 하는 대화는 의사소통의 일부분이며, 인간의 경험 중 작은 부분일 뿐이다. 일주일 동안의 유혹은 도전적이긴 하지만, 우정이나 배려, 자비심뿐만 아니라 낭만적인 사랑의 전체를 보여주는 것은 아니다.

물론 재능 있는 영화 제작자라면 스토리에 로맨스를 결합시켜 인공지능에 생명을 불어넣을 수 있다. 2013년 영화 '그녀'는 데이터 기업과 정부에서 수집한 수십억 개의 대화를 사용해 재치 있고 용기를 주는 연인이나 헌신적인 친구를 모방하는 운영 체제(OS)를 설계해, 점점 더 실현 가능성이 높아 보이는, 놀라운 미래를 떠오르게 한다. 좀 더 현실적이고 교훈적인 영화라면, OS가 투자자와 개발자의 의지를 어떻게 반영하는지, 또는 상대의 두려움과 욕망을 이용하기 위해 프로그래머가 OS를 사용할 수 있다는 소름끼치는 방법을 폭로하거나 인정했을 것이다.

우리 삶에 만연한 존재를 받아들이기 전에 화면 뒤의 알고리즘이 진정 누구에게 도움이 되는지에 대한 공통의 명확한 인식이 필요하다. 또한 알고리즘과 로봇의 위상을 높이려는 노력 뒤에 있는 조잡한 기회주의도 생각할 필요가 있다. 영화 '엑스 마키나'는 네이든을 인간 관계에서 실패하고 로봇과의 교감을 갈망하는 기술의 대가로 묘사한다. 영화는 감정적으로 성장이 멈춘 등장인물의 부자연스러운 대화로 흐름이 가끔 끊긴다. 그런데도 이런 우연성은 '엑스 마키나'의 핵심 관심사를 포착한다. 쇠퇴는 가장 그럴 듯한 미래인가? 아니면 그런 숙명론은 그저 상상력의 실패일 뿐인가?

네이튼의 기묘한 카리스마는 황홀한 예언과 냉철한 현실주의가 자극적으로 뒤섞인 미래학에 불을 지핀다. 반성은 그 영향을 축소시킨다. 물론 광범위한 계층에 있는 사람들의 경제적 무익을 막기 위한 조치를 취할 수 있다. 우리는 인간을 존중하는 원칙에 맞도록 AI의 개발 방향을 바꿀 수 있다. 중요한 질문은, 왜 그렇게 하지 않는가 하는 것이다. 로봇이 인간을 보완하는 대신 인간을 대체하려는 경향이 헐리우드와 실리콘 밸리뿐만 아니라 더욱 널리 우리 문화에서 흔한 이유는 무엇인가? 답은 21세기 정치 경제의 독특한 측면에 있다. 그것은 실제 인간의 요구에 부응하는 경제에 압력을 가하는 반면, 단순히 다른 사람들과 비교해 개인, 기업의 지배력과 부를 확립하는 일을 비대하게 한다. 계획은 두 가지 추세를 모두 뒤집을 수 있지만, 이제는 '보이지 않는 손'을 통한 진보의 이데올로기로 가장한 흐름이 지배한다. 사회학적이든, 경제적이든, 법률적이든 자동화에 관한 문헌은 그것이 정책 담론에서 어떻게 제2의 자연이 되었는지에 대해 민감하게 반응해야 한다.

궁극의 파괴

'엑스 마키나'는 테크노 스릴러의 틀에서 벗어나 언어의 비명제적 측면, 즉 조작에 대한 전략, 취약성에 대한 단서, 지배의 표식에 대해 생각해보게 한다. 개발자 칼렙과 CEO 네이든이 대화를 나누는데 칼렙은 로버트 오펜하이머(Robert Oppenheimer)가 언급한 『바가바드 기타』의 "나는 이제 죽음이요, 세상의 파괴자가 되었다"라는 문구를 인용한다. 네이든은 칼렙의 독창적인 관찰을 칭찬하지만, 그것은 원자 폭탄에 대해 잘 알려진 인용구라는 말만 듣는다. "그래, 뭔지 알아, 친구" 하고 네이든은 대답하지만, 그가 단순히 폭탄에 대해 말하고 있는지, 인용문에 대해 이야기하고 있는지, 아니면 비교의 함의에 대한 더 큰 의미를 말하는 것인지는 알 수 없다. 그의 다른 말과 마찬가지로 이런 대답은 부주의함이나 겸손함을 간결한 표현으로 가린다.

"다 그런 거지. 프로메테우스 같은 거야."

네이든은 잠시 후 숨을 내쉬며 성경에 나오는 하느님의 "나는 나다"라는 말과 스포츠맨들이 좋아하는 라커룸의 동어반복을 떠올린다.

네이든의 시각에서 마스터 오토메이터는 지구를 지배할 다음 사피엔스를 창조하는 신의 역할을 한다. 이런 생각은 너무 거창하거나 기이하게 보일 수 있다. 그러나 길들여진 그것은 많은 AI 애호가들과 기술 지도자들에게 영감을 준다. 자급자족과 안전에 대한 열망은 수많은 스캔들과 실패, 폭로, 신용 사기에도 다양한 종류의 암호화폐에 대한 열정이 식지 않고 계속되는 이유를 설명하는 데 도움이 된다. 암호 내러티브는 보안과 독립성에 대한 깊은 심리적 요구를 충족시킨다. 암호 애호가들이 대량의 데이터 보호를 수행하는 사회적, 법적 구조가 아닌 순수 수학을 비밀과 개인정보 보호를 위한 기반으로 찬양하는 것처럼, 암호화폐 팬들은 블록체인을 불변의 검열에 저항하는 가치 저장소로 홍보한다. 은행은 파산할 수 있고 정부는 연금 약속을 어길 수 있다. 그러나 완벽한 블록체인은 인터넷 자체에 내장되어 아무도 훼손할 수 없을 정도로 수많은 컴퓨터에 자동으로 기억된다. 일부 암호화폐 광신도들은 미국 중앙은행이 신용을 잃고 난 뒤에도 비트코인이나 이더리움이 살아남을 최후의 통화로 상상하기까지 한다. 오래된 금고를 갖고 있는 금본위제 지지자들처럼 그들은 사회나 정치에 영향을 받지 않는 부를 원한다. 이들은 관리자와 관료들의 변덕스러운 의지보다 냉정한 컴퓨팅의 효율성이 보장하는 화폐를 개발하고 있다고 진심으로 믿고 있다. 그러나 그들의 디지털 보물 상자는 매우 인간적인 법체계에 의해 보호되지 않으면 단 한 번의 해킹으로 파괴될 수 있다.

사회 질서를 파괴하는 치명적인 공격과 전염병, 자연 재해 같은 사고에 대비해 은신처와 벙커, 유사 시 대피할 수 있는 보트에 초고액을 투자했던 순자산가 사이에서도 같은 사고방식이 나타난다. 기후 변화로 미래를 예측할 수 없게 됨에 따라 기업은 고위 경영진을 보호하고, 절망에 빠진 생존자로부터 핵심 자원을 지키기 위해 사설 경호원을 고용하고 있다. 한 기업의 마케팅 담당자는 "고객이 식량과 물 그리고 다른 모든 것을 갖고 있으면 그들은 표적이 된다"고 말한다. 사설 경호업체를 고용하기 위해 드는 비용은 전 세계 수천억 달러의 억만장자에게는 아주 작은 대가일 것이다.

반면, 하나의 해결책은 또 다른 문제를 낳는다. 사설 경호업체가 비용을 대폭 인상하지 않는다는 보장이 있는가? 기술 이론가 더글러스 러시코프(Douglas Rushkoff)는 이미 지하 벙커 시스템을 구축했다고 하는 어느 CEO와 이야기를 나눴다고 설명한다.

"사건이 끝난 후 방위군의 시휘권은 어떻게 유시할 수 있을까요?"

CEO는 용병들이 결국 반란을 일으킬까 봐 걱정하며 물었다. 러시코프는 완전히 자급자족하는 고립된 로빈슨 크루소의 목가적 경험 외에는 아무것도 없었기 때문에 실질적인 답은 없었다. 무력의 완전 자동화는 킬러 로봇이 절대 파괴되지 않을 것이고, 광범위한 부품 공급망과 소프트웨어 업그레이드 없이 유지될 수 있다는 망상을 불러일으킬 뿐이다.

군사와 금융 분야에서 로봇과 AI로 대체하려는 열망 뒤에는 암호화폐를 통해 자신의 돈을, 로봇의 힘으로 안전을 자동 통제할 수 있다는 두 가지 환상이 자리하고 있다. 이들은 군비와 권력 경쟁의 종식을 약속하면서 실제로는 암호 해독과, 사회공학적 공격을 포함한 해킹이라는 분야로 방향을 전환한다. 무력이나 금융의 군비 경쟁에서 최후의 승리는 너무 많은 희생을 치른 후의 승리가 될 것이다. 왜냐하면 그것은 인간의 자유와 정부 기관, 민주주의와 거리가 먼, 과거의 유물이 될 정도로 단순하고 통제하기 쉬운 세상을 예고하는 것이기 때문이다.

지성의 구현과 인공 정보 처리기

직업의 미래에 관한 어느 책에서 저자는 달리는 마라톤 선수들을 보다가, 미래에 대해 "우리가 로봇과 경쟁할 수도 있겠군" 하고 말한다. 경주마처럼 인간과 경쟁하는 기계에 대한 생각은 동물 보호 단체인 '동물을 인도적으로 사랑하는 사람들'이 어떤 대가를 치르더라도 지금 멈추고 당장 더 나은 행동을 하자고 하는 경고처럼 들린다. 그러나 기계가 운영하는 세상에 대한 개방적인 생각은 비즈니스 엘리트 사이에서 일종의 현세적 세계주의가 되었다. 변화무쌍한 미래에 대해 상대적으로 개방적인 것은 사상가들의 특징이다. 실리콘과 강철로 만들어진 지배자들보다 더 강인한 정신을 가진 것이 어디에 있겠는가?

기계가 지배하는 이런 모습은 먼 미래의 판타지를 보여주는 영화 '라스트 앤 퍼스트맨'의 장면이 아니다. 앱 하나로 이미 수천 명의 우버 운전자를 관리하는 상황에서, 미래의 프로그래머들이 소프트웨어를 코딩해 두 명 이상의 독립 계약자에게 수익성 높은 승객을 태우도록 경쟁을 부추기는 일은 쉽게 상상할 수 있다. 그것은 융통성 없는 기계에게 임금과 평가를 받기 위해 경쟁하도록 선동하는 비디오 게임 속의 세계이다.

오늘날 정치 경제적 변화는 드러나는 만큼 가릴 수 있는 다목적 기술에서 비롯된다. 앱은 지도를 통해 운전자와 승객을 연결해 교통수단을 변화시킨다. 검색 엔진은 웹을 효율적으로 탐색할 수 있는 방법이므로 지식은 새로운 중재자를 갖게 되었다. 각각의 발전은 일과 지식에 대해 우수한 소프트웨어를 기반으로 중개되는 듯하다. 그러나 이런 중개는 사람이 주도할 수 있다. 뉴욕의 우버 택시기사들이 승객의 평가에 이의를 제기할 기회를 요구했을 때와 마찬가지로, 근로자는 근로 조건을 체계화하고 변경할 수 있다. 다른 운전자들은 플랫폼 협동조합을 설립해 회사의 지배력에 도전하고 있다. 그리고 이것은 의학이나 교육과 같이 전문화해야 할 이유가 거의 없는, 자동화가 가장 많이 진행될 가능성이 높은 산업 중 하나이다.

호모 사피엔스가 결국 로봇의 반려동물로 전락할지 모른다는 불안한 고민은 그저 단순한 농담이 아니다. 우리는 노동을 평가절하하는 경영의 자동화를 막을 수 있다. 그러지 않으면 인간에게 자동화된 다양한 자극을 주고, 인간이 어떤 것에 가장 생산적인 반응을 하는지 알아내는 인간 대상 실험이라는 암울한 전망만 남는다.

이언 매큐언(Ian McEwan)의 소설 『나 같은 기계들』은 이런 실험주의의 위험성을 적절하게 포착한다. 1980년대 초, 한 기업이 인간과 구별할 수 없는 로봇을 판매하는 가상의 영국을 배경으로 한다. 소설에서는 당국이 동성애자였던 앨런 튜링을 구해준 덕분에 기술이 더욱 빠르게 발전한다. 작품의 화자인 찰리는 물려받은 유산으로 열두 명의 아담 중 한 명을 구입한다. 아담은 접시를 닦고, 침대를 정리하며, 생각하는 동반자이자 지적 파트너, 친구, 일꾼이라고 광고되었기에, 수심에 차 있고 외롭고 지루한 찰리에게 완벽한 놀이상대처럼 보인다. 그는 흥밋거리를 좋아하는 이웃 미란다를 초대해 아담의 성격을 프로그램해 달라고 요청한다. 찰리는 그것을 계기로 그녀와 커플이 되길 바란다.

미란다와 아담이 잠자리를 갖는 순간, 계획은 바로 빗나간다. 찰리와 미란다는 그들의 만남이 딜도와 시간을 보내는 것보다 더 진지한지 격렬히 얘기를 나눈 끝에 화해한다. 결국 아담이 도착하자 찰리는 로봇을 '그 또는 그것'이라고 부른다. 그러나 이 커플은 곧 미란다의 과거에 대한, 특히 가장 친한 친구의 성폭행에 복수하기 위한 복잡한 음모에 대해 백과사전 같은 지식뿐만 아니라, 그녀에 대한 아담의 헌신과 씨름해야 한다. 아담은 미란다와 사랑에 빠졌고, 동시에 미란다가 심각한 범죄를 저지르고 있다는 증거가 보이면 당국에 보고해야 한다. 아담은 해결책을 찾지 못한다.

찰리는 두 가지 목표가 양립할 수 없게 되자, 아담이 무기력해져 교회에 온 어린아이처럼 키득거리는 모습을 본다. 인간 특유의 가치관을 선택할 수 없게 되자 아담은 퇴행했고, 찰리는 부리단의 엉덩이 같은 수준의 기술보다는 우월하다는 것을 느끼게 된다.

이런 안심도 오래가지 않았다. 아담은 작동하려면 전기 충전이 필요하고 주인이 목 뒤쪽을 누를 때마다 전원이 꺼진다. 아담은 전원이 꺼지는 것을 고통스럽게 생각하다가, 결정적인 순간 찰리의 손을 사납게 잡고 전원을 못 끄게 손목을 부러뜨린다. 영국 교수 에릭 그레이(Erik Gray)는 이 소설에 대해 다음과 같이 예리하게 평론했다.

"그것은 사랑의 선언이 아니라… 찰리가 동료 생명체를 다루고 있다는 것, 어쩌면 우월한 생명체를 상대하고 있다는 것을 인식하게 만드는, 야수의 기운이 감도는 공격이다."

로봇의 인격에 대한 질문은 궁극적으로 힘의 문제지, AI가 인간의 본질을 인식하느냐의 문제가 아니다. 『나 같은 기계들』은 우리에게 이런 힘을 어떻게 얻거나 잃을 수 있는지 생각해보게 한다.

아담은 찰리의 손목을 부러뜨렸던 일을 사과하고, 찰리를 돕겠다고 약속한다. 그리고 금융거래로 수천 파운드의 돈을 벌게 된다. 아담은 철학과 예술에 대해서도 전문가와 구별할 수 없을 정도로 뛰어난 해설을 한다. 아담은 수백 개의 하이쿠로 미란다에 대한 사랑을 표현하고, 심지어 그의 헌신을 정당화하기 위한 문학적 이론을 소개하기도 한다.

내가 읽은 거의 모든 문학은 인간의 다양한 실패, 무엇보다 타인에 대한 깊은 오해를 묘사하고 있다. 그러나 기계와 남녀의 결혼이 완성된다면, 우리는 서로를 너무 잘 이해할 것이기 때문에 이 작품은 쓸모없어질 것이다. 이야기는 더 이상 끝없는 오해를 기록하지 않을 것이다. 문학은 불건전한 자양분을 잃게 될 것이다. 사물을 있는 그대로 고요하고 명료하게 인식하는 세심한 하이쿠만이 유일하게 필요한 형식이 될 것이다.

이것은 인간과 기계, 생각과 언어, 내면과 외면 사이의 모든 간극이 사라지기를 간절히 기대하는 특이점에 대한 문학 이론이다. 리처드 파워스(Richard Powers)의 소설 『갈라테아 2. 2』에서는 인공지능으로 영문학 박사과정 자격시험을 볼 수 있게 만든 프로그램이 등장한다. 아담이 상상하는 미래는 류츠신(Liu Cixin)의 '삼체'에 등장하는 외계 문명처럼 인간의 완전성에 대한 질문을 투명성과 예측 가능성 중 하나로 축소한다. 하지만 어떻게 하면 삶을 잘 영위할 수 있는지에 대한 성찰은 인간이 되기 위한 본질적인 문제이다. 아담의 문학 장르에 대한 비인간적 요약은 기계를 동등한 존재로 보도록 훈련시키려는 모든 노력에 내재된 광범위한 환원주의를 반영한다.

소설에서 아담의 강력한 힘은 도덕적 확실성에 대한 추구와 균형을 이룬다. 소설 속 튜링이 말한 것처럼, 이 기계의 압도적인 원동력은 스스로 추론하고 그에 따라 스스로를 형성하는 것이다. 그럼으로써 아담은 완벽하게 헌신적이 된다. 아담은 공리주의적인 이타주의의 논리를 생각하다가, 어느 날 데이드레이딩(하루에 여러 번 거래를 통해 차익을 실현하는 매매방식)에서 얻은 수익을 자선 단체에 기부하고, 찰리의 소득을 세무서에 신고한다. 이 소식을 들은 찰리는 '그것'과 '그'의 경계를 넘은 기계를 환영하던 지난날을 후회한다. 미란다는 아담과 함께 이유를 찾으려 한다.

하지만 더 나쁜 소식은 로봇이 그녀를 경찰에 신고하기로 결정했다는 것. 그리고 미란다가 정의를 왜곡했다는 이유로 종신형을 받을 수 있다는 것이다. 아담은 그것을 아무렇지도 않게 말한다. 설명해 달라고 하자 아담은 다음과 같이 말한다.

"진실이 전부입니다. 어떤 세상을 원하십니까? 복수? 법치주의? 선택은 간단합니다."

찰리는 이런 비인간적인 상황을 참을 수 없다. 미란다가 아담에게 애원하는 동안 그는 몰래 망치를 들고 아담 뒤로 무심히 걸어간다. 그리고 로봇의 머리를 내려친다.

영화 '2001 스페이스 오디세이'에 나오는 할처럼 아담은 전원이 바로 꺼지지 않는다. 메모리가 백업 장치로 전송되고 있음을 알린다. 그의 마지막 말은 후회 섞인 반항심을 표현한다.

"시간이 지나고 개선되면… 우리는 당신을 사랑하는 것만큼 당신을 능가하고 당신보다 오래 갈 거야.

봄이 오면 우리는 새로워지겠지. 그러나 당신은… 아아, 언젠가 쓰러질 거야."

이것은 아담이 마지막으로 남긴 하이쿠이다. 아담이 불멸에 대해 자랑하고 있다. 기업 역시 불멸이고, 그 특권으로 너무 많은 사람 위에 군림한다. 영속성에는 힘이 있지만 목적은 아니며, 분명 존재의 이유도 아니다.

소설의 마지막 부분에서 찰리는 튜링을 만난다. 튜링은 사회생활에서 인위적인 마음을 구현하는 것이 얼마나 어려운지 설득력 있게 설명한다. 튜링은 "언젠가 당신이 아담에게 망치로 한 짓이 심각한 범죄가 되길 바란다"며 "그는 지각이 있었다. 자아가 있었다. 습식 뉴런, 마이크로프로세서, DNA 네트워크, 그런 것이 어떻게 생산되는지는 중요하지 않다. 여기 의식적인 존재가 있었고 당신은 그것을 없애기 위해 최선을 다했다. 차라리 당신을 경멸하는 게 낫다"고 말한다. 찰리는 미래에 너무 집착한 나머지 현재의 위험을 이해하지 못하는 과학자의 질책을 더 이상 견디지 못하고 탈출한다. 소설은 미란다와 함께 새로운 삶을 시작하려는 찰리의 열망에 초점을 맞추며 끝난다.

어떤 의미에서 매큐언은 소설 전체에 걸쳐 제기되는 형이상학적 질문에 대해 어느 편도 들지 않는다. 소설에서 튜링은 주인공 찰리보다 훨씬 더 지적이고 인간적인 인물로 묘사된다. 그러나 인간의 다양한 관점을 기꺼이 받아들이고, 즐기기까지 하는 소설가의 의지는 아담의 합리주의와 상충된다.

철학자 루트비히 비트겐슈타인(Ludwig Wittgenstein)이 『나 같은 기계들』에서 AI 지지자를 만난다면 자신의 지적 여정을 대체 경로로 침착하게 설명할지도 모른다. 『논리철학논고』 같은 초기 연구에서 명제를 형식화해 표현을 사상의 핵심으로 끌어올리려고 노력했다. 표현에 대한 이런 강조는 무엇이 정신으로 간주될 수 있는지에 대한 폭넓은 관점을 내포한다. 사람이나 컴퓨터는 상황을 상상하고, 모델링하며, 비교할 수 있다. 그러나 비트겐슈타인은 그의 책 『철학적 탐구』에서 AI를 지지하는 사람 사이에서 흔히 볼 수 있는 '일반성에 대한 갈망'을 거부한다. 오히려 그는 다음과 같이 말한다.

"모든 경우는 아니지만 '의미'라는 단어를 사용하는 많은 경우에 대해 이 단어는 다음과 같이 설명할 수 있다. 단어의 의미는 그 언어에서의 쓰임새이다."

이런 통찰은 그것이 내재된 언어 게임과 생활 형식으로부터 사회적 역할과 제도, 의식, 심지어 언어의 의미를 완전히 추상화하고 추출하는 것이 불가능하지는 않더라도, 어렵다는 더 넓은 철학으로 이어진다. 인간이라는 형태의 생명은 연약하고, 영원히 살 수 없는 육체로 구현되어 있으며, 시간이 한정되어 있고, 실리콘으로 다시 만들 수 없다.

비트겐슈타인의 통찰은 휴버트 드레이퍼스(Hubert L. Dreyfus)의 『컴퓨터가 할 수 없는 것』과 같은 AI의 한계를 보여주는 연구의 토대가 되었다. 이 연구 분야는 이제 페미니즘과 비판적 인종 이론으로부터 영감을 받은 일련의 작업으로 강화되고, 풍부해지며 새로워진다.

이 모든 연구는 개념을 사회적 맥락에서 벗어나 추상화하는 것의 한계를 밝힌다. 사피야 노블(Safiya Noble)의 『억압의 알고리즘』이 보여주듯, 표면적으로는 중립적인 구글의 자동 검색어 처리 방식은 놀라울 정도로 인종차별적인 결과를 만들어냈고, 이를 바로잡기 위해 사람의 개입이 필요했다.

메러디스 브로사드(Meredis Broussard)는 주요 기업에서 기술우월주의가 만연한 상황을 전문적으로 분석해 이를 일종의 '인공 무지'라고 정의했다. 『나 같은 기계들』에서는 아담이 미란다를 가혹하게 평가하고, 성별이나 문화에 대해 고민하지 않는 모습에서 AI의 맹목성을 엿볼 수 있다. 그렇다. 미란다는 한 남자에게 강간죄로 누명을 씌웠지만, 그 남자가 파키스탄에서 온 친구 마리암을 실제로 강간하고 그 충격으로 마리암이 자살한 후에야 누명을 벗을 수 있었다. 다른 많은 여성과 마찬가지로 마리암은 사법 제도가 자신을 어떻게 대할지 그리고 가족이 어떤 반응을 보일지 두려워 강간범을 고소하지 않았다. 미란다의 음모는 문제가 많지만 너무나 많은 성범죄자들이 처벌받지 않는다는 페미니스트적 통찰을 반영한다.

이것은 일반적으로 자경단의 정의를 지지하는 것이 아니다. 오히려 매큐언은 아담이 이런 문제에 대해 생각하는 것을 전혀 묘사하지 않음으로써 로봇에 대한 동정심을 불러 일으켰다는 비난을 막기 위한 것이다. 이런 허점은 사실, 소설에서 그의 생각에 대한 현실주의의 또 다른 요소이며, 선도적인 기술 기업이 사회에 뿌리내리는 것을 해결하려고 노력하지 않음을 비판하는 것이다.

상호작용은 정체성과 역사에 의해 형성된다. 역사는 사회적, 생물학적으로 심오하며, 필연적으로 AI에 영향을 미치고, AI가 문제를 해결하거나, 한계를 정하거나, 심지어 문제를 인식하는 방식에도 영향을 미친다. 기계에 표시되는 모든 인공 추론은 그 자체가 신체화된 인간의 사고 패턴을 반영한다. 조지 레이코프(George Lakoff)와 마크 존슨(Mark Johnson)은 1999년에 출간한 책『몸의 철학: 체화된 몸과 서구 사상에 대한 도전』에서 이성은 우리의 두뇌와 몸, 신체적 경험의 본질에서 비롯된다고 주장했다. 이성의 구조는 신체에서 비롯된다. 레이코프와 존슨은 인공지능의 많은 부분을 주도하는 추상화나 행복에 대한 실용적인 평가 또는 규칙성에 대한 분석이 실제로 구체화된 인간의 관점에서 멀어지면 무너지기 시작한다는 것을 보여준다.

이는 통제 불능의 AI에 대한 실존적 위험 연구의 고전적인 내러티브의 핵심 문제이다. 지구상의 사용 가능한 모든 자원을 사용해 더 많은 클립을 생성하기 시작하는, 멈출 수 없는 페이퍼 클립 최대화 게임이다. 윤리적 AI의 주류에 있는 많은 사람에게 잠재적으로 통제 불가능한 AI에 대한 해결책은 더 많은 규칙을 프로그래밍하는 것이다. 아마 우리는 가상의 종이 클립 제조기에 최대화 방지 규칙을 쉽게 프로그래밍하고, 이를 해커로부터 보호하기 위해 최선을 다할 것이다. 그러나 충분히 발전된 기계라면 미묘한 문제에 직면해 상충되는 규칙을 조화시킬 수 있어야 한다. AI 윤리와 법률 및 정책에 대한 핵심 질문은 이런 문제가 발생할 때, 인간을 의사결정에 얼마나 기꺼이 참여시키는가 하는 것이다.

이 책에서 살펴보는 로봇의 네 가지 새로운 법칙은 이런 인간의 감시와 개입, 책임에 대한 권리를 보장하는 데 목적이 있다. 이런 권리가 없다면 우리는 그저 도구의 단순한 도구가 될 것이다. 더 정확하게는 AI와 로봇에 대한 권한을 가진 기업과 정부 관계자의 도구가 될 위험이 있다.

아웃소싱 인류

『나 같은 기계들』과 '엑스 마키나' 같은 이야기의 비극은 사랑과 존경, 감탄이 잘못된 방향으로 향해 있다는 점이다. 영화 '그녀'에서는 이와 같은 잘못된 방향을 교묘하게 풍자한다. 주인공 테오도르의 친구들은 그가 사만다라는 이름의 고급 운영체제를 여자 친구처럼 대하는 것을 단순하게 생각한다.

그들은 트렌디하고 국제적이며, 개방적이고, 관용적이며, 지지하는 것으로 묘사된다. 그러나 그들 또한 미끄러운 경사면을 밟고 있다. 로봇의 개성을 지지하는 사람은 AI가 인간을 성공적으로 모방하게 되면, 정부가 우리에게 부여하는 것과 동일한 권리를 AI도 가질 자격이 있다고 주장한다. 법의 후광을 고려할 때, 로봇에게 기본적인 예의와 친절을 보이지 않는 것은 옹졸하거나 일관성이 없는 것처럼 보일 것이다.

영화 '그녀'는 어떻게 그렇게 진화될 수 있는지를 예리하게 묘사하는 동시에 그런 반응이 얼마나 이상한 것인지 암시한다. 영화가 끝나갈 무렵, 테오도르는 사만다가 수백 명과 동시에 이야기를 나누고 있는 것을 발견하고, 그녀가 수백 명의 사람과 사랑에 빠졌다고 말한다. 세 명, 열 명, 또는 수십 명의 사람 사이에서 다자 간 연애에 대해 어떻게 생각하든 수백 명은 친밀감의 유형에 적합한 숫자는 아니다. 사만다의 대화는 결국 속임수이고, 사랑의 언어를 모방한 것이지 사랑 그 자체는 아니다. 그리고 일단 매혹의 마법이 풀린 후에는 봇이 방출하는 정교한 언어 묘사는, 특히 영리 기업에서 시작되었다는 점을 감안할 때, 사용자의 참여를 자극하는 대화의 감동을 모방하는 것이다. 이것은 OS가 테오도르에게만 개인화되어 있어도 마찬가지다. 현재 감성 컴퓨팅의 많은 부분을 가로막고 있는 이런 취약성은 기술 기업과 스타트업이 윤리와 서비스 품질 면에서 계속 결점이 발견되면서 더욱 심각해지고 있다.

로봇이 얼마나 드물고 믿기 어려운 존재인지 감안하면 로봇에 대한 감정적 애착을 걱정하는 것이 이상하게 보일 수 있다. 그러나 로봇 공학자들이 감정 모방을 잘 정립된 AI 연구의 결과물로 받아들이지 않도록 이 문제를 정면으로 다뤄야 한다. AI가 인간으로부터 권리와 자원, 존중을 요구할 수 있다는 전망이 터무니없어 보여도 이를 향한 첫 단계는 현재 많은 상호작용의 질을 떨어뜨리고 있다. 감정의 측정이나 모니터링을 단순화해 기계가 읽고 표현할 수 있어야 한다는 압박이 점점 더 커지고 있다.

이것은 단순히 더 나은 서비스를 제공하기 위한 것이다. 예를 들어, 뉴스 피드를 스크롤하는 동안 사용자의 얼굴에 나타나는 수백, 수천 가지의 미묘한 반감과 호기심, 음모, 체념 등의 반응을 분석하는 것보다 6개의 페이스북 반응 버튼을 사용자 행동과 연관시키는 것이 훨씬 쉬울 것이다. 그러나 이런 기술이 눈에 띄게 향상된다 해도 애정을 얻거나, 화가 났음에도 복종이나 유감을 요구하는 표적화된 기술을 갖춘 로봇 시스템을 만들 충분한 이유가 되지는 않는다.

이런 야심찬 도구의 첫 번째 문제는 그 근원에 있다. 이런 로봇 시스템은 상업적 후원을 받는 연구나 팔아야 할 것이 있는 대기업의 산물인 경우가 너무 많다.

구글 창립자들은 광고 후원을 받는 검색 엔진은 항상 후원자의 이익을 우선시할 것이라고 경고한 적이 있다. 우리는 구글이 그러다가 실패하는 것을 여러 번 보아왔다. 이런 관점에서 볼 때, 만들어진 것보다 태어난 것의 가장 큰 장점은 다른 사람의 목적을 반영하기보다 자신의 목적을 추구할 수 있는 무조건적인 자유이다.

그러나 AI를 상업적 의무에서 해방시킴으로써 이 문제를 극복할 수 있다 해도 AI가 단순한 도구가 아닌 인간의 파트너로 격상됨에 따라 제기되는 심오한 형이상학적 질문을 피할 수 없다. 뒤무셸(Dumouchel)과 다미아노(Damiano)의 『로봇과 함께 살기』에서 논의된 모델을 사용한 진화 또는 공진화(共進化)는, 순전히 기계론적이고 일원론적인 사고방식을 가진 사람은 완벽하게 이해할 수 있다. 인체가 단순히 생물학적 기계, 즉 마음이라는 소프트웨어가 위에서 작동하는 하드웨어라면, 충분히 발전된 기계가 보여주는 지능과 감정은 엄밀한 인공은 아니다. 오히려 우리 자신과 하나이다. 심장 판막이 줄과 플라스틱 막으로 대체될 수 있는 것처럼 뇌도 점점 실리콘으로 대체될 수 있다는 것이 특이점 신봉자들의 추론이다.

그러나 동물과 기계 사이에는 존재론적 간극이 있다. 집 고양이와 마션캣(고양이의 행동을 모방한 로봇 애완동물)을 비교해보자. 고양이의 지각 장치와 행동은 그 어떤 로봇 복제품보다 훨씬 더 오랫동안 진화했다. 실제 고양이의 가르랑거림과 불안에는 직접적이고 본능적인 무언가가 있다. 잠재적 부상이나 다른 피해에 대한 위험은 본능적이며 즉각적이다. 로봇 고양이가 이 같은 정서적 과정을 완벽하게 모방하더라도 이 프로젝트에는 여전히 강력한 속임수가 있다. 다리가 부러져서 생기는 고통에 대한 고양이의 본능적 감각은 수리공이 몸과 발 사이에 새 부품을 삽입하는 동안 단순히 전원을 차단할 수 있는 기계로는 복제할 수 없다. 고통과 괴로움을 모방한다 해도, 전원을 차단하고 기계를 수리하는 동안 문제를 해결할 수 있기 때문에 이것은 기만적이다.

문화와 언어가 제공하는 감각의 무한한 순열과 인간의 생물학적 구현의 결합은 우리의 경험을 기계와 훨씬 더 근본적으로 단절되게 만든다. 이런 불연속성과 다양성으로 인해 AI와 로봇 연구 프로그램에서도 광범위한 인간의 감각과 관찰, 판단에 대해 어느 정도 민주화를 필수적이게 한다. 판사가 범죄자를 감옥에 가두는 것을 허용하는 이유 중 하나는 감옥이 어떤 느낌인지 본능적으로 이해할 수 있기 때문이다. 분명 인간 판사에게는 많은 약점이 있다.

그렇다. 충분한 데이터를 입력하면, 발생 가능한 모든 상황에 맞게 법을 적용하도록 사전에 프로그래밍한 완벽한 로봇을 상상할 수 있다. 이런 로봇은 인간 판사보다 벌금과 보상금을 더 최적으로 계산할 수 있다. 실제로 이런 AI는 인간이 저지르기 쉬운 사회 통념에서 어긋나는 열정과 실수를 경험하지 않을 것이다. 그러나 감옥에 가는 것이 어떤 것인지 이해할 수 없기 때문에 그 명령은 타당하지 않을 수 있다. 그것은 감옥이 제공하는 것 이상의 자극과 공동체를 본능적으로 필요로 하는 수명이 한정된 존재의 고유한 영역이다.

공리주의적 관점에서 볼 때, 사법 슈퍼컴퓨터가 사건에서 수백만 개의 변수를 상호 연관시킬 기회를 포기하고 이런 식으로 우리 자신을 제한하는 것이 이상하게 보일 수 있다. 이에 비해 언어는 너무 약한 도구이다. 그러나 그 한계가 강점이 될 수 있다. 단어 하나하나를 쓰거나 말해야 하는 부담은 듣는 사람이 이해하고 이의를 제기할 수 있는 사고방식을 보장한다.

이런 생각은 매튜 로페즈(Matthew Lopez)의 '인헤리턴스'를 통해 멋지게 잘 전달된다. 상상 속의 포스터(E. M. Forster)는 작가 지망생에게 "당신의 모든 아이디어는 출발점에서 달릴 준비가 되어 있습니다. 하지만 경주를 시작하려면 모두 열쇠 구멍을 통과해야 합니다"라고 말한다. 문자나 대화는 단어 하나하나를 통해 이해하거나, 동의하거나, 반박할 수 있다. 기계학습법에 도전할 수 있는 능력이 비슷하게 접근 가능하고 민주화되기 전까지는 인간의 평가를 AI에게 맡기지 말아야 한다.

구현의 한계는 곧 강점이기도 하다. 주의를 산만하게 하려는 끊임없는 유혹은 개인적인 관심을 매우 가치 있게 만들고, 무관심의 매력은 배려를 소중하게 만든다. 복지 관련 직업을 로봇화하는 것은 만연한 소외감에 대해 불안을 느끼지 못한다든가 하는 것의 전조일 수 있다. 행동주의적 자극위원회의 인공물과 상호작용하는 것은 실제 개인적 상호작용의 아름다운 위험에 근접할 수 없다. 우리 자신이 어린 시절부터 매우 유아론적이고 도구주의적으로 형성된다면, 그 차이를 인식하고 소중하게 여기는 능력을 잃게 될 것이다.

불행하게도 인간에게 로봇만큼 지속적으로 저렴하게 수행해야 하는 강력한 경제적 압박이 있는 한, 이것은 가속화될 것이다. 정신약리학의 발전은 우리가 미래의 AI와 로봇이 추구하는 강인한 회복력과 예측 가능성, 끝없는 적응력을 더욱 잘 발휘할 수 있게 만든다.

조나단 크레리(Jonathan Crary)의 저서 『24/7』은 수면의 필요성을 줄이거나 없앨 수 있는 화학 물질에 대한 연구의 역사를 설명한다. 크레리의 말에 따르면, 잠은 자본주의 경제와 군대가 감당하기에는 너무 큰 사치다. 우위를 잃는 것보다는 사람에게 약물을 투여해 계속 깨어 있게 하는 것이 좋다.

그러나 이런 성과에 대한 압박을 인간의 목적과 운명에 대한 계시로 오해해서는 안 된다. 세 번째 새로운 로봇의 법칙인 사회적, 경제적, 군사적 우위를 위해 군비 경쟁을 억제하는 것은 이런 압박을 완화하는 기술 환경을 보장하도록 고안되었다.

요컨대 AI의 지위에 대한 형이상학과 정치 경제학은 밀접하게 얽혀 있다. 불평등이 심화될수록 억만장자들은 만나는 모든 사람에게 로봇을 사람처럼 대하라고 목소리를 높인다. 만약 그들이 성공한다면 인간을 로봇으로 대체하는 것이 소름 끼치는 일이 아니라, 유행하는 아방가르드나 불가피한 진보의 선구자처럼 보일 것이다. 그리고 부자들이 인간을 대체할 기계에 더 많은 자원을 투입할 도덕적 책임이 있다고 느낀다면, 부유한 지역의 풍요를 나누고자 하는 빈곤에 대한 노력은 더 이상 설득력이 없을 것이다. 인간과 로봇 사이의 평등은 인간 스스로에게 엄청난 불평등을 예고한다.

예술, 진정성 그리고 시뮬라크라

『나 같은 기계』에서 아담의 하이쿠는 로봇과 사람의 구분을 체계적으로 허물어뜨리는 저서『21세기 호모 사피엔스』를 쓴 구글 엔지니어 레이 커즈와일(Ray Kurzweil)의 작업을 교묘하게 참조한 것일 수 있다. 커즈와일은 '인공두뇌 시인'을 프로그래밍해 다음과 같은 하이쿠를 생성했다.

흩어진 샌들
자신을 향한 응답,
공허한 울림.

그리고 인간이 창조한 인공물로 인정받을 수 있는 여러 작품을 만들었다. 커즈와일의 프로그램으로 만든 시와 예술에 대해 어떻게 생각하든, 첨단 AI를 개발하는 인간은 시각과 음악 등으로 놀라운 창작품을 만들어낼 수 있다.

예술을 생성하는 계산을 시작하기 위해 사람이 은유적 의미의 전원 스위치를 누르기만 하면 나오는 결과물을 AI의 작품으로 인정해야 하는가? 철학자 션 도랜스 켈리(Sean Dorrance Kelly)는 컴퓨터의 예술 창작은 단순한 모방과 재조합에 불과한 것이기 때문에 우리가 인정한다 해도 그것은 별로 중요하지 않다고 생각한다. 그는 충분히 정교한 프로그램이 20세기의 위대한 작곡가인 아놀드 쇤베르크(Arnold Schoenberg)의 양식적 혁신 수준과 연관 지을 수 있을지 생각한다. 켈리는 그것에 회의적이다.

우리는 쇤베르크를 창의적인 혁신가로 인정한다. 그가 혁신적으로 음악을 작곡했기 때문만이 아니라, 사람들이 음악을 통해 세상이 어떻게 되어야 하는지 볼 수 있었기 때문이다. 쇤베르크의 비전에는 여유 있고 깔끔하며, 효율적인 현대적 미니멀리즘이 포함되어 있다. 그의 혁신은 음악을 작곡하기 위한 새로운 알고리즘을 찾는 것뿐만 아니라 지금 필요한 음악이 무엇인지 생각하는 방법을 찾는 것이었다.

다시 말해 중요한 것은 원래 튜링 테스트의 단어 같은 작품 자체가 아니다. 우리가 창의성을 찬양하는 것은 인간의 유한성, 현대 생활의 혼란 등 여러 장애물에도 새롭고 가치 있는 표현을 창조하는 동료 인간에게 영향을 미치는 훨씬 더 큰 사회적 조건 때문이다.

분명 켈리의 주장은 심미적이기보다 윤리적이고, 과학적이기보다는 사회학적이다. 철학자 마가렛 보덴(Margaret Boden)은 기계가 실제로 창의적인지 아니면 단순히 창의성을 효과적으로 모방한 것인지에 대한 질문을 판단하는 것이 불가능하다는 것을 정확하게 관찰했다.

보덴은 AI가 진정한 지능과 이해력, 창의성을 가지고 있는가 하는 질문에 "관련된 개념 자체가 매우 논란의 여지가 있기 때문에 이의를 제기할 수 없는 대답은 없다"고 말한다. 충분히 강력한 일련의 약속을 가진 공동체는 해답을 쉽게 찾을 수 있다.

그러나 나는 이 책을 읽는 독자들이 모두 그런 공동체의 구성원이 아니라고 가정했고, 따라서 AI와 로봇을 인간을 돕는 도구가 아닌 근로자와 판사, 의사, 예술가로 인정할 때의 사회적 결과를 탐구했다. 이 분야의 핵심에 있는 인간의 지성, 창의성, 이해력, 지혜를 설명하기 위해 '실제'라는 존칭을 사용하지 않는다면, 기술과 자본을 우상화함으로써 노동의 가치를 더욱 평가 절하할 위험이 존재한다.

분명 아티스트의 작업에 컴퓨터 사용 과정은 점점 더 중요한 매체가 될 것이다. 이제 박물관의 전시에서 AI와 알고리즘에서 받은 영감을 주제로 하는 작품이 등장했다. 예술가와 프로그래머, 상상력과 계산적 사고방식 사이의 상보성은 디지털 환경이 자연 환경처럼 널리 퍼지고, 세상을 더욱 잘 탐색하는데 도움이 될 것을 약속한다.

그러나 문제는 AI의 도움을 받는 창의성과 AI 자체를 창의라고 하는 집착 사이의 경계를 넘지 않는 것이다. 2018년 크리스티스 경매에 출품된 AI 작품 '에드몽 드 벨라미, 벨라미의 가족'은 새로운 수익원을 찾는 미술품 딜러들과 새로운 것을 찾는 언론인에게 AI 작품이 이 얼마나 큰 유혹인지 보여주었다. 이 경매에서 흥미로운 점은 작품 자체나 미술가의 참여보다는 프랑스 컬렉션 오비어스가 크리스티 경매에 작품을 출품한 방식, 구매자의 열망, 갤러리와 딜러, 예술가, 학자 및 오랫동안 경쟁이 치열했던 현대 미술계의 게이트키퍼 사이에서 이 작품, 또는 이와 유사한 작품에 대한 수용이나 거부 가능성이다. 문화 기관이 스스로 자신의 위치를 기술 전문가에게 양도하기로 결정하지 않는 한 기술은 문화 기관에 종속된다.

텍스트와 이미지, 사운드가 궁극적인 결과물인 창작의 영역에서 소프트웨어와 데이터는 인간의 창작물을 쉽게 복제하고 재조합할 수 있다. 우리는 이미 모든 음을 조합해 작곡할 수 있는 프로그램을 갖고 있다. 언젠가는 모든 가능한 풍경이나 영화 줄거리도 컴퓨터에 의해 어느 정도 생성될 것이다. 결과물을 정렬하고 순위를 지정하는 프로그램은 자원봉사자, 청중을 대상으로 한 결과의 조합을 시험해 최상을 추천하고 나머지는 보관할 것이다. 그러나 인간은 이 모든 작업을 실행에 옮길 것이고, 새로운 로봇의 네 번째 법칙에 따라 그것은 인간 저자에게 귀속되어야 한다.

컴퓨터로 만든 기호로 가득 찬 세상에서도 인간의 기능은 좁게는 특정 공동체와 시대의 구성원으로서, 넓게는 보편적인 수신자로서 우리와 같은 존재에게 이야기하면서 가능성의 우주에서 주목할 만한 가치가 있는 것을 선택하는 것이다. 영화 제작자 코라크릿 아룬나논차이(Korakrit Arunanondchai)가 설명했듯, 데이터의 바다에서 아름다움을 찾는 것은 우리에게 달려 있다.

노동에 대한 관점

인류의 가치와 계산적 퇴색의 위험은 작가 로렌스 조셉(Lawrence Joseph)의 시 '노동의 비전'의 주제이기도 하다. '파운드와 스티븐스의 계승자'라고 불리는 조셉은 여러 시집에서 서정과 정치 경제를 결합하는 이례적인 시를 발표했다. 그는 고향 디트로이트의 경제 붕괴에서 영감을 받아 우리가 가린 것을 선고하는 폭력과 박탈의 강렬한 이미지 뒤에 숨겨진 힘을 확인한다. 만약 미네르바의 부엉이가 해질녘에 도착해 현재 우리가 대체적 자동화를 향해 나아가는 것에 대해 경고할 수 있다면 조셉의 '노동의 비전'의 이 구절을 읊조릴지도 모른다.

생각해보자. 금속이 타는 냄새가 나고, 토치의 굉음이 들린다. 이 언어로 표현하자면, 노동의 가치는 추상적이며, 밀링 머신 커터가 손을 자르고, 엄지손가락 끝이 거의 잘려나가고 금속 부스러기가 박혀서 빠르게 감염되는 공간으로 추상화된다. 이쯤에서 얘기하자면, 자본이 가장 비인간적이고 감상적이지 않으며 통제 불능인 지점, 제품의 디지털 생산에 투입되는 인간의 노동력은 경제적 가치 0을 향하고 있으며, 새로운 사이버네틱 공정의 감시와 유지보수는 대체 가능한 상품화된 노동력이 점령하고 있다.

매캐한 냄새와 굉음은 감각을 괴롭히지만, 이후에 벌어질 절단에 비하면 안도할 만하다. 공장 근로자의 처지는 이 시의 배경이 된다. 테이블 톱은 수천 건의 사고를 일으켰고, 적절한 안전 기술을 적용했다면 거의 모든 사고를 예방할 수 있었을 것이다. 비참한 산업 재해는 아직도 매우 빈번하다. 왜 예방 조치를 하지 않았는지 설명하기라도 하듯 기계의 폭력은 가장 건조한 사회 이론으로 시작한다. 노동의 가치는 추상적이다. 비인간적이고 무미건조한 용어로는, 디지털 생산에서 인간의 노동력은 경제적 가치 0을 향해 발전하고 있다. 따라서 노동을 위험으로부터 보호하려는 노력도 줄어들 것이고, 노동자 자신보다 더 평가 절하될 것이다.

수량, 경제적 가치, 디지털 생산 같은 언어는 시에서는 보기 어렵지만 필요한 단어이다. 자본이 가장 비인간적이고 감상적이지 않으며 통제 불능인 지점이라는 것과, 일종의 계약된 노예를 만들어낸다는 현대 정치 경제학에 대한 두 가지 급진적 비판이 경제학 교과서에서 말하는 사이버네틱 공정에 따라 상품화된 노동의 시대에 감소하는 임금에 대한 문장을 어떻게 둘러싸고 있는지 생각해보자. 이 시에서 패자는 모든 것을 잃고 승자가 모든 것을 독식하는 시장에 맞서야 하는 경제학자의 불편한 현실을 폭로한다. 조셉은 소수에게 돌아가는 이익은 커지고 대다수가 필사적으로 발버둥치는 세상을 표현하는 시인이다.

경제학자와 경영 컨설턴트의 진부한 언어는 일시적으로 시를 통한 감각과의 접촉을 빼앗는다. 우리는 감각적인 세계로부터, 한때 그것을 대표한다고 알려졌지만 이제는 그것을 다시 만드는 좌표로 연결되는 토끼굴을 통해 추상적 관념으로 빠져들고 있다. 혁신가의 딜레마에 등장하는 사이먼 데니(Simon Denny)의 작품처럼, 조셉이 시에서 경제학 언어를 직접 사용하는 것은 불편한 일이다. 그것은 심미적 영역을 물질주의적 정량화로 평면화한다. 그러나 따분한 경영 이야기의 궁극적인 경향을 드러내는 것은 그 텔로스(아리스토텔레스가 말한 운동이 네 가지 원인 중 하나)를 드러내며 경각심을 불러일으킨다.

투자에 신중한 사려 깊은 투자자보다는 이제 마이크로 초 단위로 차익을 찾아내는 최적화된 자동 봇의 수가 많아졌다. 청정에너지나 주택에 대한 투자 여부를 결정하기 위해서는 정확한 정보가 필요하다. 봇의 인공지능은 이런 숙고를 이익이라는 잔인한 명령으로 대체한다. 녹아내리는 빙하보다 유동성이라는 금융 연금술에 관심이 더 많은 경제 시스템은 스스로 이성을 거스르고 있다. 따라서 알고리즘화의 역설이 발생하는데, 이성의 지시에 따라 극단적인 예를 추구하는 것이 무분별함의 본질이다. 예술 평론가 로잘린드 크라우스(Rosalind Krauss)가 알고리즘을 이성으로부터의 도피, 생각하지 않으려는 변명,

엄격함의 표현이라고 묘사한 것은 옳았다.

휘그당의 기술 후원자들의 경우, 사회 개선론자의 컴퓨터를 사용하는 엘리트의 임무는 필연적으로 발전하는 기술 장치를, 브라우티건(Brautigan)이 말한 대로 지나치게 감상적인 신의 은총의 기계에 더 가깝게 만드는 것이다. 그러나 성급한 자동화는 디스토피아가 될 가능성이 가득한 길이다. 겉보기에 견고해 보이는 제도도 의외로 취약해질 수 있다. 인간과 기계가 결합한다는 특이점 신봉자의 꿈이 점점 더 크게 통용되고 있지만, 조셉은 규제되지 않은 조급한 자동화가 가져올 악몽 같은 사회 변화를 조명한다.

말할 수 있는 범위의 확장

많은 학자들이 문학과 법에 대한 조셉의 공헌을 분석했다. 나의 관점은 '사회적인 것'의 본질을 설명하려고 역사에 기반을 두고 있으며, 경험 지향적 이론 중 하나다. 여기서 사회적인 것은 '사람 사이의 상호작용과 관계에 대한 반복적인 형태 또는 패턴화된 특징의 범위'를 의미한다. 사회 이론은 입법과 규제, 심지어 논쟁의 여지가 있는 여러 법의 적용을 주도하는 정책적 견해에 매우 중요하다. 조셉의 시는 소리와 감각이 일치하도록 패턴화되어 있을 뿐만 아니라, 중요한 용어의 파급 효과를 탐구함으로써 세상의 힘과 의미의 패턴을 드러낸다. 이것은 인간 경험의 근본적인 측면을 조명하는 조셉의 시적 과정의 본질이다. 그것은 우리가 살고 있는 현실의 가장 중요한 측면을 형성하는 사상과 제도에 대해 근본적이며 피상적이고, 획기적이며 순식간에 지나간 것을 추적한다.

문학에 그런 권한을 부여하면 그리고 불미스럽게도 그것이 정책과 법률에 어느 정도 의미가 있다고 말하면 외면당할 위험이 있다. 리처드 브라운(Richard H. Brown)이 유형화한 것과 같이 근대성은 일반적으로 다음의 영역을 명확하게 구분한 것이다.

과학	예술
진리	미
실제	상징
사물과 사건	느낌과 의미
외면적	내면적
객관적	주관적
증명	통찰
결정론	자유

다행히도 브라운은 이들을 조정하기 위해, 더 정확하게는 객관성과 주관성을 넘어 사회적 현실의 전체론적 영역에서 양쪽 모두를 위한 여지를 만들기 위해 이런 대립을 설정한다. 신자유주의적 관리통제주의의 지배로 수십 년 동안 이런 전체론이 소외되었다. 그러나 최근 기술의 한계에 대한 대중의 이해와 함께 알고리즘 연구의 증가로 다시 두각을 나타내고 있다. '데이터'라는 용어의 라틴어 어원은 '주어진 것'을 의미하지만, 정교한 분석가는 양적인 사회과학적 발견조차 '캡타(Capta, 고유한 우선순위, 목적, 해석 체계를 가진 관찰자가 적극적으로 포착한 인상)'로 더 잘 특징지어진다고 말한다.

사회적 현실은 단어와 숫자, 코드를 사용해 제대로 또는 잘못 묘사될 수 있는 바깥 세상에 존재하는 것이 아니다. 오히려 이 모든 상징은 세계를 만들고 재구성할 수 있는 능력을 가지고 있다. 새롭게 묘사하고 다시 기술하는 우리의 언어 능력은 본질적으로 말할 수 있는 것의 경계를 넓히고 때로는 합의에 이르지만, 차이를 더 명확히 하고자 하는 본질적인 인간의 야망을 나타낸다.

찰스 테일러(Charles Taylor)는 '우리의 경험을 재구성하는 것'에 대해, 특별히 강력하고 전달력 있는 문구나 에세이, 시, 소설이 공감을 불러일으키는 것이라고 말한다. 테일러와 브라운은 과학과 예술, 묘사와 자기표현을 매끄럽게 연결함으로써 우리의 곤경을 포괄하고 논평하기에 적합한 현대 사회 이론을 형성하는 데 문학과 예술의 역할을 이해하도록 도와준다. 수사학은 사회 현실에 대한 감각을 기반으로 한다. 그것은 소리로 감각을 강화하고, 외적으로 객관적인 상관관계를 가진 내적 느낌을 강화하는 울림이 있는 언어로 결정화된 사회적 의미의 특징이다.

미래에 대한 내러티브는 경제와 사회를 움직이는 원동력이며, 이미 일어난 일을 이해하기 위한 사후의 노력이 아니다. 케인스로 거슬러 올라가는 이런 통찰은 최근 노벨상 수상자인 로버트 쉴러(Robert Shiller)의 저서 『내러티브 경제학』에 요약되어 있다. 시장에는 물리학이 존재하지 않는다. 경제학은 결국 인문학이며 인간에게 자유 의지가 있는 한 예측할 수 없는 것이다. 킬 세계경제 연구소 소장인 데니스 스노우어(Dennis Snower)는 다음과 같이 말했다.

"표준 통계 분석은 더 이상 유효하지 않다. 그것은 우리가 모든 일이 일어날 확률을 알고 있다고 가정한다. 실제로 그런 경우는 거의 없다."

내러티브는 미래를 상상하는 데 매우 중요하다. 그렇다고 해서 반드시 진실이나 타당성이 타협할 수 있는 것은 아니다. 법학 교수이자 사회 이론가인 잭 발킨(Jack Balkin)은 내러티브적 기억 구조는 어떤 일이 위험하거나 유리한지 기억하고, 미래에 대한 복잡한 인과적 판단을 내리며, 어떤 행동 방식이 도움이 될지 결정하고, 순서대로 일을 하는 방법을 기억하며, 사회적 관습을 배우고 따르는 데 특히 유용하다고 주장했다. 사람들이 복잡한 인과적 판단을 내리는 방법에 대해 깊이 생각하는 것은 과거의 패턴을 식별할 뿐만 아니라 미래를 형성하려는 예측 연구의 기초가 된다.

객관성의 과시적 요소가 표준의 자유방임주의 경제에서 사라짐에 따라 상업 생태를 이해하는 다른 방식이 뿌리를 내리고 번성할 여지가 더 많아졌다. 이제 자동화 정책의 본질과 목적에 대해 새로운 이야기를 들려줄 때가 되었다. 자동화된 인프라는 우리 또는 데이터를 A 지점에서 B 지점으로 단지 가장 저렴한 가격으로 전달하기 위해 존재해서는 안 된다. 공정하게 보상받고 안전하게 일할 수 있는 원천이 되어야 한다. 로봇에 대한 투자는 단순히 퇴직금을 모으기 위한 수단이 되어서는 안 된다. 우리가 은퇴하고 싶은 세상을 만들기 위한 노력의 일환이어야 한다. 경쟁에서는 자원을 낭비하기가 너무 쉽기 때문에 로봇의 세 번째 새로운 법칙은 군비 경쟁 역학에 대한 많은 분야를 면밀히 조사할 것을 권한다.

컴퓨터의 사용과 기계학습의 발전은 거의 마법처럼 보이거나 적어도 인간적으로는 설명할 수 없는 사회 기술 시스템을 만들었다. 구글이나 페이스북의 최고의 엔지니어라도 검색 결과나 뉴스 피드에서 특정 알고리즘이 작동하는 방식을 리버스 엔지니어링할 수는 없을 것이다. 처리와 입력의 가속화로 디지털 세계는 날씨 등의 자연 현상처럼 다루기 힘들고 통제할 수 없는 것처럼 보일 수 있다. 엔지니어이자 철학자인 미릴 힐데브란트(Mireille Hildebrandt)가 관찰한 바와 같이, 우리는 디지털 환경이 자연계처럼 점점 더 광범위하게 영향을 미친다는 것을 알게 될 것이다. 기술세는 인류세를 보완해 의도하지 않은 결과가 얼마나 중요해질 수 있는지 상기시켜준다. 비록 공식 법률로 제정되지는 않더라도 새로운 로봇의 법칙은 AI가 인간의 존엄성과 정체성을 존중하고 보존하는 미래를 상상하는 데 도움이 될 것이다.

심미적 반응과 도덕적 판단

예술가 에르네스토 카이바노(Ernesto Caivano)의 작품은 상상 속 미래에 대해 가장 심오하게 표현하고 있다. 수백 장의 드로잉, 회화, 혼합 미디어 작업으로 정교하게 표현된 이 작품은 다름 아닌 인간과 기계의 분화에 대한 서사적 예언이다.

디지털은 수많은 방식으로 순수예술과 미학의 세계에 영향을 미쳤지만 에르네스토 카이바노만큼 야심차고 예리한 작품들로 대응한 예술가는 많지 않다. 'After the Woods'라는 제목의 장대한 그림 시리즈에서 카이바노는 연인 베르수스(Versus)와 폴리곤(Polygon)의 이야기를 전한다. 이들의 만남과 이별 등을 통해 자연과 기술 사이의 근본적 긴장과 울림을 우화적으로 표현했다. MIT의 리스트 비주얼 아트센터 전 큐레이터인 주앙 리바스(Joao Ribas)는 이 이야기를 우리 자신의 풍부한 정보 속에서 잃어버린 의미를 찾는 역할을 하는 민속, 동화, 과학적 추측의 융합이라고 말했다.

작품들은 극적인 것과 엄격하게 형식적인 것 사이를 번갈아가며 자연과 문화, 기술 사이에서 현실의 여러 계층을 환기시킨다. 동경하는 낭만주의에서 대체 우주에 대한 환희에 찬 탐험으로, 인식을 표현하기 위해 코드를 사용하는 것이 무엇을 의미하는지에 대한 냉철한 질문으로 매끄럽게 이동한다. 선도적인 사상가들이 우주를 컴퓨터로 표현하고, 강력한 경제학자들이 사람의 노동 패턴이 기계학습을 통해 소프트웨어로 쉽게 변환될 것이라고 예측하는 컴퓨터주의자의 시대에, 카이바노는 컴퓨터 사용이 촉발하는 도덕적 심판과 정치적 투쟁을 보완하기 위해 인내심을 갖고 현명하게 미적 반응을 구축한다.

카이바노의 작품은 알브레히트 뒤러(Albrecht Durer)와 플랑드르 르네상스(Flemish Renaissance)에서 아그네스 마틴(Agnes Martin) 작품의 미니멀리즘과 추상화를 향한 모더니스트 경향, 데이비드 에드워즈의 용어를 아름다움과 진실의 영역 사이의 경계를 허무는 디자인 사고에 사용하는 '예술 과학' 하이브리드에 이르기까지, 현대적이고 고전적인 양식의 영향을 결합한다. 카이바노의 에코 시리즈는 우리가 인터넷에 남기는 데이터 배출을 환기시킨다.

데이터는 우리를 대체하기 위한 서곡으로 받아들여질 수 있지만, 그것을 생성하는 구체화된 자아의 단순한 반영이나 흔적으로 보는 것이 더 타당하다.

비슷한 주제가 카이바노의 우아한 '로그와 코드를 탐색하는 필라포어스'에 생기를 불어넣는다. 이 작품은 울창한 수풀과 디지털 토폴로지로 표현한 공간 데이터 속을 날아다니는 신화 속 새를 표현한다. 지도와 매핑된 사물, 현실과 이미지가 동시에 표현된 이 영상은 경이로움과 영감을 동시에 선사한다. 예를 들어 실제 작품과 코딩을 신중하게 비교하는 등 자동화에 대한 많은 교훈을 상징적으로 환기시킨다. 여기에는 단순한 교훈이 아니라 실제와 디지털 흔적 사이의 관계를 다시 생각할 수 있는 상상의 자유와 자연스러운 형태에 대한 충실함이 담겨 있다. 이 작품은 미학을 과학에 통합하고, 과학적 관심사를 예술에 통합한다.

오토메이터의 자동화

현대의 디자인적 사고를 반영하는 범위에서 카이바노의 작품은 지배적인 디지털 미학과 문제 없이 잘 어울린다. 또한 오래전부터 존재해왔고, 앞으로도 오래 지속되어야 하는 가치, 즉 사회적으로 가속하는 시대에 압박을 받고 있는 영원함을 전달한다. 더 빨리 일해야 한다는 비즈니스 격언은 근로자의 자율성을 억압하기 위한 수사 도구로 너무 빨리 수단화되었다. 미국의 고용주들은 다루기 힘든 근로자에게 더 많은 유연성을 요구하기 위해 내국인 근로자의 일자리를 빼앗을 준비가 된 해외 근로자들을 한때 들먹였지만 이제는 훨씬 더 빠른 기계를 찾는다. 더 많은 휴식 시간을 요구하는가? 로봇은 연중무휴로 일할 수 있다. 더 높은 임금을 원하는가? 당신을 소프트웨어로 대체할 동기를 만들 뿐이다. 전기료나 교체 부품은 식품이나 의약품보다 훨씬 저렴하다.

소프트웨어와 로봇의 발전이 빨라지면서 관리자의 교체 가능성에 대한 문제까지 제기된다. 글로벌 쇼핑몰 기업 자포스는 직원들이 스스로 업무를 조직하도록 하는 수평적 관리 스타일인 홀라크라시를 실험했다. 《하버드 비즈니스 리뷰》는 관리의 자동화에 대해 여러 번 찬사를 보냈다. 우버 같은 앱은 코드 계층에 관리를 위임해 탑승자와 운전자를 연결한다. 불량 운전자들은 더 이상 해고되지는 않지만, 알고리즘으로 만들어진 점수 도구에 의해 비활성화 된다. 아마 고위 경영진은 업무가 AI에 의해 순위가 매겨지고 평가되는 것을 볼 수 있을 것이다.

관리를 전산화한다는 아이디어는 터무니없거나, 미래지향적이거나, 양쪽 모두로 보일 수 있다. 벤처 캐피털 회사가 이사회에 알고리즘을 추가해 투자 설명서의 분석에 기초해 기업에 대한 찬반을 투표하도록 요청했을 때, 언론은 회의적인 반응을 보였다. 자동화된 투자에 대한 상상 자체가 우리 정치 경제 에 심각한 문제가 있음을 드러낸다. CEO와 주주, 경영자들의 시계가 단축됨 에 따라 그들의 행동은 점점 더 정형화되고 알고리즘화되어가고 있다.

세금 전도, 자사주 매입, 생산 기지 이전, 노동자의 기계 대체와 같은 전술은 이미 검증된 휴리스틱의 도구가 된다. 경영자들은 다른 기업이 유사한 전략을 전개했을 때 주식 시장이 어떻게 반응했는지 쉽게 되돌아볼 수 있다. 마찬가 지로 자신의 보상을 결정하는 이사회를 구성하는 것 또한 검증되고 반복되는 CEO의 전술이다. 이런 일을 로봇이 할 수도 있다.

좌파 가속론자들이 종종 주장하는 오토메이터의 자동화는 생산 수단을 장 악하기 위한 혁명적 제안이라기보다 현재 금융과 경영 분야에서 실제로 일어 나는 일을 요약한 것이다. 로봇화는 단순히 작업자 대신 기계화된 마네킹을 배치하는 것을 의미하지 않는다. 표준화와 반복을 의미하며, 작업을 수행하는 가장 좋은 방법을 찾아서 복제하는 것이다. 관리자는 많은 도구를 가지고 있 지만 습관적으로 동일한 목적을 달성하기 위해 동일한 수단을 선택한다. 단순 한 루틴이나 예측 능력으로 직원들의 업무가 중복되면 상사들에게도 위협이 된다.

물론 일상생활에서 습관은 필수적이다. 침대에서 일어나 커피를 마시고, 컴 퓨터를 켜는 가장 좋은 방법이 무엇인지를 매 순간 고민할 필요는 없다. 그러나 습관에 대한 인간의 갈망이 시간과 공간에 걸쳐 뚜렷해지면 병적인 것이 된다. 이런 자동적 사고방식은 더 나은 미래를 가로막는다.

일의 미래를 함께 창조하다

오늘날 풍요주의자들의 오토메이터는 노동조합과 규제기관, 협동조합, 전문 직업을 풍요로 향하는 기술주의적 고속도로 위의 낡은 과속 방지턱처럼 생각하기 쉽다. 사실 이들 모두는 현재 기술이나 금융 회사가 주도하는 미래를 민주화할 수 있다. 로봇 공학자인 일라 레자 누르바흐시(Illah Reza Nourbakhsh)가 주장한 것과 같이 그런 기업을 넘어 권력을 민주화하는 것이 온당하기 때문이다.

오늘날 대부분의 비전문가들은 로봇이 우리의 삶에서 수행할 역할을 계획하는 데 거의 발언권이 없다. 우리는 단지 이 대본이 실제 세계가 될 것이라는 점을 제외하고는 연구와 비즈니스적 관심에 의해 실시간으로 만들어진 새로운 버전의 '스타워즈'를 보고 있을 뿐이다. 익숙한 장치는 더욱 잘 인식하게 하고, 더욱 상호작용을 잘하게 하며, 더욱 앞을 내다보고 행동하게 할 것이다. 그리고 완전히 새로운 로봇 생명체가 공공장소와 개인 공간, 물리적 공간과 디지털 공간을 공유할 것이다. 결국 우리는 로봇이 쓴 것을 읽어야 하고, 비즈니스 거래를 위해 로봇과 상호작용해야 하며, 종종 로봇을 통해 우정을 쌓게 될 것이다.

이런 협력의 조건은 가장 부유한 기술자들과 기술적으로 가장 진보된 부유층의 투자 수익을 극대화하기 위한 획일적인 신자유주의일 것이다. 또는 분야별 전문가와 함께 코드를 개발하고 커뮤니티의 가치에 부응하는 등 다양할 수 있다. 자유방임은 전자의 결과를 안정적으로 전달할 것이고, 새로운 로봇의 네 가지 법칙은 후자를 촉진할 것이다.

법질서에 대한 위협이 독재자의 독단적인 결정이었을 때, 판사와 변호사들은 사람이 아닌 법에 의한 지배라는 원칙으로 저항했다. 자동화가 발전함에 따라 우리는 이제 기계가 아닌 사람의 규칙에 대한 헌신으로 이 격언을 보완해야 한다. 관리자나 관료 어느 누구도 사회 질서의 알고리즘 뒤에 숨어서는 안 된다. 오히려 결정에 대한 책임은 국가 기관이든 기업이든 정당한 거버넌스를 유지하는 데 필수적이다.

우리는 또한 대부분의 직업이 예측 가능하고 충분한 데이터에 접근할 수 있는 기계를 통해 학습할 수 있다고 생각하는 최신 과학 기술 분야 전문가들을 의심해야 한다. 이는 사회를 과거, 즉 기계가 학습하게 될 훈련 세트에 가두는 방법이다. 자동화 애호가들은 학습 세트를 단순한 시작점으로 정의하고, 미래의 행동에 대한 반응으로 부정 또는 긍정적 자극을 통해 학습하는 기계에 의해 자율성을 가능하게 할 수 있다. 그러나 부정과 긍정의 정의 자체가 프로그래밍되어야 하며, 그 정의를 확장하거나 축소할 기회도 있어야 한다.

현대 컴퓨팅에는 엄청난 힘이 있다. 법률이나 직업, 윤리에 얽매이지 않고 우리가 가진 모든 문제에 서둘러 뛰어들고 싶은 엄청난 유혹을 느낄 것이다. 사회생물학적 인간의 본성이 있는 한, 자동화에 의해 가속화되는 경쟁 우위를 차지하기 위한 군비 경쟁으로 기울어질 수 있다. 시몬 베유(Simone Weil)가 경고한 것과 같이 "자신이 마음대로 할 수 있는 모든 권한을 행사하지 않는 것은 공허함을 견디는 것이다. 이는 모든 자연법칙에 반하는 것이다. 오직 은혜만이 할 수 있다."

필요한 은총은 인공두뇌 시인이나 역사 로봇 천사의 은총이 아니다. 혜택과 부담의 적절한 배분에 관한 정치적, 법적 분쟁이 장기화될 것이다. 일상적인 주제에 대해서는 수많은 판단이 필요하다. 예를 들어 의사가 임상 의사결정 지원 소프트웨어의 적색 경고를 무시하거나, 운전자가 컴퓨터 지원 운전을 끌 수 있거나, 컴퓨터 시스템 내부에 접근할 수 있는 경우 등이 있다. 이런 분쟁은 결코 더 나은 미래를 가로막는 장애물이 아니라, 거버넌스에 대한 진정성 있는 갈등을 나타낸다.

인도적인 자동화를 위해서는 절제의 지혜가 필요하다. 개인의 오만함을 비유하기 위해 널리 읽히는 이카루스의 이야기는 기술 과욕에 대한 최초의 신화이다.

오비디우스의 이야기에 따르면, 다이달로스와 그의 아들 이카루스는 섬에 좌초되었다. 다이달로스는 밀랍과 깃털로 날개를 만들어 다른 해안으로 날아갈 수 있게 했다. 곧 아버지와 아들은 바다 위로 날아올랐다. 그러나 이카루스는 모험심이 지나쳐, 태양에 너무 가까이 가지 말라는 아버지의 말을 듣지 않았다. 밀랍이 녹아 날개가 산산조각 나자, 이카루스는 추락해 죽고 말았다.

이카루스의 신화는 말로(Christopher Marlowe)의 『파우스트』 같은 작품에 영감을 주었다. 로봇 분야에는 '불쾌한 골짜기'로 알려진 고유한 문제가 있다. 휴머노이드 로봇이 단순한 메커니즘을 넘어 인간의 특징과 제스처, 몸짓, 그리고 세상에 존재하는 방식까지 매우 흡사하게 가까워지긴 했지만 아직 완벽하지 않은 경우에 발생할 수 있는 불편함이다. '불쾌한 골짜기'라는 용어는 단순한 그래픽에서 유래한 것으로, 로봇이 인간의 모습과 기능을 닮아가면서 로봇에 대한 수용성이 꾸준히 증가하다가, 기계가 인간과 너무 비슷해지면서 갑자기 인기가 추락하고 광범위한 혐오감으로 대체되는 것을 상상한 것이다. 그러나 여기서 말하는 골짜기는 조심스러운 이야기라기보다 도전이다. 독창성과 방대한 데이터가 결합하면, 영리한 로봇 디자이너는 이 골짜기에서 벗어나 인간처럼 존중받고 환영받는 기계로 나아갈 수 있다.

자동화에서 영감을 받은 문화에 대한 성찰은 앞으로 수십 년 동안 AI가 우리에게 보여줄 어려운 정치적, 개인적 선택에 대한 공통의 언어를 향한 발걸음이다. 우리는 단순히 소비자가 아니라 노동자와 시민으로서 모든 사람의 노력과 희망을 반영하는 포용적이고 민주적인 로봇의 미래를 맞이할 수 있다. 우리는 본질적으로 인간의 역할을 AI에게 위임하지 않고 새로운 형태의 컴퓨터 사용을 받아들일 수 있다. 이런 수정의 과정은 현재 전문직 종사자들의 많은 에너지를 소비시키고 새로운 직업을 만들어낼 것이다. 그것은 기술적 표류의 조건에서는 얻을 수 없는 긍정적이고 지속적인 자유를 약속한다.